KB007044

글쓰기 사다리의 세 칸

THREE STEPS ON THE LADDER OF WRITING by Hélène Cixous

This Korean edition was published by Pungwoldang in 2022
by arrangement with the original publisher, Columbia University Press
through KCC(Korea Copyright Center Inc.), Seoul.

글쓰기 사다리의 세 칸

Three Steps on the Ladder of Writing

엘렌 식수 지음 | 신해경 옮김

편집자의 말

'웰렉 비평이론 강의'는 비평이론연구소의 후원을 받아 캘리포니아대학교 어바인 캠퍼스에서 여는 연례 프로그램입니다. 이 책의 바탕이 된 강의는 1990년 5월에 열렸습니다.

비평이론연구소 소장
마크 포스터

헌사

이처럼 오랫동안 내 강의에 대한 살아 있는, 늘 현재형인
기억의 구체적 형태가 되어준 마거리트 산드레에게
이 책을 바친다.

엘렌 식수

차례

편집자의 말 — 5

망자의 학교 — 11
꿈의 학교 — 101
뿌리의 학교 — 191

옮긴이의 말 — 280

亡者
망자의 학교

The School of the Dead

I

글쓰기 학교에 가봅시다. 거기서 사흘짜리 과정으로 작별의 기술이자 재회의 기술이기도 한 글쓰기라는 이상한 기술에 입문하는 겁니다.

저는 이걸로 시작하겠습니다. **H**

이것이 글쓰기입니다.

저는 오늘(1990년 4월 24일 오늘, 1990년 6월 24일 오늘) 두 가지 언어로 말씀을 드릴 예정입니다. 하루하루 시간을 더해가며, 한 장 한 장 쪽수를 더해가며, 글쓰기는 언어를 바꿉니다. 저는 프랑스어로 생각해 온 어떤 수수께끼들을 영어로는 생각할 수 없습니다. 이런 손실과 이런 이득이 글쓰기에도 있습니다. 제가 **H**를 그렸지요. 여러분은 각자가 잠겨 있는 언어로 이 기호를 인식했을 겁니다.

이것이 글쓰기입니다.

I 이것이 한 언어고, **I** 이것이 다른 언어이고, 사이에 둘을 진동시키는 선이 있습니다. 글쓰기는 두 해안을 잇는 통로를 만듭니다.

H. 양식화된 사다리의 윤곽이 보일 겁니다. 이것은 글이 오르는 사다리입니다. 저한테는 중요한 것이죠. 여러분은 아마 이 **H**가 'H'라는 말을 하려 했을 겁니다. 글자 'H' 말입니다. 어쨌든 프랑스어에서 'H'는 의미가 풍부한 글자입니다. 사실 저는 'H'라 쓰고 '아시hache, 도끼'라고 듣습니다. 프랑스어에서는 'H'를 '아시'라고 읽으니까요. 글을 쓰고자 하는 이라면 이것만으로도 이미 황홀하지요. 이 '아시', 자르는 도구, 새로운 길을 열어가는

도끼 외에도 이 글자는 프랑스어 알파벳 중에서 드문 호의를 받는 글자입니다. 'A'가 남성적이라면, 'B', 'C', 'D', 'E', 기타 등등이 남성적이겠지만, 'H'만은 자유자재로 남성적이거나 여성적이거나 중성적일 수 있습니다. 제가 어떻게 'H'에 애착을 갖지 않을 수 있겠습니까?

게다가 프랑스어에서 'H'는 소리가 나지 않는 글자입니다. 프랑스제국 시대에 묵음으로 영락하기 전에는, 'H'도 기식음氣息音으로서 소리가 났습니다. 그리고 우리는 잊었어도 'H'는 그 사실을 기억합니다. 그것이 'le héros, la hardiesse, la harpe, l'hamonie, le hasard, la hauteur, l'heure'를 과도한 손상으로부터 보호합니다.[1]

저는 프랑스어로만 이런 수수께끼들을 소리 없이 들려줄 수 있습니다. 하지만 영어에서는 소리가 있습니다. 이건 나중에 얘기하도록 합시다.

이 'H', 이 사다리가 글쓰기라는 얘기를 하고 있었지요. 제가 생각하는 건 이렇습니다. 이 사다리는 고정되거나 텅 비어 있지 않습니다. 살아 있지요. 이 사다리는 자신이 일으키고 새긴 움직임을 자신의 일부로 받아들입니다. 제 사다리는 빈번히 쓰입니다. '제' 사다리라고 말하는 이유는 저의 사랑 때문이죠. 제가 수수께끼 같은 애착을 느끼는 작가들이 이 사다리를 오르내

1 프랑스어에서 'h'는 언제나 묵음이지만 '유음 h'와 '무음 h'로 구분되며, '유음 h'는 자음으로 취급하여 축약 및 연음하지 않는다. - 옮긴이

리니까요. 그리고 애착, 선택 같은 것들은 언제나 수수께끼이기 마련이고요.

글을 선택할 때 저는 부름을 받습니다. 제가 특정한 글들의 부름에 순종하거나, 아니면 다른 글들로부터 거부당하는 것이겠지요. 저를 부른 글들은 여러 목소리를 가지고 있습니다. 하지만 하나는 공통인데, 다들 조금씩 다르면서도 하나같이 제게 익숙한 어떤 음악을 품고 있습니다. 그것이 바로 비밀이지요. 여러분은 제가 누구의 음악을 듣는지 이미 알 겁니다. 제가 다 데리고 왔으니까요. 곧 그 음악이 여기서 울릴 겁니다. 클라리시 리스펙토르가 있습니다. 건조하고 딱딱하고 수수한 음악이지요. 베른하르트처럼요. 좀 더 부드럽고 선율적인 츠베타예바의 음악이나, 좀 더 가슴에 사무치는 잉에보르크 바흐만의 음악이 있습니다. 이들 모두가 같은 사다리를 빈번하게 오르내렸습니다. 우리 보기에 이 사다리는 '내려가는' 쪽으로 움직이는데, 노력을 요구하고 고난을 불러오는 '오르기'가 바닥 쪽을 향합니다. 제가 아래쪽으로 향하는 걸 '오르기'라 말하는 이유는, 우리가 보통 '내려가기'는 쉽다고 생각하기 때문입니다. 제가 사랑하는 작가들은 '내려가는 자들', 가장 낮은 것들과 가장 깊은 것들을 찾아가는 탐험가입니다. 내려가기는 기만적입니다. 제가 사랑하는 이들이 수행하는 내려가기는 때로 견딜 수 없을 정도로 힘들지요. 내려가는 자들은 힘들게 내려가고, 가끔은 멈추기도 합니다. 카프카처럼요.

"너는 나더러 더 내려가라고 하지만, 나는 이미 아주

깊이 내려왔어. 그런데도, 그래야 한다면, 나는 여기 머물게. 멋진 곳이야! 어딘가에 제일 깊은 곳이 있겠지. 하지만 나는 여기 머물 테니, 더 깊이 내려가라고 다그치지만 말아줘."[2]

(카프카가 두 사람이고 때로 자신을 '너'라고 지칭했다는 건 아실 겁니다. 레오나르도 다빈치가 그랬듯이요.)

아래로 내려가는 방법에는 두 가지가 있습니다. 땅속으로 파고드는 것과 바다 깊이 들어가는 것인데, 둘 다 쉽지 않습니다.

'원소, 저항하는 원소.'[츠베타예바가 말하는 원소에 해당하는 러시아어 'стихия(스티히아)'를 들려드리고 싶네요. 이때의 원소는 물질로서의 원소와 시詩의 절 둘 다를 뜻하는데, 러시아어에서 '원소'가 둘 다를 의미하기 때문이죠.], '요소는 저항한다'. 언어나 사고가 그러듯이, 땅과 바다도 저항합니다. 하지만 땅속으로 내려간다고 하면 저는 광부처럼 땅을 파고 발부터 내려가는 생각을 하는데, 잘못된 생각이겠지요. 발부터 들어가지 않고 땅속으로 내려가는 걸 생각해야 합니다. 바닷속으로 내려갈 때는 어떤 방식이든 원하는 대로 상상할 수 있습니다. 태아 자세를 취한 채 머리부터 들어갈 수도 있지요. 아마도 탄생은 바닥을 향할 테니까요. 아니면 다른 방향의 위를 향할 수도 있고, 아니면 똑바로 서서 앞으로 나갈 수도 있고… 몸은 제 위치와 필요에 따라, 물을

2 Franz Kafka, *Wedding Preparations in the Country and Other Posthumous Prose Writings*, tr. C. Kaiser and G. Wilkins(New York: Schocken), p. 329.

헤치고 흙을 헤치며 내려가 버티는 노력의 일부를 새깁니다. 몸은 제 추진력의 방향을 새깁니다. 어려운 일이지요. 바닥을 향해 오를 때, 우리는 무언가의 방향을 염두에 두고 나아갑니다. 무언가를 찾고 있는 게지요. 바로 알려지지 않은 것을요. …

우리는 이 사다리를 이용하여, 그 계단을 타고, 기간, 시기, 시대(시대를 뜻하는 프랑스어 단어 ères와 영어 단어 airs의 발음상 장난에 주의하세요), 세世 같은 순간을 오르내릴 것입니다. 저를 부르는 것, 자석처럼 꼼짝달싹 못 하도록 저를 끌어당기는 것, 제가 '진실'이라 부르는 것을 향해서요. 물론 저는 모든 형태의 고착화나 개념화를 막기 위해 온갖 종류의 기호와 인용부호와 괄호로 '진실'을 둘러쌉니다. '진실'이 눈부신 속도로 끊임없이 우주를 가로지르는 그런 말 중 하나이기 때문이기도 하지만, 의심에 쫓기고 있기 때문이기도 하지요. 진실에 관해서는 나중에 다시 얘기하겠습니다. 그것 없이는('진실'이라는 단어 없이는, '진실'이라는 불가사의 없이는) 글쓰기도 없을 테니까요. 진실은 글쓰기가 '원하는' 것입니다. 하지만 그것('진실')은 전적으로 저 아래에, 아주 아득하게 멀리 있습니다. 그리고 제가 사랑하는 이들, 제가 언급한 작가들은 모두 믿기지 않을 정도의 노고를 쏟아 자신의 글을 구부려 '저 멀리 있는 진실' 쪽으로 정렬한 이들입니다. 이들은 원소들에 대항하여, 무엇보다 셀 수 없이 많은 당면한 내적 외적 적들에 대항해 싸우고 있습니다. 지금은 외적인 것들이 아주 강력합니다. 우리는 세상에 살아 있는 입자, 반딧불이이고, 주위에는 진실의 소리를 듣지 못하도록 '소음과 소문 제

조기들'이 기를 쓰고 만들어내는 엄청난 소음과 소문의 합주가 울려 퍼집니다. 하지만 그에 못지않게 내적인 적들도 많습니다. 우리의 공포와 관련된 것들이지요. 우리를 구성하는 것, 우리의 약점 말입니다. 카프카가 말했습니다. '낙원은 사라지지 않았다.' 우리는 아직 낙원을 되찾지 못한 이들이며, 우리가 아직 낙원을 되찾지 못했다면, 그것은 우리가 두 가지 악덕, 즉 게으름과 조바심을 앓기 때문이지요. 그 결과, 우리는 아무것도 하지 않고, 어디로도 나아가지 않으며, 게으름과 조바심으로 인한 서두름 탓에 제자리에 멈추고 맙니다. 게으름과 조바심 사이에서 내려가기는 성취되지 않습니다. 낙원은 저 아래에 있습니다. 저의 사람들에 따르면, 글은 주어지지 않습니다. 글쓰기에 헌신한다는 건 파는 일, 파헤치는 일을 해야 하는 위치에 있음을 의미하고, 여기에는 오랜 수습修習 기간이 수반됩니다. 왜냐하면 그건 분명히 학교에 가는 걸 의미하기 때문입니다. 글쓰기는 적절한 학교이지요. 제가 배운 것을 일반화할 수는 없어도 공유할 수는 있습니다. 수습 생활의 중요한 순간들이 있습니다. 글쓰기의 첫 번째 순간은 망자의 학교이고, 두 번째 순간은 꿈의 학교입니다. 가장 심화된 순간이면서 가장 높고 가장 깊은 세 번째 순간은 뿌리의 학교입니다.

◆◇◆

오늘, 이 첫날, 우리 여정의 첫 시간에는 망자의 학교에 갈 겁니다. 강의 안내문에는 '최악의 학교'에 간다고 돼 있지요. 잘못된 안내였습니다. 첫날부터 망자의 학교에 갈 거라고는 차마 못 적겠더라고요.

1. 시작에는 죽은 남성(또는 여성)이 필요하다

(글쓰기를, 삶을) 시작하려면 죽음이 있어야 합니다. 저는 망자들을 좋아하는데, 망자들은 한쪽을 닫고 다른 쪽 길을 '열어 주는' 문지기입니다.

우리에겐 죽음이 필요하지만, 지금 한창인, 현재의, 극심한, 신선한 죽음, 이날의 죽음, 오늘의 죽음이어야 합니다. 너무나 갑작스럽게 코앞으로 들이닥쳐서 미처 피할 시간도 없는 죽음, 훅 끼쳐오는 그 입김의 느낌을 피할 시간도 없는 죽음 말이지요. 하!

왜냐하면 이후에 우리 대부분이 교실에 걸린 알렉산더 대왕이 죽는 그림을 '보지 않고' 평생을 보내기 때문이지요.

> 죽음은 우리 앞에 있다. 교실 벽에 〈알렉산더 대왕의 전투〉 복제화가 걸려 있는 것처럼. 문제는 우리 행위들을 통해 이 한 번뿐인 우리 생에서 그 그림을 흐릿하게 만드는 것, 아니 사실은 완전히 지워버리는 것이다.[3]

3 위의 책, p. 48.

죽음도 문지기도 그것만으로는 문을 열기에 부족한 것이 사실입니다. 우리에게 문을 열러 갈 용기가, 욕구가, 길이 있어야 하지요.

글쓰기는 그 그림을 지우지 않으려는, 잊지 않으려는 노력입니다. 리스펙토르에게, 츠베타예바에게, 잉에보르크 바흐만에게… 글쓰기는 그런 것입니다. 저는 이들의 서로 다른 언어 때문에, 서로 다른 저마다의 목소리, 미소, 눈물 때문에 이들을 사랑했습니다. 나중에서야 이들 각자의 시작에 글쓰기가 싹트게 된 하나의 개시 장면이 있다는 것을 알게 되었습니다.

언제나 그림이 있는 장면이 문제이기 때문이지요. 그 그림이 우리가 통과해야 하는 열린 문입니다. 토마스 베른하르트의 글쓰기가 탄생하는 장면은 이렇습니다.

> 그 길로 가면 어느 푸줏간을 지나야 했지. 열린 문, 도끼, 작은 칼, 큰 칼, 가지런하게 정리된, 피가 묻었거나 말끔하게 번득이는 도축 장비들, 도살용 총, 그러고는 쓰러지는 말들이 내는 소음, 뼈와 고름과 피를 토해내는 그 거대한 열린 배들. 푸줏간을 지나 몇 걸음만 가면 공동묘지, 시체보관소, 무덤이었어. 그 첫날, 시체 보관소에 안치돼 있던 창백한 청년, 그 치즈 장인의 아들 외에도 거기서부터, 교실에 앉아서도 여전히 뛰던 내 심장, 젊은 여학교 선생님이 아직도 기억나. 할머니는 어디든 나를 데리고 다니셨지. 게다가 나는 아침마다 혼자서 공동묘지 앞을 지나다녔어. 오후

에는 할머니가 나를 데리고 시체 보관소에 들르셨어. 할머니는 나를 들어 올리며 말씀하시지. "자 봐, 저기 여자가 누워 있네. 시체들밖에 없어."[4]

저는 그 학교 가는 길을 금방 알아봤습니다. 앞으로 가죽이 벗겨질 짐승으로서, 우리는 학교에 가려면 푸줏간 앞을 지나고 도살장을 통과해 공동묘지 입구로 가야 합니다. 공동묘지를 통과하며 우리의 심장은 그처럼 수많은 죽음에 고동치다가 마침내 젊은 생에 닿습니다. 이것이 우리의 첫 번째 학교, 학교 전의 학교입니다. 학교에 가기 위한 '학교' 말입니다. 행운과 필연이 따른 덕분에 제가 어린 시절 내내 다녔던 곳이죠.

저는 알제리의 수도 알제 북쪽 변두리인 클로스 살렁비에에 살았고, 학교에 가기 위해 매일 가톨릭교회 공동묘지 앞을 지나다녔습니다(저는 K 노선버스를 타고 다녔죠). 유대인 소녀였던 제게 가톨릭교회 공동묘지는 저의 죽음이나 마찬가지였습니다. 공동묘지는 라틴어로 말했습니다. 'o mors, spes, et victoria(오 죽음, 희망, 승리여).' 저는 'le mors(말의 재갈)', 'l'espèce(종)'라고 들었습니다. 말은 저항했고, (그) 승리는 누구(의 것)입니까?[5] 공

4 Thomas Bernhard, "Trois journées," tr. Jean De Meur, in *Ténèbres—Textes, discours, entretien*(Paris: Editions Maurice Nadeau, 1986), pp. 57~58.

동묘지에서는 온갖 일이 일어났습니다. 안 좋은 쪽으로요.

우리가 기억 속에서 학교 앞에 있던 공동묘지를 다시 찾은 것은 우연이 아닙니다. 우리의 첫 수습 과정이 묘지가 있는 학교이니까요. 낯선(공동묘지들은 늘 낯설죠) 공동묘지를 지나다니지 않았던 카프카는 교실에 앉아 눈앞에서 벌어지는 전투를 봤습니다. 그러고 우리는 우리가 본 것을 보지 않고 평생을 삽니다. 거기에 그림이 있습니다. 어릴 때는 아는 것이죠. 어릴 때는 어린애다운 방식으로 모든 것을 아니까요.

첫 망자들이 우리의 첫 스승들, 우리가 기꺼이 견딜 수만 있다면, 다른 쪽으로 가는 문을 열어줄 이들이라고 말씀드렸지요. 가장 숭고한 기능 면에서 봤을 때, 글쓰기는 그 원초적인 그림, 우리의 그림, 우리를 두렵게 만드는 그 그림을 복원하고 발굴하고 다시 찾으려는 시도입니다. 이상하게도 그 시도는 어떤 장면에 관련됩니다. 그 그림이 이유 없이 거기 있는 게 아니지요. 열린 문과 접촉했던 이들은 그 문을 하나의 장면이라는 연극적 형태 속에서 지각했습니다. 왜 장면일까요? 왜 그게 장면일까요? 왜 그게 범죄 장면이 될까요? 우리가 그 장면의 관객이기 때문입니다. 우리는 장면 안에 있지 않습니다. 극장에서 우리는 무대에 서지 않습니다. 우리는 어느 예외적인 장면을 목격하는

5 라틴어에서 '죽음'을 뜻하는 단어 mors와 '말굴레의 재갈'을 뜻하는 프랑스어 mors의 표기가 같고, le mors에 해당하는 영어 단어 bit와 '물다'라는 뜻의 영어 동사 bite의 과거형 bit가 표기가 같다는 점과 라틴어로 '희망'을 뜻하는 단어 spes와 '종'을 뜻하는 프랑스어 espèce의 발음이 유사하다는 점을 포착한 언어유희. - 옮긴이

자들이고, 비밀은 다른 쪽에 있습니다. 비밀을 가진 이는 우리가 아닙니다. 이것이 그림 같은 장면입니다.

츠베타예바가 쓴 〈나의 푸시킨〉 첫 장면은 한 장의 그림으로 시작합니다.

> 이야기는 소설의 한 장처럼 시작한다. 우리 어머니들과 할머니들의 침대맡에 없어서는 안 될 책 《제인 에어》에 나오는 붉은 방의 '비밀'처럼.
>
> 붉은 방에는 수상쩍은 장식장이 있다.
>
> 하지만 수상쩍은 장식장 얘기를 하기 전에, 다른 것이 있었다. 어머니 방에 있던 그림, 〈결투〉 말이다.[6]

그 결투는 푸시킨의 죽음[7]을 표현하고 있습니다. 먼저 그림이 있고, 우리는 그 안으로 들어가거나, 또는 들어가지 않습니다. 그 결투(죽음)와 그림이 문을, 창문을, 구멍을 형성합니다. 몽테뉴는 '철학하기란 죽는 법을 배우는 것'이라고 했습니다. 글쓰기는 죽는 법을 배우는 것입니다. 두려워하지 않는 법, 다른 말로 하자면 삶의 극단에서 사는 법을 배우는 것이고, 그게 망자

6 Marina Tsvetaeva, "My Pushkin," in *Marina Tsvetaeva—A Captive Spirit: Selected Prose*, ed. and tr. J. Marin King(London: Virago Press, 1983), p. 319.

7 푸시킨은 사교계 중심인물이던 아내의 불륜 소문이 돌자 그 상대방으로 지목된 조르주 단테스에게 결투를 신청하였다가 총상을 입고 이틀 뒤에 사망했다. - 옮긴이

들이, 죽음이 우리에게 주는 것입니다.

덧붙여 이 이야기를 해야겠습니다. 어쩌면 주는 쪽은 죽은 남성이고, 죽은 여성은 덜 주는 쪽인지도 모르겠습니다. 제가 잘 모르는 얘기를 하고 있습니다. 어쩌면 죽은 남성과 안 죽은 여성의 조합이 우리를 받을 수 있게 만들어 주는지도 모릅니다. 이건 아버지나 어머니, 또는 누구든 부모의 위치에 있는 사람들 얘기입니다. 어쩌면 우리는 죽은 아버지가 주는 것을 죽은 어머니에게서는 받지 못하는 것 아닐까요? 죽은 남성의 죽음은 우리에게 본질적이고 원시적인 경험을, 다른 세계로의 접근권을 주는데, 교훈이나 소란이 반드시 동반되지만 우리 고향의 상실을 동반하지는 않습니다. 그러니 그것은 우리에게 모든 것을, 세상의 끝을 줍니다. 인간이기 위해 우리는 세상의 끝을 경험할 필요가 있으니까요. 우리는 세계를, 한 세계를 잃을 필요가 있고, 세상에 한 세계보다 더 많은 세계가 있음을, 세계가 우리가 생각하는 대로의 세계가 아님을 알 필요가 있습니다. 그러지 않으면 우리는 각자 짊어진 필멸과 불멸의 운명에 관해 아무것도 모르게 됩니다. 죽음과 대면하지 않는 한에서만 살아 있다는 사실을 우리는 알지 못합니다. 지워져 버린 클리셰가 바로 이것입니다. 그리고 이것이야말로 자비의 행위이지요.

도스토옙스키는 세상을 잃음으로써 세상을 받았는데(우리는 늘 아브라함과 이삭의 경험으로 돌아옵니다), 사형 선고를 받았기 때문에, 처형장에 섰다가 절체절명의 순간에 특사를 받았기 때문이었습니다. 이것이 자비입니다. 죽음이 주어졌다가 거두어지는 것이지요.

물론, 저는 사랑하는 사람의 죽음만을 얘기하고 있습니다. 여기서는 오직 사랑이 문제지요. 그리고 상실이 앗아가는 한편으로 가져다주는 모든 것이 문제입니다. 우리는 잃고, 잃는 속에서 얻습니다. 그게 동시에 일어나지는 않아서, 지연되거나 중단되거나 연속되는 방식으로 일어날 수 있습니다. 베른하르트에 관한 한, 우리는 잃음이 번득이는 연속성으로 얻음이 되었다고 말할 수 있습니다. 그가 어떻게 글을 쓰기 시작했는지 들려줍니다. 그는 열여덟 살에 병원에 입원하여 가망이 없다는 진단을 받았습니다. 그가 몹시 따르던 할아버지도 같은 병원에 입원해 있었는데, 상태가 호전되는 듯하다가 갑자기 돌아가셨다고 합니다. 베른하르트가 말합니다. "나는 수백 편의 시를 쓰기 시작했다." 훌륭한 얘기입니다. 넘쳐흐르는 뚜렷한 사실들을, 유별나게 생기 넘치는 흐름을 적고 있기 때문입니다. "나는 쓸 때만 존재했다." 죽지 않음이 글쓰기와 교환되었기 때문에, 써야 한다는 걸, 더는 멈춰서는 안 된다는 걸 우리는 이해합니다. "그리고 할아버지, 시인이 돌아가셨으니, 이제 쓸 권리는 내게 있었다. 나는 온 세상을 시로 변형시켰다." 여기에 이런 도약하는 글쓰기의 이유가 있습니다. 그런 글쓰기는 하나의 응답, 또는 발기로써, 거세에 대한 저항으로써 일어납니다. 하지만 저는 여성적 성별의 용어로 말하는 것을 선호합니다. 근원이었던 이의 사라짐이 가져다준, 또는 명령한 생명의 도약이라고 말입니다. 그의 할아버지는 여느 필부가 아니라 시인이었고, 늘 그를 사랑해 준 사람이었습니다. 베른하르트에게는 세상의 전부였지요.

그와 비슷하게 클라리시 리스펙토르는 〈속하다Pertencer〉에서 아픈 어머니가 살아남으리라는 희망에, 어머니가 생명을 낳고 나면 나을 것이라는 미신적인 환상에 사로잡혔던 이야기를 했습니다.[8] 그런 일은 일어나지 않았죠. 어머니는 죽었습니다. 클라리시는 어머니가 죽은 뒤로는 자신이 외진 곳에 낙오된 병사가 된 기분이었다고 건조한 목소리로 밝힙니다. 그런데 그 죽음은 그녀가 어떻게도 손을 쓸 수 없는 상황에서 일어났습니다. 우리가 가끔 용납하거나 받아들이기 어려운 것이 이것이지요. 우리는 그 일에 관해 아무것도 할 수 없습니다. 그리고 포기, 도주, 무능력은 교실 벽에 새겨집니다. 그것들이 이어지고 연결됩니다. 거기에 죽음이 있습니다. 우리 생을 공정해지려는 끝없는 투쟁으로 만드는 불행 또는 행운이 '잃음 속에서 얻는 무언가'에 있습니다. 잃음과 얻음이 섞여 있습니다. 이것이 우리의 죄입니다. 이것이 우리가 늘 죄책감을 느끼는 죄목, 아무런 손도 쓰지 못한 채 이 예상치 못한 끔찍한 얻음을 받는 죄입니다.

저의 첫 책은 아버지의 무덤에서 솟아났습니다. 저도 왜인지 모르겠습니다만, 아마 가난하고 경험 없던 그때 제가 써야 했던 유일한 것, 유일한 자산이 아버지의 죽음이었기 때문이겠지요. 저를 살게 했고, 제가 살았고, 저를 시험에 들게 했고, 저를

8 Clarice Lispector, "Pertencer," in *A Descoberta do Mundo*(Rio de Janeiro: Editora Nova Frontera, 1984), pp. 151~153.

완전히 무너뜨렸기 때문에 제가 느낄 수 있었던 유일한 것. 그것은 이상하고 기괴한 저의 보물이었습니다. 그때는 이런 것들을 다 생각하지 않았습니다. 생각했다면 글을 쓰지 않았겠지요. 저는 오랫동안 반전된 동화 속에 있는 듯이 더없는 상실감과 어린애 같은 슬픔에 젖어 아버지의 죽음을 견디며 살았습니다. 아, 아버지가 살아 있다면 얼마나 좋을까! 저는 다른 멋진 이야기들을 지어내고만 있었습니다. 그러다 어느 날 세상의 색깔이 달라지고 크게 애를 쓰지 않아도 다른 장면들이 보이기 시작했습니다. 크게 위로가 되지 않는 장면들도 상상할 수 있게 되었고요. 저는 덜 이상화된 생각으로, 재구축으로 나아갔습니다. 저는 아버지가 없는 다양한 장면들을 상상할 수 있었습니다. 완전한 장면(하지만 무엇이 완전한 장면일까요?), 불완전한 장면, 평범하고 고전적인, '글 쓰지 말라'라는 금지의 장면. 그리고 저는 혼잣말을 했습니다. 아버지가 살아 계셨다면 쓰지 않았을 거라고… 죽음을 갖지 않았을 거라고요. 이 이야기는 몇 번 쓴 것 같습니다. 아버지가 제게 죽음을 주었다고요. 시작할 죽음을요.

단순하고 솔직한 영혼의 소유자이신 어머니가 최근에 제 책을 읽고 말씀하셨습니다. "그래, 아버지의 죽음이 너한테 그렇게 심각한 일이었구나." "예. 엄마한테 그 얘기를 한 백 번쯤 했을 거예요." 하지만 그 의미가 어머니에게 전달되지 않은 건 분명했지요. 저는 지금 여러분께 하는 이 이야기를 조용히 어머니께 말씀드렸습니다. 그 말에 어머니가 대답했지요. "나한테도 그랬다." 전 어머니가 평생 남편을 잃은 채로 살았다는 걸 압니다. 남편 없이, 그 젊었던 남편 없이 사셨고, 그것이 엄청난 상실이었음을 압니다. 어머니는 사랑하는 남자를 잃었습니다. 그리고 어머니는 말씀하셨지요. "어쩌다 보니, 남편이 죽었지." 그러지 않았더라면 지금의 어머니는 없었을 겁니다. 아버지가 살아계셨다면, 어머니는 직업을 갖지 않았을 테지요. 아버지는 젊고 고리타분한 유대인의 긍지, 남자로서 가족의 생계를 책임진다는 긍지를 가진 분이셨으니까요. 어머니는 아버지가 돌아가신 뒤에 조산사가 되었습니다. 수백 건의 출산을 이끌면서 말로는 표현할 수 없는 어렴풋한 뭔가를 갈고닦았습니다. 단순하고 솔직한 영혼의 애도로 해방된 어떤 것이 생명일 수도 있는 법이지요.

우리는 보편적으로나 개별적으로나 우리와 망자들이 어떤 관계에 있는지 잘 모릅니다. 개별적으로 봤을 때, 망자들은 우리 일, 미움이나 파괴가 아닌 사랑의 일 일부를 구성합니다. 우리는 매 관계를 곰곰이 따져 이해해야 합니다. 글 쓰는 법을 안다면, 감히 글을 쓴다면, 글쓰기의 도움을 받아 볼 수 있습니다. 꿈의 도움을 받을 수도 있습니다. 꿈은 죽은 이들을 끊임없이 되살리는 놀라운 선물을 주니까요. 덕분에 우리는 밤마다 죽은 이들과 이야기를 나눌 수 있습니다. 우리 각자는, 개인적으로 또 자유롭게, 서로 분리될 수 없는 당신의 죽음과 나의 죽음이 무엇인지 새로이 생각하는 작업을 해야 합니다. 글쓰기는 이런 관계에서 비롯됩니다. 대개 용납할 수 없고, 적합하지 않고, 끔찍하게 위험하고, 죄목 중에서도 최악의 죄목인 자기만족으로 변할 위험이 있는 관계에서 말입니다. 거기서 글쓰기가 비롯됩니다. 죽음을 치명적이고 부정적인 뭔가로 만드는 건 우리입니다. 예, 치명적이지요, 나쁩니다. 하지만 좋기도 합니다. 그건 우리에게 달렸습니다. 우리는 망자를 죽이는 자가 될 수도 있지만, 그건 최악 중의 최악이지요. 망자를 죽일 때 우리 자신도 죽이기 때문입니다. 하지만 반대로 우리는 망자의 수호자, 친구, 망자를 다시 살리는 사람이 될 수도 있습니다.

글쓰기는 이렇게 복잡한 활동이고, '이런 죽기를 배우는 것'입니다. 다른 말로 하자면, 죽음이 있다는 것을 알면서, 부정하지도 않고, 주창하지도 않고, 죽이지도 않는, 그런 것입니다. 우리의 죄는 우리가 생각하는 그게 아닙니다. 신문에 나는 범죄도 아닙니다. 우리의 죄는 늘 약간 모자라거나 약간 넘칩니다. 제가 '나의'라는 말을 하는 순간, 제가 '내' 딸, '내' 동생이라고 말하는 순간, 저는 어떤 형태의 살인에 근접합니다. 끊임없이 타인의 다름을 의식해야 한다는 사실을 잊는 순간에 말입니다. 여러분은 삼십 년, 사십 년, 또는 오십 년을 지내면서 여러분의 아들과 자매와 딸을 알게 되지만, 그 삼사십 년 동안 바로 옆에 있었던 이 인물은 몰랐습니다. 여러분은 그 또는 그녀를 망자의 왕국에 두었지요. 그리고 그 반대도 있습니다. 그렇다면 죽는 자가 죽이고, 다른 자가 죽을 때 죽지 않은 자도 마찬가지로 죽이는 셈이지요.

생존은 우리가 생각하는 그것이 아닙니다. 리디야 추콥스카야가 《투신》[9]에서 하는 얘기가 그렇습니다. 안나 아흐마토바와 나데즈다 만델슈탐의 친구인 이 여성은 몸과 영혼의 반쪽을, 아이를, 연인을, 배우자를 빼앗긴 같은 불행을 겪은 여성들의 작은 우주에 속합니다. 소비에트는 그 기괴한 암흑시대의 광기 속에서 수백만 명의 러시아인을 강제 수용소로 보내면서도 어째서인지 대개 그 아내들은 '생존'하도록 버려두었습니다. 안나 아흐마토바의 첫 남편은 총살되었고, 두 번째 남편도 강제 수용소로 추방되었다가 처형되었으며, 아들마저도 강제 수용소로 추방되었습니다. 아흐마토바의 친구인 나데즈다 만델슈탐의 남편은 위대한 시인이었고, 그 시 탓에 추방되었습니다. 그러고 학자였던 리디야 추콥스카야의 남편은 유대인이라서 강제 수용소로 추방되었습니다. 남편이 체포되었을 때 리디야는 다음과 같은 평결을 고지받았습니다. "서신 교환이 금지된 10년 형." 그래서, 그녀는 수백 명의 다른 여자들과 마찬가지로 보따리를 들고 감옥 문 앞에 줄을 섰습니다. 그러다 어느 날, 그녀는 '서신 교환이 금지된 10년 형'이란 '즉결 처형'의 은유라는 사실을 알게 됩니다. 그녀는 수년 동안 자기 안에서는 살았으나 밖에서는 부패하고 있던, 살아 있는 망자를 품고 살았던 것입니다.

에드거 앨런 포가 쓴 〈발데마르 사건의 진실〉[10]의 줄거리가 그렇습니다. 발데마르 씨가 금방이라도 죽을 것 같다며 화자인 최면술사에게 급히 와달라고 합니다. 미리 맺은 계약에 따라

9 Lydia Tchoukovskaia, *La Plongée*, tr. A. Bloch(Paris: Bibliothèque du Temps Présent, Editions Rombaldi, 1976).

10 Edgar Allan Poe, "The Facts in the Case of Mr. Valdemar," in *The Works of Edgar Allan Poe*, vol. 2(London: Kegan Paul, Trench, 1884).

죽어가는 발데마르 씨에게 최면을 걸어야 할 때입니다. 화자가 도착합니다. 발데마르 씨는 화자가 오는 소리를 듣지 못하고, 화자는 간신히 호흡을 고른 다음 그를 잠에 빠뜨립니다. 다소 오랜 시간이 지난 뒤, 우리는 최면 상태에 있는 발데마르 씨가 끔찍한 고통을 겪고 있다는 느낌을 받습니다. 화자가 발데마르 씨를 '깨우자' 잠들었던 이의 생명이 줄줄 흐르는 고름으로 터져 나옵니다. 그는 죽'었'기 때문입니다. 이것은 추콥스카야의 이야기입니다. 사랑하는 이가, 죽은 남자가 불가해하게 죽음 없이 그녀 안에 남아 있었습니다.

추콥스카야는 먹고 마시는 얘기 하듯이 '투신'을 얘기합니다. "나는 투신할 것이다." 투신은 글쓰기로 가는 그녀의 방식입니다. 그 책은 뭔가 좀 무섭게 시작됩니다. 한밤중에 그녀가 비명을 지릅니다. 늘 꾸는 꿈, 죽은 남편이 돌아오는 꿈 때문이지요. 꿈속에서 남편은 마치 모르는 사람처럼 증오가 담긴 시선으로 그녀를 빤히 쳐다보며 지나쳐서는 다른 사람에게 말을 붙이러 가버립니다. 매번 똑같은 그 잔인한 꿈을 그녀는 이해할 수 없습니다. 둘 사이에 증오가 타오릅니다. 그러다 어느 날 문득 그녀는 사랑하는 남자가 보여주는 증오를 이해하게 됩니다. 그리고 '자신의' 증오도 이해합니다. '자신이 품은 증오.' '둘의 증오.' 그것이 꿈속에서 만족스럽게 이해됩니다. 그녀는 상상할 수 없는 범죄를 꾸미는 중입니다. 그녀가 끝까지 외면한 것은, 안간힘을 쓰며 거부한 것은 죽은 남자가 그녀의 살아 있음을 비난한다는 사실이었습니다. 그녀가 두 인격이었기 때문에, 그녀이자 그였기 때문에, 그 사실을 받아들일 수 없었던 것입니다. 그녀는 살아남았다는 데에 죄책감을 느낍니다. 그녀는 그를 따라가지 않았습니다. 그녀는 그가 아닙니다.

우리는 이런 귀환을 압니다. 저도 여러 번 겪었지요. 《이것이 인간인가》에서 프리모 레비도 꿈 얘기를 합니다. 추방자라면 누구나 꾸는 완전한 악몽이 있는데, 바로 불가능한 귀환의 꿈이라고 그는 말합니다.[11] 추방자가 집으로 돌아와 가족들과 식탁에 둘러앉았는데, 아무도 그의 말을 받아주지 않고, 아무도 그의 말을 귀담아들어 주지 않고, 아무도 그의 말을 믿어주지 않고, 아무도 그를 이해해 주지 않습니다. 그들은 그에게서 고통을 박탈합니다. 그들은 그의 끔찍한 재산, 고문당한 죄수로서의 진실을 빼앗습니다. 그는 희생자가 된 것에 죄책감을 느낍니다. 안팎이 뒤바뀌는 경험입니다.

죽음이 아닌, 다른 이의 죽음 이후에도 살아 있는 '남아 있음' 또한 참을 수 없는 경험입니다. 속수무책이면서도 자신에게서 용서할 수 없는 어떤 것이 느껴지는 지점이 바로 거기입니다. 우리는 살해됩니다. 당신도 아니고 나도 아니지만, 당신과 나 사이에, 당신의 사랑과 나의 사랑 사이에 살인이 있습니다. '누가 나를 죽이는가? 나는 어느 살인자에게 나를 내맡기고 있는가?' 모든 위대한 글은 이 질문에 사로잡힌 포로입니다. 우리는 살인 이야기에 열광하지요. 우리는 도스토옙스키의 책을 읽고 있다

11 Primo Levi, *If This Is a Man—The Truce*(London: Abacus Sphere, 1986).

고 믿지만, 실제로 탐닉하는 것은 자신이 살해된 사건에 대한 설명입니다.

《백치 창작노트》에는 《백치》를 탄생시킨 이런 최초의 원형질이 가득합니다. 《백치》는 수많은 다른 책을 극복하고 살아남은 책입니다. 출간될 책은 가장 강한 책이고, 불가해한 방식으로 다른 온갖 책을 극복하고 살아남은 책입니다. 이 책 밑에는 쓰이지 않은, 점차 옆으로 밀려나 버린 수백 권의 책이 있습니다. 《백치 창작노트》의 폐허 속에는 제안되고, 삭제되고, 그러는 동시에 새로이 살아나 《백치》가 존재할 수 있도록 해준 수백 권의 책이 무기력하게 누워 있습니다.

《백치》가 비롯된 원래 이야기, 시작점은 일화적으로나 비일화적으로나 한 편의 신문 기사였습니다. 열여섯 먹은 어린 여성 우메츠카야가 학대당하던 끝에 온 가족을 죽인 사건이었습니다. 그녀는 《창작노트》 구석구석에 있으며, 때로는 남자로 때로는 여자로 때로는 젊은이로 때로는 늙은이로 끊임없이 변신합니다. 그녀는 결국 나타샤 필리포브나와 로고진으로 나눠지게 될 것입니다. '어린 여성이 어쩌다 온 집안을 피로 물들이게 됐을까?' 도스토옙스키는 그 인물이 지닌 수수께끼에 사로잡혔습니다. 그녀는 괴물 아닌 괴물입니다. 제가 그녀일 수 있습니다. 당신일 수도 있는 제가 말입니다.

> 그는 일찍부터 가정교육과 주변 환경으로부터 이 독약을 받아 마셨고, 독약은 그의 혈류를 관통했다. [그 순간에

는 백치 자신이 범죄자다.] 고결하고 사랑을 갈망하는 그의 심성은 대체로 한없이 무도해진 심장에서 유래한다. 그는 결코 〈이 상처들을 치유할 수〉 없었고, 그래서 자신에게 '소중한' 모든 이를 위해 자신이 한없이 사랑하고 싶었을, 목숨이라도 내어주고 싶었을 모든 이들에게 보복하고 복수했다.

유용한 행동 대신—악. …

그 외에 그는 어느 날 앉아서 유언장을 썼다. 자살하고 싶었지만, 하지 않았고, 대신에 음모를 꾸미기 시작했다.

그들은 집에 불을 질렀다.

중요한 질문과 답변

"아버지는 엄청난 범죄를 저지르든가 아니면 엄청난 위업을 쌓게 될 거예요"라고 아들이 그에게 말했다.

"신의 가호를!" 그는 아주 진지하게, 그리고 희미하게 대답했다. "하지만 아무 일도 없을 가능성이 더 커."

(그는 잘나 보이고 싶어서, 남보다 나아 보이고 싶어서, 뭔가 숭고한 일을 열망했다. 그들은 집에 불을 질렀고, 손가락을 데었다.)…

*주의. 그는 우메츠카야를 사랑한다. 이상하고 '완전히' 어린애 같은 '유로디바야'와의 우정. …

그녀는 그에게 아내와 관련된 의무들을 전혀 가르치지 않고, 그저 행동할 뿐이다.

올가 우메츠카야처럼 되고 싶어서, 시골에서 그녀는 헛간에 '두 번' 불을 놓았다.

그를 적자嫡子로 만드는 게 훨씬 나을지도 모르겠다.

"구체적인 계획을 세우고 오늘 밤 '시작하자.'"…

그러고는 잘 죽기. 잘 죽을 수 있다. 죽음을, 허영을, 아기를, 당신의 고통을, 산맥을- 뱉어내는 때조차도…

필요해지면—터놓고 말하지그래?—자살하고 싶어 했으니, 왜, 자살하지그래. …

병원으로, 타액, 나는 얼마나 멍청한가. …

"당신은 죽는 거 가지고 너무 법석을 떨어요. 좀 더 고결하게 죽을 수도 있잖아요."

"음, 자살해. 그래봤자 우리가 무서워하겠어?"

"하지만 난 허락하지 않아, 그래, 난 허락하지 않아."

"예수님 얘기를 좀 해주세요, 왕자님."

"내겐 2주밖에 안 남았으니까, '진실'을 말하든 거짓을 말하든 나한테는 아무 차이가 없어."…

> 세계를 건설하는 데는 왜 사형 선고를 받는 사람이 있어야 할까?[12]

왜인지 알고 싶나요? 《백치 창작노트》를 읽으면 모든 걸 알게 될 겁니다. 우리는 사형 선고를 받은 사람들이 필요하고 우리를 '규탄'하는 책들이 필요합니다.

카프카는 1904년에 친구인 오스카 폴라크에게 쓴 편지에서 이렇게 말합니다.

> 난 우리를 해치고 찌르는 책만 읽어야 한다고 생각해. 우리가 읽는 책이 머리통을 후려치는 충격으로 우리를 깨우지 않는다면 대체 무엇 때문에 읽겠나? 자네 말대로, 우리를 행복하게 해주기만 하면 된다고? 세상에, 책이 아예 없으면 딱 그렇게 행복하겠지. 그리고 우리를 행복하게 만들어주는 책이란 우리가 쓸 수 있는 책이겠지, 꼭 써야 한다면 말이야. 하지만 우리는 재앙 같은 영향을 주는 책이 필요해. 가슴 깊이 슬프게 하는, 자기보다 더 사랑했던 이의 죽음 같은 책이, 세상에서 멀리 떨어진 숲속으로 사라지는 것 같은, 자살 같은 책이 말이야. 책은 우리 안의 얼어붙은 바다를 깨부수는 도끼여야 해. 나는 그렇게 믿어.[13]

12 Fyodor Dostoyevsky, *The Notebooks for the Idiot*, tr. K. Strelsky(Chicago: University of Chicago Press, 1967), pp. 102~173.

이 편지는 답장하지 않는다고 비난하는 친구에게 보내는 답장이었지요. 카프카는 친구에게 이런 말로 답했습니다. "미안해, 하지만 책을 읽는 중이었어. 너무 중요한 책이라 덮을 수가 없었어. 늘 똑같은 폭력적인 관계지. 책이 먼저, 그다음이 너."

저 역시도 우리를 '해치고', '찌르고', '머리통을 후려치는 충격으로 우리를 일깨우거나' 우리에게 좋거나 좋지 않은, 우리에게 좋음으로써 우리에게 좋지 않은 끔찍한 사건들처럼 우리를 덮치는 책만 읽어야 한다고 믿습니다. '자신보다 더 사랑했던 이의 죽음과 같은' 책을, 또는 '세상으로부터 멀리 떨어진 숲속으로 사라지는 것 같은' 책을, 또는 '자살 같은' 책을, 아니면 그가 말미에 썼듯이, '우리 안의 얼어붙은 바다를 깨부수는 도끼인' 책을 말입니다.

저도 그렇게 믿지만, 도끼인 책이 아주 드물고, 우리를 해치는 책이 아주 드물고, 얼어붙은 바다를 깨부수는 책이 아주 드물어서, 슬퍼지기조차 합니다. 얼어붙은 바다를 깨부수고 우리를 죽이는 책은 기쁨을 주는 책입니다. 그런 책이 왜 그리 드물까요? 왜냐하면 우리를 해치는 책을 쓰는 사람은 우리와 마찬가지로 고통을 받고, 우리와 마찬가지로 일종의 자살을 겪으며, 우리와 마찬가지로 숲에서 길을 잃는데, 그것이 두렵기 때문입니다. 글을 쓰면서 그렇게 쉽게 목숨을 잃고 싶지는 않겠지만, 클

13 Franz Kafka, *Letters to Friends, Family, and Editors*, tr. Ricahrd and Clara Winston(New York: Schocken, 1978), p. 16.

라리시 리스펙토르가 한 일은 바로 그랬습니다. 상징적으로 그랬을 뿐만 아니라 현실에서도 그랬지요. 그녀의 책들은 도끼가 되려고 할 뿐만 아니라, 다소 짧은 그녀의 인생 끄트머리에서 쓴 《별의 시간》은 너무 대수롭지 않아서 거의 존재하지 않다시피 하는 일종의 여성, 마카베아라는 인물의 삶과 죽음을 실제로 다루기까지 합니다.[14] 그 책은 처음부터 끝까지 다들 겁에 질려 있는데, 작가가 겁에 질려 있고, 책이 겁에 질려 있습니다. 글은 무슨 이야기를 하려다가 이내 포기하고 맙니다. 우리는 뭔가 끔찍한 일이 일어날 듯한 느낌을 받고, 독자들 또한 겁에 질립니다. 우리는 일어나지 않았으면 하는 일이 일어날 거라고 내내 생각하지만, 그 일은 여간해서는 일어나지 않습니다. 우리는 불안을 품은 채 한 쪽 한 쪽 나아갑니다. 그러다 갑자기 그 일이 일어납니다. 글이 일격을 가하고, 책은 끝나고, 마카베아는 죽습니다. 하지만 마카베아만 죽는 게 아니라 클라리시 리스펙토르도 죽는데, 마카베아가 죽은 직후였습니다. 이 책은 가능한 가장 진실한 방식으로 현실성을, 글쓰기의 비밀을 획득했습니다. 클라리시 리스펙토르는 아팠습니다. 자신이 죽으리라는 건 몰랐지만, 그 책을 끝내는 순간 알았지요. 실은 누가 그 책을 썼는지, 누가 누구를 죽였는지 모릅니다. 클라리시 리스펙토르가 자신이 죽을 걸 알고 급하게 그 책을 썼는지, 아니면 그 책이 그녀의 생에

14 Clarice Lispector, *The Hour of the Star*, tr. Giovanni Pontiero(Manchester: Carcanet, 1986).

종지부를 찍었는지, 모릅니다. 글쓰기와 죽음의 이 이상한 관계 때문에 작가들은 죽음에 대한 이상한 욕구를 느낍니다. 죽고 싶다고 느끼는 거죠. 하지만 이건 말할 수 없는 이야기입니다. 이렇게 말할 수는 없잖아요? "어째 좀 죽고 싶네요." 왜냐하면 금지된 말이니까요. 하지만 사실은 이것이 우리가 해야 할 유일한 말입니다.

제가 친밀하게 느끼는 작가들은 불을 가지고 노는 이들입니다. 자신의 필멸성을 진지하게 가지고 놀고, 더 나아가, 너무 나아가, 때로는 불을 잡을 만큼, 불에 잡힐 만큼 멀리 가는 이들입니다. 잉에보르크 바흐만이 1971년 로마에서 어떻게 죽었는지, 어떻게 불에 타서, 즉, 진실에 타서 죽었는지 알게 되는 건 끔찍합니다. 반면에 비슷한 시기에 클라리시 리스펙토르는 화염에 휩싸였다가 아들에게 구조되었습니다. 얼마나 끔찍하고 놀라운 일입니까![15]

저는 잉에보르크 바흐만의 《프란차》 서문에서 똑같은 욕

15 잉에보르크 바흐만은 1973년 9월 25일 밤에 일어난 화재로 화상을 입고 병원에 입원했다가 10월 17일에 사망했고, 클라리시 리스펙토르는 1966년에 화재로 화상을 입었다. 저자가 잉에보르크 바흐만의 사망 연도와 클라리시 리스펙토르의 사고 연도를 잘못 기억하고 있었던 듯하다. 클라리시는 그 화재로 오른손과 다리에 화상을 입었고 이후로도 후유증을 겪었다. - 옮긴이

구를, 똑같은 절규를 봅니다.

> 나는 가끔 그 죄악의 바이러스가 어떻게 됐는지 궁금하다. 당신도 그럴 것이다. 그게 갑자기 우주에서 사라질 수는 없는 법이다.[16]

그녀는 오스트리아에서 반유대주의와 홀로코스트와 신성모독이 물밑으로 가라앉아 있을 때 이 서문을 썼습니다. 그녀는 덧붙였습니다. "물론 학살은 과거의 일이다. 그러나 암살자들은 여전히 우리 가운데에 있다." 다들 아우슈비츠를 묻었다고 생각할 만할 때, 그녀는 그렇게 썼습니다. 그녀가 쓴 것은 위험합니다. 아우슈비츠는 언제나 인간 각자의 내부에 있기 때문입니다.

책과 관련한 어느 인터뷰에서 그녀는 모든 것이 전쟁이라고 말합니다. 전쟁은 첫 폭탄이 투하되는 것으로 시작되지 않고, 언론이 떠들어대는 공포로 시작되지도 않습니다. 전쟁은 사람들 사이의 관계에서 시작됩니다. 그녀는 또 이렇게 주장합니다. "남성과 여성의 관계에서 파시즘은 가장 중요한 문제이며, 여기서 저는 그 점을, 이 사회가 늘 전쟁 상태에 있다는 사실을 말하고자 했습니다. 전쟁과 평화가 있는 것이 아니라 전쟁밖에 없다

16 Ingeborg Bachmann, *Der Fall Franza*(Munchen: Suhrkamp Verlag, 1983) pp. 7~8.

17 위의 책.

고 말입니다."[17] 거칠지만, 그것이 솔직한, 오스트리아적인 곤경에 빠진 바흐만입니다.

우리는 프랑스에도 전쟁이 있다고 말하지만, 우리가 평화를 누리는 시민들이라는 말도 합니다. 하지만 오스트리아에는 전쟁밖에 없습니다.

2. 읽기 또는 쓰기가 치명적인 행위라는 것, 또는 읽기/쓰기가 백주의 도피라는 것

모두가 읽기를 같은 방식으로 수행하지는 않지만, 글쓰기와 유사한 읽기 방식이 있습니다. 글쓰기는 세계를 삭제하는 행위입니다. 우리는 책으로 세계를 소멸시킵니다. 여러분은 알면서, 또는 모르면서, 펼친 책을 집지만, 그 책이 단절의 도구일지도 모른다는 어렴풋한 느낌을 받을 때가 종종 있습니다. 여러분은 그 책의 문을 열자마자 다른 세계로 들어가서는 이 세계로 통하는 문을 닫아버립니다. 읽기는 백주의 도피이고, 타인에 대한 거부입니다. 대체로 읽기는 고독한 행위이며, 그 점에서는 글쓰기와 똑같습니다. 우리가 늘 이런 생각을 하는 건 아닙니다. 더는 읽지 않기 때문이죠. 어릴 때는 자주 읽었고, 읽기가 얼마나 격렬할 수 있는지 알았습니다. 책이 여러분에게 타격을 주지만, 여러분은 책과 함께 똑같은 강도로 바깥 세계에 타격을 줍니다. 우리는 다른 방식으로는 쓸 수 없습니다. 문을 꽝 닫지 않고는, 관계를 잘라내지 않고는 말입니다.

작가는 은밀한 범죄자입니다. 어떻게요? 첫째는 글쓰기가 낯선 기술의 이상한 원천으로 향하는 여정을 떠맡으려 들기 때문입니다. '그 일'은 여기가 아니라 다른 곳, 이상하고 낯선 어딘가에서 일어납니다. 작가는 외국에서 왔습니다. 우리는 이 이방인들의 특정한 성질은 모르지만, 이들이 그곳에 끌린다는 사실을, 이들을 부르는 누군가가 그곳에 있다는 사실을 느낍니다.

저자는 낯선 나라에 있는 듯이, 가족과 있으면서도 낯선 이방인인 듯이 씁니다. 우리는 저자를 모르는 채, 책을 읽고 그 책을 저자라 생각합니다. 우리는 책과 저자 사이에 반드시 어떤 유사성이나 동일성이 있다고 생각합니다. 하지만 저자와 글을 쓴 인물 간에는 엄청난 차이가 있습니다. 여러분이 그 인물을 만난다면, 그 인물은 저자와는 전혀 다른 사람일 겁니다. 책이 가진 이국적 기원이 글의 장면을 더할 나위 없는 단절의 장면으로 만듭니다. 렘브란트는 '네덜란드인'일까요? 그는 늘 '이국에서' 그림을 그렸습니다. 그림을 그린 그림인 그의 그림에는 예외적인 사람들, 이방인들이 삽니다. 렘브란트가 끊임없이 유대인을, 화려하게 꾸민 상상의 유대인을 그렸다는 사실에는 다들 충격을 받았지요. 침착한, 유대인이면서 야하게 치장한 존재로서 두 배는 낯선 유대인들, 겉모습으로는 세 배는 과하게 동양적이며 이국적인 유대인들. 마치 이 이상한 남자, 자기 나라 사람이 아닌 듯한, 네덜란드 땅의 소산이 아닌 듯한 남자가 그림의 그늘을 지나 고국 네덜란드 땅의 경계를 넘어 아주 먼 기원으로, 그림의 소재로 쓴 이국의 기원으로 향했던 듯합니다.

예를 들어 렘브란트가 그린 〈유대인 신부〉라는 제목이 붙은 그림을 봅시다. 이 그림은 약간 이상합니다. 이 그림은 익숙한 이방인들이 가득한, 렘브란트의 가계에는 속하지 않는 유대인들과 동양인들이 가득한 렘브란트의 작품 전체에 대한 은유이기도 합니다. 하지만 그들은 이 다른 세계에 속합니다. 아니면 렘브란트가 그들의 세계에 속하지요. 그는 마치 숨겨진 자신의 이국 기원을 발견하기 위해 그림을 그렸던 것 같습니다. 우리는 낯선 나라로 가려는 듯이, 자신이 자기 가문에 속하지 않는 이방인이라는 듯이 쓰고 그립니다. 파울 첼란이 썼듯이, "저 낯선 이국의 집으로" 가고 있다는 듯이 말입니다.[18] 작가와 가족들 간의 문제는 늘 현재에 머무르면서 벗어나는 것이고, 완전히 존재하면서 부재하는 것이며, 탈출하는 것이고, 방임하는 것입니다.

완전히 평범한 문제인 동시에 우리가 알거나 말하고 싶어하지 않는 문제이지요. 작가에겐 아이가 없습니다. 저도 쓸 때에는 아이가 없습니다. 쓸 때, 저는 제게서 탈출하고, 저는 저를 몰아냅니다. 저는 동정녀입니다. 저는 제 집 안에서 떠나 돌아오지 않습니다. 제가 펜을 집어 드는, 그 마법의 몸짓을 하는 순간, 저는 사랑하는 사람들을 모두 잊습니다. 한 시간만 지나면 그들은 태어나지도 않았고, 전 그들을 안 적도 없습니다. 하지만 우리

18 Paul Celan, "Schibboleth," in *Selected Poems*, translated by Michael Hamburger(New York: Persea, 1980), p. 82.

는 분명 돌아오지요. 그래도 그 여정 동안 우리는 살인자입니다. (쓸 때만이 아니라 읽을 때도 마찬가지입니다. 쓰기와 읽기는 분리할 수 없습니다. 읽기는 쓰기의 부분입니다. 진정한 독자는 작가이지요. 진정한 독자는 늘 글쓰기 도중에 있습니다.)

3. 읽기란 무엇인가? 몰래 먹기

읽기는 또 몰래 하는 은밀한 행위입니다. 우리는 그걸 인정하지 않지요. 그건 당황스럽습니다. 읽기는 우리 주장만큼 대수롭지 않은 일이 아닙니다. 우리는 먼저 서재 열쇠를 훔쳐야 합니다. 읽기는 도발이고 반란입니다. 우리는 그냥 단순한 문고본을 펼치는 척하면서 책의 문을 열고는, 백주에 탈출하는 겁니다! 우리는 더는 거기에 있지 않습니다. 진정한 읽기는 그런 것입니다. 그 방을 떠나지 않았다면, 담을 넘지 않았다면, 읽고 있는 게 아닙니다. 거기 있는 체하고 있다면, 가족들의 시선을 속이고 있다면, 그렇다면 우리는 읽고 있는 겁니다. 우리는 먹고 있습니다. 읽기는 몰래 먹기입니다.

읽기는 금단의 열매를 먹는 것이고, 금단의 사랑을 하는 것이고, 시대를 바꾸는 것이고, 가족을 바꾸는 것이고, 운명을 바꾸는 것이고, 낮을 밤으로 바꾸는 것입니다. 읽기는 모든 것을 정확히 우리가 원하는 대로 '몰래' 하는 것입니다.

그리고 어떤 책을 읽으면 우리가 기쁨에 겨운 낯선 사람이 된다고요? 죽는 법을 가르쳐주는 책들이죠.

예컨대 우리의 문학적 할아버지인 몽테뉴가 있습니다.

〈몽테뉴〉. 토마스 베른하르트가 쓴 짧은 글의 제목입니다. 저는 〈글쓰기 이야기〉라는 제목으로 옮겨진 그 글을 기쁘게 읽었습니다. 몰래 읽는 장면을 몸짓으로 연기하며 전력 질주하듯이 단숨에 써낸 솜씨 좋은 이야기이죠.

제목이 〈몽테뉴〉라고 알려줍니다. 여러분과 마찬가지로 저도 작가 몽테뉴를 다루는 글이겠구나 생각했죠. 인물을 그린 글일까요? 벌거벗은 〈몽테뉴〉, 있는 그대로의 〈몽테뉴〉, 제목은 몽테뉴 외에는 아무것도 알려주지 않습니다. 〈몽테뉴〉는 우리를 몽테뉴의 상태에 밀어 넣습니다.

그래서 우리는 그 글이 몽테뉴를 그린 글이거나 산문의 대가 몽테뉴에게 헌정하는 글이리라 생각합니다.

도망으로 시작하는 이 글의 시작은 이렇습니다. 도망 중. 죽음의 위협에서 달아나며 쓰인 글. 도망과 도망자의 헐떡이는 숨소리가 글의 경로와 리듬을 쫓을 것입니다. 서술과 화자는 '몽테뉴'에서 시작하여 몽테뉴의 방향으로 줄달음을 칩니다.

> 가족들, 그러니까 사형 집행인들로부터 도망치기 위해, 나는 탑 한구석을 피난처로 삼아 불빛 없이, 따라서 모기들이 미친 듯이 달려들게 하는 일 없이, 서재에서 몰래 꺼내 온 책을 펼쳤다. 몇 문장 읽고 보니, 친밀한 데다 실지로 일깨움을 주는 면에서 그 누구보다 가까운 나의 친척이라

할 몽테뉴의 책이었다.[19]

그가 제일 좋아하는 몽테뉴. 이 짧은 모험 전체가 어둠 속에서 이뤄진 그 선택을 다룹니다.

이 글은 이렇게 시작해서는 계속 그 책을 읽는 모험을 얘기합니다. 이 글은 마치 여러분이 그 탑 안의 완전한 어둠 속에서 한 칸 한 칸 계단을 타고 있다는 듯이(내려가고 있는지 올라가고 있는지는 말씀드리지 않을게요), 한 문단 한 문단씩 차근차근 글쓰기를 가르쳐주는 진짜 수업입니다.

글은 문단을 거듭할수록 빠르게 지나갑니다. 〈몽테뉴〉는 스물두 계단 또는 문단, 스물두 번의 계단 밟기 만에 끝납니다. 여러분이 몸으로 읽었으니, 여러분 몸의 문단이겠지요. 크기 면에서 계단들은 거의 비슷합니다. 때로는 조금 짧거나 조금 깁니다. 그리고 하나같이 치밀하고 절박합니다.

글은 곧 우리 삶의 본질적 경험들에 관한 것이 됩니다. 우리는 들어서자마자 도망갑니다. 첫 번째 문단에서 우리는 이미 일련의 지침을 받습니다. 그리고 지침은 엄수될 것이고, 어느 하나도 글에서 버려지지 않을 겁니다. 그러나, 이 글의 대부분에서 우리는 어둠 속에서 뛰고 도망칩니다. "나는 탑 한구석을 피난처로 삼아 불빛 없이…. 서재에서 몰래 꺼내 온 책을 펼쳤다. … 나는 캄캄한 서재에서 책 한 권을 가져왔다." 보지 않고 고른 선

19 Thomas Bernhard, "Montaigne," *Die Zeit*, October 8, 1982, no. 41.

택, 나는 정확하게 몽테뉴를 고르는데, 몽테뉴는 "…그 누구보다 가까운 친척이라 할 수 있다." 나는 그 많은 책 중에서 친척을 고르는데, 그것도 그를 원하지 않은 채, 그러므로 '맹목적으로' 말입니다.

> 몽테뉴는 친밀한 데다 실지로 일깨움을 주는 면에서 그 누구보다 가까운 나의 친척이다.

여기에 불빛이 있습니다. 몽테뉴와의 관계 속에요. 그것은 일깨움을 주는(빛을 밝혀주는) 관계입니다.

세 번째 문단은 이렇습니다.

> 탑으로 가는 길에, 말했듯이 모기들 때문에 불을 켜지 않은 거기로 가는 길에, 나는 아주 의식적으로, 최대한 집중하여 내가 책장에서 집어 온 책이 어떤 책인지 짐작해 보려 했는데, 머릿속을 스친 가능성이 있는 온갖 철학자들의 이름 중에 몽테뉴는 없었다.[20]

빛은 내부에서 나오고, 책은 머리를 (제 머리를) 뚫고 지나갑니다. 그에게 몽테뉴는 안에서부터, 필연 그 자체처럼 옵니다.

이는 이미 진정한 읽기에 관한 수업입니다. 우리 삶에서

20 위의 책.

떼어놓을 수 없는 읽기 말입니다. 읽기, 외부 세계와는 또 다른 빛과 어둠의 우주를 세우는 읽기, 그리고 글쓰기 우주의 연장이 분명한 읽기. 그 일은 친밀함 속에서 일어나고, 그곳은 햇빛이 군림하는 대신 다른 빛이 다스립니다.

어두운 데서 무언가를 고를 때가 그렇습니다. 무얼 집게 될지 모르죠. 우리는 늘 이런 짓을 합니다. 어떤 책을 고르지만 왜 그 책인지는 모르는 거죠. 부모에 대해서도 마찬가지입니다. 진정한 부모를 찾는 유일한 방법은 어두운 데서 책을 고르는 것이니까요. 신비로운 일입니다. 아마 선택은 우리가 아니라 책장에 앉은 부모가 했겠지만, 설명할 수는 없는 일입니다. 어쨌든 그런 방식으로 우리는 인생을 바꿀 책과 마주치게 됩니다. 물론 기표記標 정도는 들어봤겠지만, 이렇게 완전히 눈먼 방식으로 선택한 것이 우리에게 빛이 되는 것이죠. 베른하르트에게 몽테뉴가 올 때도 이런 방식이었습니다. 전혀 예기치 않으면서도 간절히 원하던 바였죠. 몽테뉴를 제외한 모든 철학자의 이름이 그의 머릿속을 지나갔습니다. 미묘한 과잉투자의 현장입니다. 몽테뉴를 향한 욕망이 너무 강한 나머지 그는 몽테뉴를 기대하지 않습니다. 그리고 몽테뉴는 예기치 않은 상황에 불쑥 들이닥칩니다. 전혀 예상치 못했습니다. 몽테뉴를 찾으려면 빛이 없어야 하는 동시에 문장 속에 빛이 있어야 합니다. 왜냐하면, 당연히 빛은 내부에서 나오고, 여러분은 책을 통해 여러분 삶과 정신의 빛이 도착함을 설명할 수 없기 때문입니다. 베른하르트는 이 점을 강조했습니다.

> 인공조명 없이 무엇을 읽기란 극도로 고통스러운 것이니, 나는 덧문까지 닫힌 곳에서 더없이 터무니없는 방식으로 '나의' 몽테뉴를 읽었다.[21]

상상할 수조차 없는 일이지만, 그렇게 그는 완전한 어둠 속에서 몽테뉴를 읽었습니다.

결국 우리는 베른하르트가 몽테뉴를 읽다가 이 문장을 만나는 지점에 도달합니다.

> **애한테 아무 일 없어야 할 텐데.**(강조는 저자) 이 문장은 몽테뉴가 한 말이 아니라 탑 밑을 돌아다니며 나를 찾는 가족들이 한 말이었다.[22]

"아무 일 없어야 할 텐데." 앞에 나온 내용을 다 읽었다면, 우리는 이 문장에서 온갖 달고 쓰고 짠 맛을 볼 수 있습니다. 현실적으로 보자면 부모가 걱정하는 듯한 말로 들립니다(저는 이 문장이 글에 끼어든 것 말고 문장의 내용에 관해 얘기하고 있습니다). 아이러니를 알아채는 감각이 있다면, 이렇게 들립니다. '그 애가 아무것도 읽지 않아야 할 텐데', '저 끔찍한 탑 안에서 아무

21 위의 책.

22 위의 책.

일도 일어나지 않아야 할 텐데', 특히 '그 몽테뉴가 오지 않아야 할 텐데', 기타 등등… 우리는 이 문장을 끝도 없이 풀어낼 수 있습니다. 한 세계가 다른 세계에 삼켜지고 있습니다. 저는 이 문장이 나오기 전까지 몽테뉴를 읽고 있었습니다. 대단한 연속성이지요. 베른하르트는 이 문장이 내부에서 온 것인지 외부에서 온 것인지 알려주지 않습니다. 불쑥 문장이 와서 부딪힙니다. 마치 꿈인 것만 같습니다. 우리는 꿈속에 있을까요, 아니면 이미 꿈 밖에 있을까요? 방금 뱉어진 이 문장, 이건 여전히 꿈속에 있을까요, 아니면 이미 꿈 밖에 있을까요? 책 속에 있나요, 아니면 여러분 안에 있나요? 문장은 다른 위치로 옮겨졌습니다. 이 문장의 출처를 특정하기 어려운 것이, 무엇보다 몽테뉴가 몽테뉴가 아니기 때문입니다. 그는 '가족'입니다. 몽테뉴와 '가족'이 동일한 어버이의 위치를 차지합니다.

이제 우리는 이 책의 마지막 문장인 이 문장이 탑 안에서 들리는지 아니면 탑 바깥에서 들리는지 알 수 없습니다. 그 책 자체가 내부에서 일어난 일인지 외부에서 일어난 일인지 알 수 없듯이 말입니다.

베른하르트는 왜 몽테뉴의 탑[23]이 분명한 그 어두운 탑으로 도피해야 했을까요? 아주 어릴 때부터 그의 사형 집행자, 가

23 몽테뉴의 탑은 프랑스 남서부 도르도뉴 지방에 있는 몽테뉴 성의 남쪽 탑으로, 1571년에 공직에서 은퇴한 미셸 드 몽테뉴의 계획하에 개조된 이후 본채 건물이 1885년 화재로 소실되어 재건되는 와중에도 온전하게 보전되었다. 몽테뉴의 유명한 장서와 서재가 이 탑에 있었고, 《수상록》이 이곳에서 쓰였다고 전해진다. - 옮긴이

족들로부터 위협을 받아오던 생명을 구하기 위해서가 아니었다면 말이지요. 어두운 서재에서는 모든 것이 명확합니다. 이 글은 부모와 자식 사이에 벌어지는 치명적인 전쟁에 관한 얘기입니다. 돌고 도는, 우리 모두의 앞에서 시작된 이 전쟁 말입니다. 부모와 자식 사이에 공포와 파괴가 둥지를 틉니다. 서로가 서로에게 말합니다. 넌 날 죽이고 싶지, 아니, 너야말로 내가 죽었으면 좋겠지. 그리고 그건 사실이라서, 열정의 대상인 책을 가운데에 놓고 한쪽이 다른 쪽을 죽입니다. 글을 사랑하는 이들이 글을 사랑하지 않는 이들의 증오를 자극하는 건 사실입니다. 사람이 책 때문에, 한 편의 시 때문에 살인할 수 있는 것도 사실이지요. 그에 찬해서든 그에 반해서든 말입니다. 사람이 시를 위해 시인을 죽일 수 있는 것도 사실입니다. 그건 사실입니다. 받아들이지 못하는 이들에게 시는 얼마나 엄청나게 지독한 독약입니까. 우리 사이에, 독자와 반反독자 사이에 주이상스[24]에서 자극받은 범죄들이 있기 때문입니다.

우리의 살인은 모호하고 폭력적인 주이상스와의 관계 속에서, 너무나 어둡고 미개하고 아득해서 보이지조차 않는 질투 속에서 결정됩니다. 거기, 그림자들 속에서 낮 뜨거운 박탈 장면이 연출됩니다. 부모는 자식을 장악하는 수단으로 굶기거나 하

24 주이상스(jouissance)는 사전적 의미로는 성적 쾌락을 의미하지만, 라캉은 쾌락 원리를 뛰어넘으려는 전복적인 충동을 의미하는 용어로 사용하였다. 주이상스는 말하는 모든 주체에 원천적으로 금지된 것이며, 죽음 충동을 통해 구체화되는, 상징계가 부과한 법칙을 뛰어넘어 잃어버린 대상인 물(物)을 되찾으려는 욕망이다. - 옮긴이

다못해 배고픔을 이용하고 싶어 하지요. 그리고 이 모든 것이 사랑 없이도 아니고, 미움 없이도 아닙니다.

> 옛날에는 주방 설탕통에서 각설탕을 꺼낼 때 무서워 죽을 것 같았는데, 요즘에는 서재에서 책을 꺼낼 때, 특히 어젯밤처럼 철학책일 때는 더욱, 무서워 죽을 지경이다.
>
> 처음에 사람들이 말했다. 이 물에는 독이 들었으니 마시면 안 돼. 이 물을 마시면 재앙이 오고, 이 책을 읽으면 재앙이 와. 사람들은 우리를 방해하려고 숲속으로 데려가고, 캄캄한 아이들 방에 집어넣고, 한눈에 봐도 우리를 파괴할 것이 뻔한 사람들을 소개해 준다.[25]

웅장하면서도 무시무시한 오래된 찬송가를 알아보시겠죠. "너희는 마시지 않으리, 너희는 먹지 않으리, 너희는 읽지 않으리, 너희는 쓰지 않으리, 그러지 않으면, 너희는 죽으리라."

> 그리고 사람들은 읽기를 죄악이라 부르고 글쓰기는 범죄라 부른다.
>
> 그리고 그게 완전히 잘못은 아니라는 데에는 의심의 여지가 없다.
>
> 사람들은 이 '어딘가 다른 곳' 때문에 우리를 절대 용

25 위의 책.

서하지 않을 것이다.

이 글의 첫 부분으로 돌아가 봅시다. 이 모든 일이 그저 '탈출하기 위해서'입니다. 이 글은 탈출하기 위해 쓰였습니다. 가족과 기타 등등으로부터 탈출하기 위해서요.

마지막 단락은 이렇습니다.

> 인공조명 없이 무엇을 읽기란 극도로 고통스러운 것이니, 나는 덧문까지 닫힌 곳에서 더없이 터무니없는 방식으로 '나의' 몽테뉴를 읽었다. … 애한테 아무 일 없어야 할 텐데. 이 문장은 몽테뉴가 한 말이 아니라 탑 밑을 돌아다니며 나를 찾는 가족들이 한 말이었다.

우리는 여전히 어둠 속에 있습니다. 인공조명 없이. 하지만 빛이 없지는 않습니다. 우리는 화자만큼이나 차분해지고, 모든 것이, 말하자면, 선명합니다.

저는 글의 시작 부분으로 돌아옵니다. 탈출하기 위해 글은 전속력으로 시작합니다. 탈출은 수행되지 않습니다. 그러는 내내 타인들은 저 아래에 있습니다.

읽기와 그 욕구를 만들어내는 '읽기의 절박함' 간에는 어떤 관계가 있습니다. 하나 없이 다른 하나를 가질 수는 없지요. 탈출하기 위해… 저는 읽습니다. 그것이 읽기의 수수께끼입니다. 그리고 현실이 아니지요. 우리는 글의 편에 머물러야 합니다. 읽기가 '덧문이 닫힌 채로' 수행된다는 사실을 받아들이는 것입니다. 그건 사실인 동시에 사실이 아닙니다. 우리는 계속해서 한 발은 이 세계에 다른 발은 저 세계에 두어야 합니다. 그건 환상에 속하지도 않습니다. 그건 카프카식으로 오도하지요. 어떤 길을 가고 있다고 생각했는데, 다른 길에 있고, 저 길에 있고, 그런 식입니다. 읽기와 쓰기의 관계가 그렇습니다. 같은 방식으로 이 글은 내적 몽테뉴의 빛을 받으며 어둠 속에서 쓰였습니다. 우리는 어둠 속에서 쓰고, 어둠 속에서 읽습니다. 둘은 같은 과정이니까요.

4. 작가의 죄악에는 범례가 있다

우리는 억제할 수 없는 죄악, 글쓰기라는 죄악의 전문가이자 사악함의 귀재인 에드거 앨런 포에게 신세를 지고 있습니다.

창작할 때 우리는 타인을 어떻게 합니까? 작가들은, 화가들은, 즉 우리는 무엇을 합니까? 이것이 우리의 초상입니다. 예술가 스스로가 만든 예술가의 초상, 제가 만든 여러분의 초상이죠. 이것은 타원형, 악의 알입니다. 창작의 상태에 있을 때 우리는 타인의 육체를, 그리고 자신의 육체도, 어떻게 합니까. 우리는 (자신을) 소멸시키고(토마스 베른하르트라면 그렇게 말하겠죠), 우리는 (자신을) 여위게 하고(에드거 앨런 포라면 그렇게 말하겠죠), 우리는 (자신을) 지웁니다(헨리 제임스라면 그렇게 말하겠죠). 짧게 말해서, 우리는 유폐를 실행에 옮깁니다. 모든 것이 벽과 함께 시작합니다. 탑의 벽. 심하게 다친 화자를 따라 들어가게 되는 성의 벽 같은 것 말이죠.

〈타원형 초상화〉는 이렇게 시작합니다.

> 심하게 다친 내가 한데서 밤을 보내지 않도록 시종이 문을 부수고 들어간 [이건 〈몽테뉴〉가 아니라 〈타원형 초상화〉입니다] 성은 오래전부터 아펜니노산맥 여기저기에 뚱하니 앉은 음울함과 웅장함으로 버무려진 돌무더기 중 하나로, 사실 래드클리프 여사[26]의 상상 속에 나오는 성 못지않았다.[27]

시작과 동시에 독자인 우리는 다친 화자를 따라 성으로 들어갑니다. 화자는 그림이 가득한 이상한 방에 도달하고, 타원형 초상화 하나에 주목하는데, 그 그림이 어찌나 특별한지 자신의 눈을 믿지 못할 지경입니다. 조금씩 조금씩 이야기가 풀려갈수록 우리도 그 타원형 초상화에 사로잡혀 눈을 떼지 못합니다. 게

26 래드클리프(Ann Radcliffe, 1764~1823)는 18세기 후반부터 19세기 초에 걸쳐 활동한 영국 작가로 고딕소설이라는 장르를 개척하여 당대에 가장 유명한 작가이자 가장 높은 고료를 받은 작가로서 세계적인 명성을 떨쳤다. 21세기 들어 작품들이 재발간되면서 다시 주목을 받고 있다. 작품에 오래된 성과 초자연적인 사건들이 자주 등장한다. - 옮긴이

27 Edgar Allan Poe, "The Oval Portrait," in *The Works of Edgar Allan Poe*, vol. 2 (London: Kegan Paul, Trench: 1884), p. 545.

다가 그 타원형 초상화에는 저만의 이야기가 있습니다. 화자가 그 이야기를 읽습니다. 우리는 이야기 속의 이야기인 그 속으로 들어갑니다. 젊은 여성의 삶과 죽음에 관한 그 이야기는 이야기의 모형 역할을 합니다. 타원형 초상화의 이야기 안에 들어가 있는 동안 우리는 장면에서 완전히 사라지고, 이야기가 타원형 초상화 내부에서, 초상화라는 벽 뒤에서 끝날 때, 독자인 우리는 이미 뭔가 이상한 짓을 저지른 상태입니다. 우리는 기억에서 화자를 지워버렸습니다. 우리는 또 다른 장면 속에 있습니다. 이것이 포의 천재성입니다. 〈타원형 초상화〉를 읽을 때, 우리는 '타원형 초상화'의 이야기를 읽고 있다고 생각합니다. 생명 그 자체인 어느 미인과 결혼한 천재 화가가 아내를 그리기 시작하는 이야기 말입니다. 이 이야기는 포가 말하는 걸까요, 아니면 화자가 말하는 걸까요? 저는 최종적으로 누가 이야기를 하고 있는지 모르겠습니다. 왜냐하면 포가 있고, 화자가 있고, 타원형 초상화를 설명하는 책의 작가가 있고… 그러니 누군가가 말합니다.

> 하지만 그, 화가가 작업에 성과를 보여 그림이 시시각각 진척되어 갔다. 그리고 열정적이고 거칠고 침울한 사람인 그는 백일몽에 빠져들었다. 그래서 그 외딴 작은 탑으로 무시무시하게 쏟아져 들어오는 햇빛에 신부의 건강과 정신이 시들어 누가 봐도 눈에 띄게 여윈 것을 그만이 보지 못했다. 그래도 신부는 여전히 미소를 지으며 웃었고… [마침내 신부의 모든 생명력이 초상화 속으로 들어갈 때까지] 결국 그

> 노고가 열매를 맺을 즈음이 되자 그 작은 탑에는 아무도 출입할 수 없게 되었다. 화가가 작품에 대한 열정으로 광포해지는 바람에 캔버스에서 잠시 눈을 돌려 아내의 표정을 살피는 일조차 드물어졌기 때문이다. 캔버스에 바르는 색깔들이 옆에 앉은 신부의 뺨에서 뽑아낸 것임을 그는 알지 못했다. 그리고 몇 달이 지나 입술에 붓질 한 번만 더 하고 눈에 색조 하나만 더 칠하면 모든 일이 끝날 때, 옆에 앉은 신부의 기력은 램프 소켓 안의 불꽃처럼 다시 흔들리고 있었다. 붓질이 가해지고, 색이 입혀졌다. 화가는 자기 작품 앞에서 넋을 잃었다. 그리고 다음 순간, 여전히 시선을 떼지 못한 채 그는 몸을 떨며 몹시 창백해졌고, 이내 혼비백산했다. 그가 큰 소리로 외쳤다. "이건 정말이지 생명 그 자체야!" 그러고는 사랑하는 이를 보려고 홱 돌아섰다. 신부는 숨이 끊어져 있었다![28]

그리고 그대로 끝입니다.

이것은 창작 과정에서 일어나는 일에 대한 일종의 알레고리입니다. 신화적인 데다, 클리셰라 여겨질 수도 있겠지요. 하지만 아닙니다. 읽는 동안 우리 자신이 화가가 되기 때문입니다. 글을 따라 우리도 초상화를 그리기 시작하고, 특히 그러면서 화자를 잊고 지우기 시작하는데, 아주 이상한 일이라 할 수 있지

28 위의 책, pp. 548~549.

요. 우리는 그러고서 우리가 무슨 짓을 저질렀는지 깨닫지도 못한 채 그 작은 탑 또는 이야기에서 빠져나오는 듯싶습니다. 이것이 작가의 범죄입니다. 포가 그 범죄를 기술하지요. 발작적인 범죄이고, 페미니즘 성향이라도 있나 싶게 거의 언제나 남성에게 살인자 역할을 주고 여성에게 희생자 역할을 주면서, 그가 자주 저지르는 범죄입니다.

그와 똑같은 짓을 한 일종의 화가를 알고 있습니다. 사랑하는 여성들의 홍조로 자기 시에 색을 입혔지요. 바로 릴케 얘기입니다. 메를리네를 깊이 사랑했던 생의 마지막 몇 년 동안 그는 《유언》이라 불리는 일기를 썼습니다.[29] 일기는 짤막한 토막글로 구성되었고, 생전에는 출간을 의도하지 않은 글이었습니다. 그 일기가 50년 후에 출간되었습니다. 그 책은 그와 클로소프스카 부인, 즉 메를리네와의 관계를, 그리고 그와 시와의 관계를 유례없이 자세하게 알려줍니다. 거의 견딜 수가 없을 지경입니다. 그 책은 비통하면서도 한 여성에 맞서 끔찍한 전쟁을 벌이는 그의 시에 대한 집착을 드러냅니다. 그런 사실이 메를리네에게 직접 표현되지는 않았습니다. 그녀는 그 일기를 읽지 않았으니까요. 릴케가 사랑하는 사람들과 주고받은 엄청난 양의 편지가 있는데, 하나같이 같은 얘기를 합니다. '오지 마시오, 내게 접근하지 마시오, 나를 죽이지 마시오.' 메를리네에게 하는 말도 마찬가지입니다. 왜냐하면 그는 써야만 하니까요. 그는 대

29 Rainer Maria Rilke, *Das Testament*(Frankfurt: Insel Verlag, 1974).

개 일 년에 두 번 정도 그녀를 만났고, 강한 여성이었던 그녀는 그런 상황이 마음에 들지 않았습니다. 그녀는 괴로웠고, 그도 괴로웠습니다. 그리고 그는 아름다운 편지들로 승화에 관한 모든 것을 설명합니다.

참고로, 저는 이 유언이 출간되었어야 했는지 잘 모르겠습니다. 우리가 친밀한 관계에서 상징적으로 '살해'할 수 있다는 건 사실이지만, 그것이 알려지는 건, 그 범죄에 목격자가 생기는 건 끔찍합니다. 물론 릴케가 누군가를 살해하고 있다고 생각지는 않습니다. 그는 사랑하는 여성이 자기와 함께 시의 세계에 있어 주기를 바랍니다. 그러는 동시에 그 여성이 실재하기를 요구하죠. 반대로 베른하르트는 그 범죄를 직접적으로 주장할 겁니다. '직접적으로' 말하는 것이 그가 지닌 힘입니다. "잠깐 실례하겠습니다, 제가 당신을 죽여야 할 것 같네요." 이 때문에 그의 책들은 이례적으로 잔인해지는 동시에 희극과의 경계에 서게 됩니다.

〈타원형 초상화〉의 벽 너머로 돌아가 봅시다. 전 몇 쪽째 화자의 뒤를 쫓고 있었습니다. (그는 유령 화자가 아닙니다. 글의 삼 분의 이를 차지하니까요.) 우리가 이 주체 및 서사와 맺는 관계의 양상은 이 글이 노린 효과이지만 글이 말하는 내용과도 관련이 있습니다. 화자는 우리가 눈치도 못 채게 사라지는 놀라운 소멸을 이룹니다. 우리는 화가의 상황에 눈길을 돌리죠. 바로 이것입니다. 화자여, 안녕! 하지만 그가 심하게 다쳤으니, 우리는 응당 그를 걱정해야 할 텐데요. 이 모든 것이 억압에 대한 우리의 수용력을 훌륭하게 각색한 것입니다. 우리는 살인자-화가입니다. 이것이 에드거 앨런 포의 기술이지요. 그는 글 안에서 (글에서는 화가에 의해) 일어나는 일을 '우리가' 수행하게 만듭니다.

초상화가 초상화 안에 있고, 책이 책 안에 있습니다. 이 과정의 마지막 순환이 우리에게 말합니다. 조심해, 그림을 그릴 때 모델한테 무슨 일이 생기지? 화가는 모델과 어떤 관계야? (진부하지만 피할 수 없는 질문이지요.) 모든 화가의 모델이 그런 질문을 합니다. 피란델로도 똑같은 이야기를 썼습니다. 생명을 주는 인물의 이야기이지요. 우리는 생명을 주는 사람이 화가라고 생각하지만, 사실은 모델입니다. 화가는 모델의 생명을 빼앗는 자이죠. 모든 예술에 대한 은유입니다.

글을 쓰려면 어떤 시점에서는 시체들을 뛰어넘고 누군가를 죽여야 하는 법이라고 베른하르트는 말합니다. 사실이기도 하고 사실이 아니기도 한 말이지요. 어떤 예술가는 사실이라고 하고, 어떤 예술가는 그렇지 않다고 합니다. 에드거 앨런 포의 경우를 보자면 추가적인 희생자가 있는데, 바로 화자 자신입니다. 포와 함께 우리는 화자를 처형합니다.

서사에는 부가적인 인물이 있습니다. '청중.' '우리'입니다. 우리는 책 속에서 읽히는 짧은 이야기의 구경꾼입니다. 청중이죠. 개별화되지 않은, 하지만 이해관계가 있는 청중. 대단한 연애 사건의 목격자 같습니다. 청중은 이 짧은 글의 '분석자'인 작가와는 분명하게 구별됩니다. 청중은 말합니다. '이 젊은 여성을 이처럼 훌륭하게 그리다니, 당신은 진정으로 사랑하는 게 틀림없어요.' 분석자는 화가와 그 아내의 관계가 불운이라고 말하는

데, 청중은 행운이라고 말합니다. 이것이 읽는 입장이지요.

그러고 청중은 쫓겨납니다. 범죄가 일어나는 자리에 청중은 없습니다. 범죄를 이야기할 사람은 익명의 화자-분석가밖에 없습니다. 우리, 창작의 구경꾼들은 눈이 멀었습니다. 우리는 이 위대한 화가에게 감탄하느라 정신이 없고, 그런 대단한 작품이 어떤 대가를 요구할지는 우리의 알 바가 아닙니다. 익명의 화자인 '나'는 압니다. 그 젊은 여성은 압니다.

이 짧은 서사에서 예술가와 모델의 관계에 관한 모종의 윤리를 도출하고자 한다면, 우리는 이 이야기의 마지막 부분을 어떻게 읽어야 할까요? 19세기에 창작자와 창작된 것들의 도덕적 관계는 본질적인 질문이었습니다. 이 질문은 베른하르트의 글에도 나타납니다. 포에게서는 되풀이해서 제기되는 주제입니다. 적대적이고 치명적인 남녀관계는 도처에 있습니다. 일말의 양면성조차 없습니다. 남자는 악하고, 여자는 선합니다. 많은 글이 이렇게 단순한 대립 관계를 채택하고, 일부는 다소 모호하게 그립니다. 이런 글들에서 남성은 대개 화가의 위치에 서고, 오히려 여성은 때로 선하거나 때로 악합니다.

이 글의 마지막을 보도록 합시다. 화가는 그림을 쳐다보면서 처음으로 '봅니다'. 이전에는 한 번도 보지 않았습니다. 우리의 화자는 봄으로써 시작하고, 그러고는 이 '봄'을 생각합니다. '내가 뭘 봤지?', '나는 보았다', 기타 등등. 하지만 화가는 보지 않았습니다. 그는 눈이 멀었습니다. 그가 잠시 살펴볼 겨를을 갖는 때는 '그 일'이 끝났을 때(그리고 그 일은 눈에 '색'을 하나 더하며 끝나죠), 끝에 가서입니다. 그 순간에 그는 처음으로 봅니다. 그는 진실을 봅니다. 그는 봅니다. 그려진 것이 생명 그 자체인 것을요.

다음 순간, 그가 본 것이 공포로 몰려옵니다. 그의 맹목성은 배가되죠. 그는 그렇게 하고자 한 적이 없습니다. 그는 소리칩니다. 이건 생명이야. 마치 이렇게 소리치듯이요. '이건 죽음이야.' 절대적인 공포 속에서 말입니다.

그다음 순간, 그는 '갑자기 홱 돌아섰고', 돌아서자 보이는 건 보기 두려웠던 바로 그것이었습니다. 아내가 죽었습니다. 그건 분석적인 장면입니다. 거기에 신은 없습니다. 금지와 허가는 있었지만요. 초자아는 있었을 테지만 신은 아니었습니다. 우리가 이해하게 되는 건 양쪽 다에 생명이 있을 수는 없다는 사실입니다. 분석자가 얘기하듯이, 화가는 마법처럼 아내의 뺨에서 생명을, 실체가 있는, 물질적인, 진정한 생명을 끌어냈습니다. 우리는 그가 자랑스러워하리라 기대하지만, 그는 그럴 수 없습니다. 우리는 이해하게 됩니다. 우리가 공정한 방식으로는 창작할 수 없음을요. 창작에 있어 우리는 불가피한 실패 앞에 설 수밖에 없습니다. 이중 구속이지요. 우리는 생명을 만들어내지 못하든가, 아니면 생명을 빼앗습니다. 모든 것이 실패이고, '모든 것이 범죄입니다'.

우리 구경꾼들은 결과가 수단을 정당화한다고 말하면서 자신을 위로하고 그 장면의 잔인성을 억누르고 싶습니다. 하지만 우리는 페미니즘의 시대에 살고 있고, 우리는 저항합니다. 연애의 대가를 치르는 건 여성들입니다. 우리는 예술 아니면 생명을 잃습니다. 남는 것은 진실입니다.

우리의 처지가 어떻든 간에 우리에게 돌아오는 것은 진실에 대한 의무, 무엇이 위험에 처했는지 알고 그것을 부정하지 않을 의무입니다.

이것이 〈타원형 초상화〉에서 화자에게 주어진 과제입니다. 그는 첫눈에 알아봤지요. 동시에 그것은 차마 견딜 수 없는 것이라, 그가 본 것을 내면화하는 데는, 그 작열하는 끔찍한 사실들을 받아들이는 데는 상당히 많은 시간이 필요합니다. 하지만 글이 암시하듯이, 화자는 '그런 일에 재능이 있고', 처음부터 치명적으로 다쳤기 때문에 그 죽음의 광경을 받아들입니다. 그 장면에 불가항력으로 새겨진 죽음을 보는 걸 견뎌내려면 정말이지 다친 상태일 필요가 있습니다.

5. 작가는 어둠 속에 있다. 또는, 눈먼 화가의 자화상

〈타원형 초상화〉에 나오는 화가처럼, 또는 《유언》에 나오는 릴케처럼, 저자는 맹목성이라는 구성 물질 속을 나아가는데, 그 맹목성의 효과는 선할 수도 악할 수도 있습니다. 저자가 자신의 어둠을 지각할 수 있다는 사실이 그 어둠의 성질을 변화시키지는 않습니다.

저자가 글을 쓰다가 죽는 일도 생길 수 있습니다. 쓸 가치가 있는 유일한 책은 우리에게 쓸 용기나 힘이 없는 책입니다. 우리(글을 쓰는 우리)를 상처 입히는 책, 우리를 벌벌 떨게 만들고, 얼굴을 붉히게 만들고, 피를 흘리게 만드는 책. 이건 우리 자신, 저자와의 전투입니다. 둘 중 하나는 정복되거나 죽어야 합니다.

저는 그런 진짜 책을 쓰고 싶지 않습니다. 하지만 제가 쓰고 싶은 책은 그런 책이죠. 저는 제게서 그걸 뜯어냅니다.

바라 마지않지만 두려운 그런 책들을 생각하면 심란해집니다. 저는 클라리시와 잉에보르크를 삼킨 불이 두렵습니다. 동시에 감탄하기도 하지만요. 《별의 시간》이라는 주제를 놓고 저는 여러 글에서 클라리시 리스펙토르가 자신에게 금지된 책을 쓰기 위해 얼마나 멀리까지 가야 했는지 얘기했습니다. 저는 몹시도 마법적인 이 짧은 글을 떠나지 못했습니다.

이 책은 글쓰기라는 부드럽고도 신비로운 폭력과의 전면적인 소통과 일체화에 관한 가장 비상한 사례입니다. 《별의 시간》은 최후의 책이고, 최후의 책을 쓰기 위해 클라리시 리스펙토르는 돌아올 수 없는 지점까지 자신을 변형시키고, 자신을 버리고, 남성적 저자 속에서 자신을 잃어야 했습니다.

저를 괴롭히는 것은 글을 쓰는 인물, 그리고 이런 종류의 위험에 민감한 인물이 죽고자 하는 욕망을 느끼지 않을 수 없다는 점입니다. 세상에 자인할 수 없는 욕망이 있다면 죽고자 하는 욕망이 유일합니다. 자살 이야기는 아닙니다. 죽고자 하는 욕망과 자살 충동은 다릅니다. 자살은 살인이고 누군가 또는 무언가를 겨냥하지만, 죽고자 하는 욕망은 절대 그렇지 않습니다. 우리가 그 얘기를 할 수 없는 이유도 그래서입니다. 시적으로 또 직접적으로 소리 높여 말해온 사람들이 있긴 하지요. 클라리시 리스펙토르도 마카베아를 통해 그 욕망을 말했지만, 그것이 자신의 죽고자 하는 욕망을 표현하고 있다는 사실은 강조하지 않았습니다. 마카베아의 죽음을 짜 내려가던 시기에 클라리시는 창작노트에 이렇게 썼습니다.

> 죽음 뒤에도 생이 존재하는지 아는 유일한 방법은 아직 살아 있는 동안에 믿는 것이다. 나는 일단 죽었다가 다시 살아나고 싶었다. 그저 생의 정수인 죽음을 알기 위해서.
>
> 나도 모르게 나의 시간은 얼마 남지 않았다. 나는 이제, 이미, 충만한 생 속에서 죽었으면 싶고, 죽음 뒤에는 평생 기억했으면 싶다.
>
> 죽음을 생각한다는 건, 두렵고 무섭다고 알고 있는 그것을 생각한다는 건 죽는 것이 얼마나 필요한지 이해하는 일이다.
>
> 신은 대규모로 역사役事하셨다. 그러기 위해 개별적인 죽음은 물론이요 집단적인 죽음조차 괘념치 않으셨다.
>
> 신은 천 년 단위로만 역사하신다. 분 단위는 중요하지 않다. 신은 몇십만 년을 거쳐 필연에 도달하신다. 그리고 우리, 우리에겐 잠시 우리를 밝혀주다가 꺼지는 작은 생명의 불꽃이 있다. 우리는 '끝나지 않는 위대한 시간'의 제일 하

> 찮은 입자라는 사실을 생각하며 자라야 한다.
>
> 신은 죽음을 창조한 뒤로는 손을 보거나 폐기할 수 없으셨다. …
>
> 죽음은 존재한다. 아마도 나의 궁극적인 운명은 한 대의 오보에나 마찬가지일 것이다.[30]

죽고자 하는 욕망은 알고자 하는 욕망입니다. 사라지고자 하는 욕망이 아니고, 자살이 아닙니다. 향유하고자 하는 욕망입니다.

카프카가 말했듯이 말입니다.

> "너는 자꾸 죽음에 관해 말하지만 너는 죽지 않는다."
> "그러나 나는 죽을 것이다. 나는 그저 백조의 노래를 말하고 있을 뿐이다. 어떤 이의 노래는 길고, 어떤 이의 노래는 짧다. 하지만 그래봐야 고작 몇 마디 차이에 지나지 않는다."[31]

이는 우리 내부의 이야기입니다. 저 말을 자신에게 하려면 우리는 둘이어야 합니다. 살아 있는 존재로서의 나와 죽어가는

30 Olga Borelli, *Clarice Lispector—Esboço para um possivel retrato*(Rio de Janeiro: Editora Nova Fronteira, 1981), pp. 49~50.

31 Franz Kafka, *Wedding Preparations in the Country*, p. 329.

존재로서의 나 말입니다. 사람들은 이런 역설적인 이중성을 욕망하면서도 웬만해서는 표현하면 안 된다고 여기고, 그러면서도 또 카프카나 클라리시가 그 욕망을 표현하는 것은 좋아합니다. 나와 죽어가는 나 사이에는 절대적인 차이가 있습니다. 하지만 작가는 죽고 싶어 합니다. 왜냐하면 '그 일'이 일어나는 곳이 저쪽이니까요. 작가는 부러워하고, 작가는 질투하고, 작가는 죽어가는 이와 죽은 이를 사랑합니다. 저는 이 욕망을 스스로 만들어내야 했습니다. 카프카보다는 덜 명징했지요. "뭐, 너 죽는 거 아니었어?" 저는 자신에게 이렇게 말한 적이 없습니다. 제가 죽을 거라는 걸 믿지 않았으니까요. 왜 저, 엘렌 식수는 죽지 않고, 왜 그는 죽을까요? 둘 중 하나는 죽습니다. 당신이 죽는 쪽이라서 '나'는 죽지 않습니다. 이것이 제 인생의 개요입니다. 카프카의 아버지가 그랬기 때문에 카프카는 이렇게 말할 수 있었죠. "내가 죽는 쪽이다." 제 아버지가 그랬기 때문에 저는 이렇게 말할 수밖에 없습니다. "왜 제가 아닌가요?"**32**

그러니 어쨌든 죽고자 하는 욕망은 선악과를 맛보고자 하는 욕망일 뿐입니다. 선악과를 맛보고 싶어 하려면, 성경이 이르는 것과는 반대로 죽을 운명이어야 합니다. 죽을 운명이 아닌 이에게는 매우 어려운 일입니다. 모두가 죽을 운명은 아닙니다.

32 카프카의 아버지 헤르만 카프카는 기골이 장대한 자수성가한 상인이었다. 카프카는 아버지 덕분에 경제적으로 안정적인 가정에서 좋은 교육을 받고 자랄 수 있었다는 사실을 늘 인식하면서도 유약하고 예민한 아들을 인정하지 않는 폭군 같은 아버지로부터 늘 도망치고 싶어 했다. 반면에 엘렌 식수의 아버지는 일찍 돌아가셨다. - 옮긴이

모두에게 이 곤란한 행운이 있는 건 아닙니다. 저만 해도 없으니까요.

자신을 경험과 사고와 생의 극단으로 몰아가는 작가들을 저는 '극단'의 작가들이라 부르며 사랑했습니다. 1977년에 클라리시 리스펙토르를 읽기 시작했을 때는 냉정하게, 경탄하며 열렬하게 읽었습니다. 지금에서야 제가 시간을 뛰어넘어, 시간을 벗어나 클라리시를 읽었음을 깨닫습니다. 글 속에서 보는 그녀가 너무나 위대하고 강력해서 글 바깥의 그녀를 생각지 못했습니다. 저는 클라리시 리스펙토르를 훌쩍 뛰어넘어 그녀를 읽었습니다. 저를 끌고 간 건, 저를 계속 묶어둔 건 그녀가 보여주는 사고의 힘이었습니다. 저는 그녀를 생각하지 않고서 그녀의 말에 귀 기울이느라 한 해를 보냈습니다. 영원한 미래에서는 그게 다였습니다. 그러다 갑자기, 그녀가 죽었다는 얘기를 들었습니다. 저는 그 소식에 아무 영향도 받지 않았다고 믿습니다. 그녀를 살아 있거나 죽은 사람으로 생각지 않았기 때문입니다. 클라리시 리스펙토르의 생사는 다른 세계의 문제였습니다. 저는 클라리시 리스펙토르 글들의 미래에 있었습니다.

카프카를 읽을 때는 죽은 사람으로 읽었습니다. 영락없이 죽은 사람일 수밖에 없었던 것이, 그가 제 아버지와 같은 나이에 같은 방식으로 죽었기 때문이죠. 그러니 제게는 더없이 명확했습니다. 심지어 의심도 하지 않았습니다. 저는 언제나 그를 죽은 사람으로 읽었습니다. 그는 죽었습니다. 죽은 사람이었습니다.

한번은 친한 (여성) 친구가 토마스 베른하르트를 읽어보라고 권했습니다. 처음에는 (그의) 깊은 반감을 느꼈습니다. 그러고는 즐겼지요. 제일 알 수 없는 것이, 저는 그처럼 웃긴 글을 본 적이 없었습니다. 전 속으로 말했죠. 대가를 치르지 않고 어떻게 이렇게 뻔뻔한 글을 쓸 수 있어?

저는 그가 존재한다는 사실이 너무 기뻤습니다. 그러던 어느 날 어머니가 들어오셔서 말씀하셨지요. "너, 소식 들었니, 네가 읽고 있는 그 사람이(저는 그때 《한 아이》를 읽고 있었습니다), 음, 죽었다는구나."[33] 역시 때 이른 죽음이었습니다. 그러니, 그가 죽는 순간에 저는 웃고 있었지요. 누구나 죽는다고 하지만, 누구나 글쓰기로 죽지는 않습니다.

여기 금지된 것, 카프카가 '불'이라 부른 것에 너무 가까이 다가갔다가 실제로 불이 붙은, 글쓰기로 죽은 작가가 둘이 있습니다. 사실 클라리시 리스펙토르는 사망하기 10년 전에 산 채로 불에 탈 뻔했다가 간신히 모면한 일이 있었습니다. 그녀는 심한 화상을 입었고, 침대는 불에 탔습니다. 절체절명의 순간에 아들이 구해내긴 했지만, 클라리시는 두 손에 심한 화상을 입어 더는 손으로 글을 쓸 수 없었지요.

위대한 오스트리아 작가인 '잉에보르크 바흐만'은 1971년에 분명치 않은 사인으로 죽었습니다. 사람들은 아직도 어떻게 된 영문인지 모르겠다고 합니다. 그녀의 침실과 욕실에 갑자기 불꽃이 일더니 그녀가 죽었다고 합니다. 그녀가 자전적인 기록

33 Thomas Bernhard, *Ein Kind*(Salzburg und Wien: Resdenz Verlag, 1982).

들에서 암시했듯이 자살을 시도했는지, 아니면 사고였는지 알 수 없는 노릇입니다. 그녀가 쓴 책들에는 화형이 나옵니다. 살아서 글을 쓸 때 우리는 자문합니다. 나는 쓰고 있나? 태우고 있나? 아니면 그런 척하고 있나? 이 작가들은 진실을 향해 나아갔습니다.

(제가 '진실'이라는 말을 쓰는 걸 양해하시기 바랍니다. 제가 '진실'이라고 말하는 순간 사람들이 묻겠지요. "진실이란 무엇인가?" "진실은 존재하는가?" 진실이 존재한다고 상상하도록 합시다. 단어가 존재하고, 그러므로 느낌도 존재합니다.)

오랜 세월 읽은 뒤에 저는 돌아보며 혼잣말을 했습니다. 내가 읽은 사람은 죽는구나. 하지만 어떻게 할 방법은 없습니다. 저는 그저 그곳에서 글을 쓰는 이들을 좋아할 뿐입니다. 저는 마법사도 아니고, 그런 사건이나 우연의 일치와는 아무 관계가 없습니다. 반면에 주저하지 않고 자아를 뛰어넘는, 본래의 자신을 뛰어넘는, 그런 종류의 글을 알아보는 눈이 있다는 사실은 저의 선택과 관련이 있습니다. 그런 글들은 감동을 주고, 영향을 주고, 허공을 가르는 도끼처럼 저를 강타합니다. 그런 글들이 카프카가 말한 글이고, 고통과도 같은 격렬한 기쁨을 주는 글이기 때문입니다. 그리고 우리는 '그쪽에서만' 그 기쁨을 견딜 수 있습니다. '거기'라고 말할 수도 있지만, 그건 방향입니다. 이들은 '그 방향으로' 글을 쓰는 사람들입니다.

'진실의 방향으로'입니다. 왜냐하면 진실을 말하는 일이 죽는 일과 함께하기 때문입니다. 무언가가 진실과 죽음을 엮습니다. 우리는 대단원의 시간, 마지막 순간 외에는 차마 진실을 말하지 못합니다. 그보다 일찍 진실을 말하는 건 너무 큰 대가를 요구하기 때문입니다. 하지만 그 마지막 순간은 언제일까요?

진실이라 부르는 것 쪽으로 간다는 건 최소한 거짓말은 하지 않는 것이겠지요. 우리 삶은 거짓말로 세워진 구조물입니다. 살려면 거짓말을 해야 합니다. 하지만 글을 쓰려면 거짓을 말하지 않으려 노력해야 합니다. 무언가가 진실 쪽으로 가기와 죽기를 거의 같은 뜻으로 만듭니다. 진실 쪽으로 가는 것은 위험합니다. 우리는 진실을 읽을 수 없고, 견딜 수 없고, 말할 수 없습니다. 오직 마지막 순간에 가서야 무엇을 말할지 알 수 있으리라 생각할 뿐입니다. 비록 그 마지막 순간이 언제일지는 전혀 모르지만 말입니다.

제가 사랑하는 이들은 마지막 시간이라 부르는 시간, 클라리시 리스펙토르가 '별의 시간'이라 부르는 시간, 살 수 있도록 도와주었던 그 모든 거짓말을 놓아버리는 시간 쪽으로 갑니다.

진실을 쓰거나 말하는 건 죽음에 상당합니다. 우리가 진실을 들려줄 수 없기 때문입니다. 모두에게 상처를 입히기 때문에 어떤 식으로든 진실을 말하는 건 금지되었습니다. 우리는 진실을 말해서는 안 되고 거짓말을 해야 하는데, 대체로는 두 가지 필요 때문입니다. 사랑과 비겁에의 필요 말입니다. 사랑의 비겁은 또한 사랑의 용기입니다. 비겁과 용기는 너무 가까워서 대개 교환됩니다. 비겁은 어쩌면 이상하고 복잡한 용기의 길일 겁니다. 사랑은 복잡합니다. 그러니 혹여나 절대 말하지 않던 것을 말하고, 평생 쓰지 않던 것, 예컨대, 가장 불확실한 것, 가장 좋은 것, 다른 말로 하자면, 가장 나쁜 것을 쓸 기회가 있다면, 그건 아마 책의 제일 마지막 쪽에 가서겠지요.

저는 살아생전 비겁과 용기가 너무 가까워서 한마디만 더 하면 불꽃 속으로 날아들지도 모를 지점까지 접근했던 작가들을 존경하고 동경합니다. 츠베타예바가 묘사했던, 저는 진실이라 부르고 그녀는 글에서 마법의 주문이라 부르는 지점입니다. 그녀는 〈푸시킨과 푸가체프〉라는 제목의 짧은 글에서 푸시킨의 《대위의 딸》에 나오는 사소한 사건 하나를 언급합니다. 푸시킨의 소설은 열여섯 살 소년인 영웅 그리노프로 시작합니다. 그는 사기꾼이자 차르의 권력에 도전해 러시아 황제가 될 뻔한 코사크인 푸가체프를 만납니다. 소설의 시작 부분에서 어린 그리노프가 엄청난 눈보라 속에서 길을 잃는데, 갑자기 멀리에서 무언가가 움직이는 것이 보입니다. 츠베타예바는 그 사건을 인용합니다.

> 어릴 때도, 그리고 살면서도 무언가를 추리하는 데는 느리고 서툴기 짝이 없는 내가, 속아 넘어가기 딱 좋은 내가 이번에는 이상하게도 '컴컴한 눈보라의 소용돌이' 한가운데에 뭔가 검은 것이 보이자마자 제대로 그 정체를 추측해냈다. 그게 '그루터기나 늑대'가 아니라 바로 그것임을 알고서, 알고서, 알고서, 나는 곧장 경계에 들어갔다.
>
> 그리고 그 미지의 대상이 우리를 향해 움직이기 시작

> 한 지 2분 만에 한 남자가 되었을 때, 나는 그게 마부의 말처럼 '좋은 사람'이 아니라 나쁜 사람임을, 그 악귀, 그 남자임을 이미 알고 있었다.
>
> 그 알려지지 않은 것은 바로, 가장 잘 알려진 것이었다.
>
> 나는 그 길잡이를 평생, 어마어마한 일곱 해 인생 내내 기다리고 있었다.
>
> 길모퉁이와 복도 모서리를 돌 때마다 우리를 기다리는 건, 숲의 덤불과 길모퉁이마다 숨었다가 튀어나오는 건 그것이었다. 아이와 시인이 마치 집에 가듯이 아무 생각 없이 걸어 들어가는 저 기적, 가족의 집을 모두 포기하고 얻은 집으로 가는 그 단 한 번의 귀갓길![34]

그것이 진실의 정의이고, 절대 말해선 안 되는 그것이지요. 마치 집으로 가듯이 "아이와 시인이 걸어 들어가는 저 기적", 그리고 집이 거기 있습니다. 그리고 이 집, 우리로서는 전혀 아는 바 없고 보기에는 검은 것이 하나 움직이는 듯한 이 낯선 집, 이 집을 위해 우리는 가족의 집을 모두 포기합니다.

알려진 것이자 알려지지 않은 것, 제일 덜 알려진 것이자 제일 잘 알려진 그것, 이것이 글을 쓸 때 우리가 찾고자 하는 것입니다. 우리는 제일 잘 알려진 알려지지 않은 것을 향해, 앎과

34 Marina Tsvetaeva, "Pushkin and Pugachev," in *Marina Tsvetaeva—A Captive Spirit: Selected Prose*, p. 373.

알지 못함이 닿는 곳, 알려지지 않은 것을 알고자 할 곳으로 갑니다. 이해할 수 없는 것을 이해하기를, 보이지 않는 것을 마주보기를, 들리지 않는 것을 듣기를, 생각할 수 없는 것을 생각하기를 두려워하지 않게 되고 싶어 할 곳으로. 생각할 수 없는 것을 생각하는 것은 당연히 생각입니다. 생각이란 생각할 수 없는 것을 생각하려고 애쓰는 것입니다. 생각할 수 있는 것을 생각하는 건 애쓸 가치가 없는 일입니다. 그리기는 그릴 수 없는 것을 그리려 애쓰는 일이고, 글쓰기는 쓰기 전까지는 알 수 없는 것을 쓰는 일입니다. 글쓰기는 앎 이전의 앎이고 눈이 멀어 말로는 알지 못함입니다. 그것은 눈멂과 빛이 만나는 지점에서 일어납니다. 카프카는 말합니다. 그의 글에서 아주 작은 선 하나가 "깊은 곳으로, 깊은 곳으로" 사라졌다고요. 깊은 곳으로 가는 것이야말로 이 사람들이 하는 일이고, 지난 세기에 도스토옙스키가 했던 일입니다.

하지만 이번 세기에 우리가 실패하는 건 두려워하기 때문입니다. 우리는 뒤를 잇지 않습니다. 하지만 책들이 바로 그 계단입니다. 책들은 서로 반대되는 것들이 만나는 동시에 갑자기 카프카가 '신성 중의 신성'이라 부르던 것을 향해 열리는 지점으로 우리를 이끕니다. 하지만, 여러분도 알다시피, 신성 중의 신성에 발을 들여놓으려면 우리는 모든 것을 벗어야 합니다.

> 신성 중의 신성에 발을 들여놓기 전에 반드시 신을 벗어야 하는데, 신만이 아니라 모든 것을 벗어야 한다. 여행

용 의복들을 벗고 짐을 내려놓아야 한다. 그리고 옷에 가렸던 우리의 벌거벗음과 그 벌거벗음에 가렸던 모든 것과 그 모든 것에 가렸던 모든 것을, 그러고는 근원과 근원의 근원을, 그러고는 나머지를, 그러고는 찌꺼기를, 그러고는 신성 중의 신성조차도 벗고 스스로가 그것에 흡수되도록 두어야 한다. 어느 쪽도 서로를 마다하지 못한다.[35]

'잉에보르크 바흐만'은 모두 벗었습니다.

잉에보르크 바흐만을 읽기 시작한 건 10년 전이지만 고통스러운 나머지 계속 읽을 수가 없었습니다. 최근에서야 그녀가 돌아왔습니다. 그녀는 파울 첼란의 친구였습니다. 처음 첼란을 읽을 때는 그의 주변 사람이 아무도 눈에 들어오지 않았습니다. 저는 그를 고립된 선택받은 인물로 읽었습니다. 그러고는 넬리 작스를 읽고 토마스 베른하르트를 읽으면서, 저는 잉에보르크 바흐만이 넬리 작스를 사랑했을 뿐만 아니라 개인적으로 알았다는 사실을 깨닫게 되었습니다. 넬리 작스와 첼란은 서로 알았지요. 잉에보르크 바흐만은 첼란을 알았습니다. 그리고 그녀는 토마스 베른하르트의 친구였습니다. 그들 간에 일련의 열렬한 서신 교환과 애정이 있었습니다. 같은 종류의 개인적 역사적 경험을, 불과 재에 관계된 경험을 했기 때문입니다.

잉에보르크 바흐만이 〈프란차〉라는 제목의 단편소설 서문

35 Franz Kafka, *Wedding Preparations in the Country*, p. 99.

에서 말한 것이 이것입니다.

> 나는 가끔 궁금하다. 당신도 [그녀는 대중에게 말합니다] 그럴 것이다. 그 죄악의 바이러스는 어떻게 됐을까. 더는 메달을 주며 살인을 권장하거나 보상해 주지 않는다는 이유만으로 그 바이러스가 이십 년 전에 갑자기 세상에서 사라졌을 리는 없다. 물론 학살은 과거의 일이지만, 암살자들은 여전히 우리 가운데에 있다. [그녀는 지금 나치 얘기를 하고 있습니다.] 그들은 종종 상기되고, 때로는 발각되기도 하고, 일부는 심판을 받는다. 우리는 신문에 난 기사가 아니라 문학을 통해 그 암살자들의 존재를 발견하도록 자극받아 왔다. 요즘에는 범죄를 저지르기가 대단히 어려워졌기 때문에 그들은 보다 교묘해졌고, 우리는 그들의 존재를 거의 지각하지 못하고, 그들이 매일 우리 주위에서, 우리 집 안에서 자신의 생각을 밝혀도 거의 이해하지 못한다. [정말이다.] 다소 가르치는 듯한 어조를 사용해도 괜찮다면, 나는 오늘 인간보다 더 극악무도한 것은 없으므로 인간 대부분은 그냥 죽은 것이 아니라 살해당했음을 단언하고 그 증거를 가져오고자 한다. 어떤 정신을 요구하는 범죄들, 우리의 정신을, 우리를 깊숙이 건드리는 범죄들에 한하자면, 우리가 늘 보는 곳에 피가 쏟아지거나 학살이 일어나지는 않는다. 하지만 범죄는 줄어들지 않은 채 그저 더 많은 정제를 요구할 뿐이니, 범죄들이 더욱 끔찍해진 이유가 그래서이다.[36]

오스트리아인인 잉에보르크 바흐만은 글마다 인류에게 '죄악'이 존재한다는 문제를 제기해 왔습니다. 브라질인인 클라리시 리스펙토르의 글에서도 동일한 가혹한 격통이 진동합니다.

《G.H.에 따른 수난》은 또한 G.H.가 죽음으로 몰아넣다시피 한 바퀴벌레에 따른 수난입니다. 마찬가지로 여성인 것들에 따른 수난이고, 또는 여성들에 따른 수난이기도 합니다. 서로에 대비하여 자신의 크기를 가늠하고는 소리 없는 비명과 반감과 죽음의 본능을 교환하는 두 인물은 모두 암컷입니다. 하나는 인간 여성, G. H.이고, 다른 하나는 브라질어로 '바라타'라 부르는 바퀴벌레로 암컷입니다. G. H.는 방 안에서 바라타를 만나는데, 거기 세상에는 자신과 그 바라타 말고는 아무도 남아 있지 않습니다. 바라타는 살아 있는 우주의 모든 역사와 모든 기억을 구현합니다. G. H.에게는 인간의 경험 전체를 재고해 볼 기회입니다. 그녀는 이윽고 바라타의 존재를 받아들이려면 반감을 극복해야 한다고 생각하는 지점에 다다릅니다. 반감이 다른 이와의 소통을 막기 때문이지요. 그녀는 가장 심오한 방식으로 소통해야 하고, 그것은 바라타를 먹겠다는 '용감한' 결심에 따라 공고한 사실로 바뀝니다. 그러나 이게 이야기의 끝이 아닙니다. 그렇게 끝낼 클라리시 리스펙토르가 아니죠. 실제로 바라타의 맛을 보고 나자 G. H.는 그게 다른 이와 접촉하는 최상의 방법이 아니라는 사실을 깨닫습니다. 다른 이를 먹는 것, 식인 풍습이 반감을 물

36 Ingeborg Bachmann, *Der Fall Franza*.

리치는 가장 현명한 방법은 아니라는 걸 알게 되었죠. 그 뒤로 그녀는 계속 생각합니다. 그러나 그녀가 우리 안에서 늘 작동하는 반감을 넘어 더 생각하게 된 건 이런 상징적이면서 구체적인 폭력 행위를 통해서입니다. 죽음을 통과하여 사랑을 인식하는 쪽으로 향하는 것이죠.

6. 고백 성향

지금까지 제가 소중하게 여기는 작가들 얘기를 했습니다. 저는 왜 이들에게서 즐거운 사랑 같은 감정을 느낄까요? 이들이 하나같이 장 주네가 〈외줄타기 곡예사〉에게 느끼는 것과 비슷한 감정을 불어 넣어주기 때문입니다.[37] 이들은 저를 공포와 감탄에 빠뜨립니다. (이들을 지칭할 때 영어로는 중성인 3인칭 복수 대명사 'they'를 쓰지만, 프랑스어로 말할 때는 베른하르트가 포함돼 있어서 3인칭 남성형 복수 대명사인 'ils'을 쓰곤 합니다. 제가 얘기하는 작가 대부분이 여성인데 말이지요.) 이들이 드러내는 것이 대담하기 짝이 없고, 그 대담함이 '최악 말하기'에, 최악을 쓰고, 최악을 명백하게 드러내고, 최악에 이름을 붙이는 데 있기 때문입니다. 종교적인 사람들 얘기가 아닙니다. 이들은 시인이니까요. 자

37 Jean Genet, "Le Funambule," in *Oeuvres complètes*, vol. 5(Paris: Editions Gallimard, 1979), pp. 9~22.

기 고백 얘기도 아닙니다. 이것이 저를 매혹합니다. 제게는 불가능하고 끔찍해 보이는 무언가를 고백이 가능하게 만들기 때문입니다. '지우기' 말입니다. 우리는 용서받아야 할까요? 고백은 절대 치료할 수 없는 것을 의례儀禮적으로 치료합니다.

이 작가들은 상처 입고 분노한 채 고백의 현장을 벗어났습니다. 마음속에는 어느 정도 있을지 모르더라도 이들의 글에는 신이 없기 때문입니다. 그건 다른 문제입니다. '종교는 없습니다. 사람이 있습니다.'

그래서 클라리시가 '영혼이 이미 성숙한 사람들'이라 부르던 이들이 하는 일은 우리로서는 탐험할 힘이나 수단이 없는 그곳, 우리 심연의 가장자리로 가서 탐험하는 일입니다. 그러고는 그걸 묘사하지요.[38]

A POSSIVEIS LEITORES

Este livro é como um livro qualquer. Mas eu ficaria contente se fosse lido apenas por pessoas de alma jà formada. Aquelas que sabem que a aproximaçao, do que quer que seja, se faz gradualemente e penosamente—atravessando inclusive o oposto daquilo de que se vai aproximar.

38 Clarice Lispector, *The Passion According to G. H.*, tr. Ronald W. Sousa (Minneapolis: University of Minnesota, 1988), p. 3.

Aquelas pessoas que, só elas, entenderao bem devagar que este livro nada tira de ninguém. A mim, por exemplo, o personagem G. H. foi dando pouco a pouco uma alegria dificil; mas chama-se alegria.

- C. L.[39]

독자들에게

이 책은 다른 여느 책과 같습니다. 하지만 이 책이 영혼이 이미 성숙한 분들에게만 읽힌다면 기쁘겠습니다. 어떤 것에 접근하는 일이 점진적이고 또 고통스럽다는 것을, 그리고 접근 대상의 정반대에 있는 것을 통과하는 일도 포함한다는 것을 아는 이들. 이런 사람들이, 이런 사람들만이 이 책이 아무한테서 아무것도 빼앗지 않음을 아주 천천히 이해할 터입니다. 예컨대 G.H.라는 인물은 제게 점진적으로 어려운 기쁨을 주었습니다. 하지만 그것도 기쁨이라 불리지요.

- 클라리시 리스펙토르[40]

'영혼이 성숙'하는 길이 그렇습니다. 가서 보기, 볼 뿐만 아

39 Clarice Lispector, *A Paixao segundo G. H.*(Rio de Janeiro: Editora Nova Fronteira, 1979), p. 5.

40 Clarice Lispector, *The Passion According to G. H.*, p. 3.

니라 우리라는 심연 쓰기. 자기 안에서 최악을 찾으려 애쓰고, 지우기의 과정이 없는 곳에서, 최악이 최악으로 남는 곳에서 털어놓기. 최악을 쓰려고 애쓰다 보면 최악이 우리에게 등을 돌리고, 믿을 수 없게도, 최악을 가리려 한다는 걸 알게 될 겁니다. 우리가 최악을 견딜 수 없기 때문입니다. 최악 쓰기는 우리에게 우리보다 더 강할 것을 요구하는 행위입니다. 저의 작가들은 살해됐습니다.

《G.H.에 따른 수난》에서 범죄는 바퀴벌레에게 저질러집니다. 제가 여러분께 그 바퀴벌레 살생 얘기를 해도 여러분께는 아무 영향이 미치지 않을 겁니다. 오직 글 안에서만, 마치 글 안에서 사는 것처럼, 우리는 클라리시가 의도한 곳에서 몸을 떱니다. 제가 살생을 하는 일이 생깁니다. 제 희생자는 파리입니다. 글을 쓰고 있는데 파리가 들어옵니다. 저는 파리를 쫓아내려고 하죠. 전투가 벌어집니다. 파리를 구할 수 없었기 때문에, 저는 파리를 죽입니다. 저는 그 사실을 인정하고 그 범죄에서 저의 몫을 늘린 기분이 듭니다. 저는 파리들을 죽여왔고, 그러고도 살생에는 끝이 없습니다. 제가 그 사실을 인정할까요? 사실은 아닙니다.

전 고백 성향이 있습니다. 고백 욕구의 반대는 무엇일까요? 입을 닫고 있고픈 욕구입니다. 그런 게 존재할까요? 우리가 정말로 비밀을 원할까요? 진정한 욕구는 고백 쪽에 있습니다. 진정한 비밀은 극심한 고통을 유발하는데, 그것이 정확한 죽음의 형상이기 때문입니다. 비밀이 있는데 말하지 않고 있다면, 우리는 사실 무덤입니다.

토마스 베른하르트는 흥청망청 고백해 댑니다. 인간관계가 그처럼 긴밀하게 최악과 얽혀야 한다는 사실에 그는 늘 웃음을 참지 못했습니다. 하지만 이 얽힘에 관해 가장 강력한 말을 한 사람은 클라리시 리스펙토르입니다. '인간다움'이라고 부르는, 우리 내부에 있는 이 선과 악의 얽힘. 악보다 선, 증오보다 사랑을 택하는 이 기호. 어둡고, 난폭하고, 좋고도 나쁜 우리의 한 부분. 인간에게 있는 짐승의 부분. 클라리시 리스펙토르의 무자비한 글들에서 우리는 때로 우리 자신을 평가하고, 우리는 우리와는 완전히 다르면서 우리와 같은 종인 어떤 존재에 비해 평가되고, 때로 우리는 여성으로서 어떤 남성에 비해 평가되고, 때로는 여성으로서 어느 거지에 비해, 아니면 어느 맹인에 비해, 아니면 어느 암탉에 비해, 아니면 어느 바퀴벌레에 비해 평가되고, 때로 우리는 남성으로서 어느 개에 비해 평가되고… 평가되고 저울질당합니다. 우리는 때때로 가서 우리보다 더 순수하고 적나라한 존재인 우리의 최악 또는 '최선'을 찾아야 합니다.

한 남자로부터 사랑받지 못하는 어떤 여자가 자신한테서는 찾을 수 없는 무언가를 찾으러 동물원에 갔습니다. 혐오의 원천, 혐오의 비밀을 말입니다. 〈버펄로〉라는 단편에서 일어나는 일입니다.[41] 우리 안에서 순환하는 '혐오'라는, 정체를 알 수 없

41 Clarice Lispector, "The Buffalo," in *Family Ties*, tr. Giovanni Pontiero(Austin: University of Texas Press, 1972), pp. 147~156.

는 지독한 물질이 있습니다. 이 이야기 속의 여자에게는 그 물질을 결정화하고 응고시키는 게 중요합니다. 그 물질을 인식하고 포착하여 그 성질을 밝히고 즐기는 것이 중요하지요. 사람을 흥분시키고 독을 주입하는 이 물질은 무엇으로 구성되었을까요? 〈버펄로〉는 우리에게 치명적인 방식으로 말합니다. 고백 욕구는 어떤 물질을 뱉고자 하는, 토하고자 하는, 거부하고자 하는 욕구입니다. 저의 일부인 물질을요.

여기, 한 여자가 말없이 버펄로의 잔인성에 모든 잔인성의 비밀을 묻습니다.

다른 소설에서는 한 '남자'가 어느 개에게 가장 깊숙이 묻힌 우리 비밀을, 인간성 자체에 혼합된 비밀을 묻습니다. 사랑에 관한 것인데, 우리가 생각하는 사랑과는 다릅니다. 우리는 사랑이 사랑하는 거라고, 우리가 사랑하는 걸 사랑한다고 생각하지요. 안다고 믿는 우리, 계산하는 우리, 일종의 '수학 교수들'인 우리. 그 이야기의 제목은 〈수학 교수의 범죄〉입니다.[42] 하지만 정식 '교수'는 나오지 않습니다. 그냥 '남자'가 있을 뿐입니다. 이름도 없고, 직업도 없습니다. 인간 남자, 가족 안에서 결정을 내리는 자, 이것이 '남자'입니다. '남자'는 비밀스러운 계획에 이끌려 어느 산꼭대기에 도착합니다. 남자는 안경을 썼습니다. 그냥 안경이 아닙니다. 남자는 더 잘 '보기' 위해서 안경을 벗습니다. 본

42 Clarice Lispector, "The Crime of the Mathematics Professor," in *Family Ties*, pp. 139~146.

문은 늘 미묘한 균형 상태를 맞추거나 맞박자로 대응하듯이 끊임없이 안경을 벗었다가 다시 씁니다. 이것이 우리가 우리의 보지 않음, 또는 보고 싶지 않은 것을 보는 방식을 조절하는 방법입니다. 보기, 보지 않기, 보이게 만들기, 숨기기/드러내기. 무엇을요? 그가 나르는 저 무거운 자루에는 무엇이 들었을까요?

남자가 자루를 열고 정체를 알 수 없는 죽은 개 한 마리를 꺼냅니다. 영 알 수 없고, 영 죽었습니다. '죽은 개.' 이제 우리는 그걸 묻을 겁니다. 개 매장에 관한 얘기일까요? 남자는 생각하고 계산합니다. 누가 볼까 싶은, 하늘 아래 이 높은 하늘 밑에서 개를 매장하는 일을 아주 세밀하게 계산하면서 '진짜 개'를 생각합니다. 갑자기 우리는 진짜 개가 다른 마을에 살고 있음을 알게 됩니다. 여기 있는 남자는 그 산꼭대기에 다른 개, 죽은 개로 가장한 그 개를 묻고 있습니다. 산 것과 죽은 것의 이중 매장입니다. 급한 건 '묻기'인 듯하고…

우리에겐 개가 필요합니다. 우리가 제일 좋아하는 책들에 그처럼 개가 많이 나오는 이유도 그래서지요. 그 개들은 우리입니다. 카프카의 개들입니다. 아니면 고양이입니다. 에드거 앨런 포의 고양이들입니다.

…남자는 자기, 그, 자신이 죽어서 꼭 묻히고 싶은 자리에 개를 묻고 싶습니다. 우리/그는 묻어야 합니다. 우리는 끊임없이 억누르고 잊고 묻어야 한다고 믿습니다. 하지만 그건 사실이 아닙니다. 묻고자 하는 욕망은 훨씬 더 뒤틀린 욕망을 숨깁니다. 남자는 묻는 걸 보여주고 싶습니다. 숨기는 와중에 들키고 싶습

니다. (그 높은 곳에서 누가 그걸 볼까요? 아무도 없지요…) 남자는 개를 반쯤만 묻습니다. 사실상, 그는 발굴 현장처럼 보이게 만드는 식으로 매장을 전시하지요.

그는 매장을 폭로해야 합니다. 억눌렸던 것을 다시 의식의 표면으로 끌어올리는 과정에 상응하지요. 그러나 클라리시 리스펙토르는 정신분석학적 관점에서 말하는 것이 아니라 자신만의 윤리적 관점에서 말합니다. 남자는 어쩔 수 없이 살아 있는 개를 방치했다고 느꼈기 때문에 그 일을 해야 합니다. 범죄입니다. 하지만 불행하게도 그 범죄는 보이지 않습니다. 남자는 범죄를 걱정하고, 그 범죄는 존재하되 일어나지 않았으면서 죄를 범하지 않은 그를 범죄자로 만듭니다. 저라면 '완전 범죄'라고 부를 어떤 일을 저질렀다는 사실을 남자는 견디지 못합니다. 아무도 모르기 때문이죠. 그 개조차도 모릅니다. 범죄는 너무 완전해서 불완전합니다. 진짜 완전 범죄는 사실 불완전해야 합니다. 하지만 이 범죄, 개에게 저질러진 범죄는 범죄로 인식되지 않는데, 그것이 이 남자가 해결해야 하는 문제입니다. 우리는 범죄자이고, 그 사실을 어떻게 표현하거나 증명해야 하는지 모릅니다. 문제는 우리가 범죄자로 인식되면 대가를 치러야 한다는 점이지요. 하지만 대가를 치르면 범죄는 사라지고, 우리가 진 빚은 탕감됩니다. 우리 범죄를 안전하게 지키기 위해, 용서받는 끔찍한 운명을 피하기 위해, 우리는 우리 범죄를 지켜야 합니다. 다시 말하면, 우리 범죄를 지워버리겠다고 위협하는 처벌과 그로 인한 용서로부터 어떻게 우리 범죄를 지킬 수 있을까요? 우리에게서 진실을 박탈하는 '과실過失의 매장'을 어떻게 피할 수 있을까요? 클라리시 리스펙토르가 그 비상한 이야기에서 보여주듯이, 어렵습니다. 거의 불가능하지요. 서사의 배경에서 마침내 드러나는 것은 우리 자신을 받아들이기 위해서는 '범죄 현장이 필요하다'는 점입니다. 우리에겐 범죄의 극장이 필요합니다. 우리는 범죄를 노출할 수 있어야 하고, 동시에 어떤 식으로든 그걸 살아 있게 유지해야 합니다.

글을 쓰도록 우리를 강제하는 것이 '고백 성향', 고백 욕망, 고백의 맛을 맛보고자 하는 열망입니다. 고백하고 싶은 욕구와 그 불가능성 둘 다죠. 대체로는 우리가 고백하는 순간 속죄의 함정에 빠지기 때문입니다. 고백, 그리고 건망증이라는 함정이죠. 고백은 최악의 것입니다. 고백은 자신이 시인한 것을 부인합니다.

고백할 수 없는 것을 어떻게 고백할까요? 이것이 서사가, 진술의 핵심이 에드거 앨런 포의 〈검은 고양이〉에서 다루는 문제입니다.

검은 이드 이야기.[43]

이것은 오싹한 이야기를 들려주는 한 남자의 이야기입니다. 그는 남부럽지 않은 어린 시절을 보내며 동물의 세계와 친

43 "The Story of the Black Id," in the French text "L'Histoire du ça noir." 프랑스어본 제목에서 '그것'을 뜻하는 'ça'는 음성학적으로 고양이를 뜻하는 'chat'로 미끌어지는 말장난이다.

밀한 관계를 맺었습니다. 어른이 된 그는 아주 행복합니다. 그를 즐겁게 해주고 싶어 하는 아내가 고양이와 개와 물고기와 기타 등등을 집으로 들입니다. 검은 고양이도 한 마리 있습니다. 플루토라고 부르는 고양이입니다. 갑자기 이야기 방향이 달라집니다. 그 고양이가 반환점이자 포가 가한 천재의 손길이지요. 남자에게 술을 마시는 버릇이 생깁니다. 우리는 이유를 모릅니다. 그 고양이가 악일까요? 남자의 성격이 바뀝니다. 폭력과 잔인한 짓을 할 수 있게 됩니다. 애착이 많은 그 고양이는 잠시도 화자를 떠나지 않습니다. 어느 날, 그 사랑에 짜증이 난 화자가 플루토를 붙잡고 칼로 한쪽 눈을 도려냅니다. 그러고는 잠이 들어 술이 깹니다. 고양이는 회복합니다. 그 뒤로 화자와 고양이 사이에 양면적인 감정이 도사리게 됩니다.

화자는 결국 플루토를 죽입니다.

> 스스로를 안달 나게 하는 것은, 본래의 성질에 폭력을 더하는 것은, 잘못을 위해 잘못을 저지르는 것은, 곧장 밀어붙여서 내가 그 무고한 짐승에게 가한 상해를 마침내 완성하라고 몰아대는 것은, 헤아릴 수 없는 영혼의 갈망이었다. 어느 날 아침, 나는 냉혹하게 그것의 목에 올가미를 슬쩍 걸어 나뭇가지에 매달았다. 눈물을 줄줄 흘리며, 더없이 씁쓸한 후회를 품고서 매달았다. 그것이 나를 사랑함을 알았으므로, 그것이 내게 공격할 이유를 전혀 주지 않음을 느꼈으므로, 나는 그것을 매달았다. 그렇게 함으로써 내가 죄

> **를 짓고 있음을, 만약 가능하다면, 내 불사의 영혼을 가장 자비롭고 가장 끔찍한 신의 무한한 자비조차 닿지 않는 곳에 두게 될 그런 죄를 짓고 있음을 알았으므로, 나는 그것을 매달았다.[44]**

두 번째 고양이가 나옵니다. 남자는 어느 선술집에서 술을 마시다가 선반 위에 있는 검은 점을 봅니다(이 대목에서 우리는 《나의 푸시킨》에 나오는 검은 점을 떠올리게 되지요. 그 점은 푸가체프로 드러나고, 그에 대해 츠베타예바는 말합니다. '나는 평생 길잡이를 기다리고 있었다.'[45] 그림의 배경에 있는 검은 점, 검은 남자, 내가 사랑하는, 죽음의 운반자).

그 검은 점에 다가가 보니, 그건 가슴에 하얀 털이 난 것만 빼면 영락없이 플루토인 고양이입니다. 그 고양이는 남자를 따라 남자의 집으로 가지요. 그리고 이야기는 다시 시작됩니다. 두 번째 고양이는 첫 번째 고양이의 이야기 속으로 끌려 들어갈 테지요. 방식이 바뀌긴 하지만 화자는 다시 똑같은 반응을 보여줍니다. 첫 번째 고양이에게 그랬듯이 그는 이 고양이에게도 강한 반감을 갖기 시작합니다. 증오가 자랍니다. 첫 번째 장면의 기억 때문에 그는 양면적인 감정과 공포의 감정 속에서 첫 번째 고양

44 Adgar Allan Poe, "The Black Cat," in *The Works of Edgar Allan Poe*, p. 421.

45 Marina Tsvetaeva, "My Pushkin," p. 372

이 때문에 자신이 치른 희생을 떠올립니다. 조금씩 조금씩 화자의 충동이 커집니다. 그는 결국 두 번째 고양이를 괴물이라 부르게 됩니다. 이야기는 지하실 벽에 시체를 파묻는 것으로 끝나지요. 어느 날 화자가 아내와 고양이를 데리고 지하실로 내려갑니다. 어두워서 누가 누군지 구별되지 않습니다. 고양이에게 발이 걸려 구를 뻔한 화자가 도끼를 휘두릅니다. 고양이는 도끼보다 날쌔고, 도끼는 아내를 두 쪽 냅니다. 그 시점에서 화자는 시체를 숨기는 일에 착수합니다. 남자는 지하실에 있습니다. 그는 모든 가능성을 고려한 다음 집중적으로 일합니다. 남자의 모든 리비도적 에너지가 이 과제에 투여됩니다. 그는 한쪽 벽을 허물고 아내를 감춥니다. 우리 독자들은 매 순간 이 과정의 세세한 장면을 쫓습니다. 때로 우리는 사실주의 단계에 있고, 때로는 은유 단계에 있습니다. 우리 나름의 은닉을 되풀이하는 거지요. 시체는 아닙니다. 하지만 그에 상응하는 것이지요. 우리 역시도 완벽하게 묻는 데 성공합니다. 이것이 우리의 거대한 욕망입니다.

서술은 '1인칭'입니다. 여러분께는 그 사실을 가리고 말씀드렸지요. 이것이 포가 어디까지 멀리 갈 수 있는지를 보여줍니다. 포는 그 글을 '1인칭으로만' 쓸 수 있었습니다. 2인칭이나 3인칭으로 썼다면 거리감을 주는 차원이 도입되었을 테고, 우리는 꼭 믿지 않아도 되는, 감동하지 않아도 되는 가능성에 매달렸을 것입니다.

하지만 우리는 1인칭 시점으로 읽습니다. 누가 그 서사를 구성하는가의 문제입니다. 포는 이야기 안의 이야기를 만들지만, 책에 인쇄되지 않은 보이지 않는 요소도 있습니다. 그것이 말합니다. '그리고 너, 넌 무엇을 파묻었어? 네 사연은 뭐야?'

글 전체가 모든 것을 뒤덮는 용암처럼 작용하고, 계속되는 은폐로 기능합니다. 처음부터 그 성인은 소중한 어린 시절을 억누르고 은폐합니다. 하나의 행위가 다른 행위를 덮듯이, 한 고양이가 다른 고양이를 덮어 감추고, 갈수록 더 폭력적인 일화들이 이어지며 이야기의 끝에 이릅니다. 우리 또한 폭력을 폭력으로 덮으려다 생기는, 이 점진적으로 확대되는 폭력의 대상입니다. 폭력의 비극은 되풀이되면서 앞선 폭력의 수위들을 지워버린다는 점이고, 그래서 우리는 첫 폭력 행위가 엄중한데도 불구하고 쉽게 사소한 것으로 지워버리겠죠. 모든 폭력에는 역사가 있습니다. 우리가 일정 정도의 개인적, 또는 공상적, 사회정치적 폭력에 도달하면 그건 2차적 폭력을 재생하면서 새로운 폭력을 만들어냅니다.

이 은폐의 메커니즘은 두 가지 차원에서 작용합니다. 억압과 기억 상실의 은폐를 구체적인 형태 안에 집어넣는 상징적 차원과 지하실에서 일어나는 구체적인 은폐의 차원이지요. 화자는 결국 자신을 깊은 무의식과 자기 집 안에 가둡니다. 하나가 다른 하나의 상징 역할을 하지요.

우리 영혼의 일부이기도 한 범죄를 드러낼 장소에 다가가는 일은 어렵습니다. 우리는 고백의 맛을 알고 싶어 합니다. 고백은 즐거운 일이지만, 그와 동시에 우리는 두려워하는 어떤 것과 접촉하게 됩니다. '혐오' 말입니다. 우리는 사랑만큼이나 혐으로 가득 차 있습니다. 혐오가 사랑의 일부이기 때문이지요. 우리는 혐오 물질을 게워버리고 싶어 하지만, 동시에 사랑이 무엇으로 만들어졌는지 알고 싶어 합니다.

우리가 사랑-혐오해야 하는 이 이상하고 상호 배치되는 관계를 이해하려면 개가 필요합니다. 제겐 개가 없습니다. 전 개를 키우지 않으려고 피해 다닙니다. 제가 개를 키우지 않으려고 피해 다닌다는 걸 늘 알고 있었지요. 개는 위협입니다. 개의 위협은 그 끔찍한 사랑입니다. 어떤 개를 보는 순간에 알게 됩니다. 인간처럼 혐오로 가득 찬 개도 있습니다만, 대부분은 사랑으로 똘똘 뭉쳐 있지요. 이 무한하고 완전하고 끝없이 베푸는 사랑이 인간에게는 버겁습니다. 우리는 사랑과 그 반대의 것이 섞인 혼합물입니다. 개의 사랑은 그런 혼합물이 아닌 것이 분명하지요. 포는 이 점에 관하여 〈검은 고양이〉를 썼습니다. 고양이의 사랑이 너무 무한해서 화자가 고양이를 미워하게 되는 거지요.

개를 만나면 여러분은 불현듯 사랑의 심연을 보게 됩니다. 그처럼 무한한 사랑은 우리의 질서에 맞지 않습니다. 우리는 인간의 영역을 넘어선 그처럼 솔직한 관계를 감당할 수 없습니다.

7. 최후의 시간을 향해

어떻게 해야 삶을 살고 글을 쓰는 데 충분할 만큼 우리의 이 무고함과 죄악이 뒤섞인 혼합물을 살려두고 열어둘 수 있을까요? 어떻게 그 연소점으로 나아갈 수 있을까요? 지금껏 사랑과 비겁 때문에 감히 입 밖에 내지 못한 것들을 모두 쓰거나 말할 수 있을 그 '최후의 시간'으로 말입니다.

우리가 그 은총의 시간에 닿으면 생길 일은 지금껏 말하지 않았던 것을 말할 수 있게 될지도 모른다는 것입니다. 그렇게 하지 않고 죽는다면, 그게 죽음이라는 것이지요. 우리는 왜 그렇게 죽기를 욕망할까요? 우리가 너무나도 말하기를 욕망하기 때문입니다. 우리는 왜 그렇게 그 수수께끼 같은 순간에 도달하고자 욕망할까요? 왜냐하면 우리가 한 번도 살아보지 못했던 상태를, 완전히 발가벗은 채 살기를 욕망하기 때문입니다. 그 순간에, 숨기지 않고 거짓말하지 않기는 엄청나게 힘든 과제이니, 내내 노력해 왔다면, 우리는 사랑과 비겁으로, 비겁인 사랑으로, 절대 말하지 않았을 것을 모두 말할지도 모릅니다.

우리가 절대 말하지 못했을, 하지만 적어도 글로는 적혔으니 읽었을 모든 것을요. 우리는 범죄 이야기를 읽으면서 전율합니다. 그건 우리입니다. 가짜 이름을 쓰고 필명 뒤에 숨지만 말입니다. 우리가 우리를 알아보지 못하거나 아니면 우리를 아는 글들을 피하는 이유가 그래서죠.

46 트라운슈타인(Traunstein)은 독일 남동부 바이에른주에 위치한 인구가 2만 명이 채 되지 않는 소도시다. 베른하르트의 어머니는 결혼하지 않은 채 임신하여 네덜란드로 가서 하녀로 일하던 중에 아이를 낳고는 곧바로 오스트리아 빈에 사는 부모에게 아이를 맡겼다. 외조모 밑에서 크던 베른하르트는 어머니가 결혼하면서 다섯 살 때 나치 치하의 트라운슈타인으로 가서 살게 되었다. - 옮긴이

그 묘지 장면, 토마스 베른하르트의 트라운슈타인[46] 장면은 우리의 힘을 넘어섭니다. 단순히 우리에게 금지되어 있어서는 아닙니다. 거의 처음부터 금지되어 있었으니까요. 이미 우리의 개인적인 이야기들에서도 그렇지요. 두려움을 모르는 화자들이 입을 연다면, 인간 개개인의 이야기는 언제나 가장 위대하고도 가장 잔인한 이야기입니다. 우리는 그 이야기들을 아무것도 아닌 것으로 축소하고 소멸시키는 자들입니다. 아니라면, 매일 우리는 되풀이해서 읽곤 하는 위대한 비극들에 나오는 (돌아갔다가 다시 나타나는) 인물들입니다. 비극과 신화에서 온, 그리고 아주 먼 곳, 아이 침실과 이웃인 곳에서 온, 아이들이나 읽는 이야기지만 우리도 엄청나게 즐기는 잔인한 동화에서 온 인물들이죠. 우리는 온통 도깨비들입니다. 커가면서 우리는 《리어왕》에 등장하고, '타이투스 안드로니쿠스'처럼 멀리 갈 수도 있고, 《오셀로》에도 나옵니다. 우리는 모든 그리스 비극에 있고, 그 비극들은 우리의 비극입니다. 다만 아무도 우리에게 그것들을 연관 지으라고 권하지 않을 뿐입니다. 우리는 크고 작은 비극들에 나오는 인물이 아닌 듯이 연기하지요.

8. 우리에겐 범죄 현장이 필요하다

제가 '최악'이라 부른 것의 진실을 말씀드리지 않았지요. 최악의 비밀이라야 썩 대단치 않을 때가 많지만요. 우리는 그걸 더 악화시키는 자들입니다. 이'것'은 개인들 사이에 죽음의 효과를 만들어냅니다. 제가 다정한 마음과 동정과 비애를 품고 듣는 잉에보르크 바흐만의 말을 인용하는 것이 아닙니다. 저는 남성과 여성의 관계를 파시스트적이라고 부르는 것이 적절한 시점에 있지 않습니다. 잉에보르크에게는 적절하지요. 오스트리아의, 그녀가 살던 시대의 남녀 관계는 파시즘의 옷을 입은 채 제시되었습니다.

끝에 가서야 우리가 말할 수 없던 것들이 모두 말해질 것이고, 잉에보르크 바흐만의 책은 모두 끝에 관한 책이라, 그녀는 책을 쓸 때마다 심한 고통을 겪습니다. 사람들 간에 전쟁이 있을 뿐만 아니라, 이 전쟁은 성차性差에 의해 생깁니다. 그리고 성차만이 아니지요. 책략이, 역설이, 그리고 성차가 우리를 위해 비축해 놓은 깜짝 선물이 전쟁을 만듭니다. 제가 보기에 제 시대, 제 장소의 남녀 갈등이 불충분한 이유가 그래서입니다. 이건 성차의 문제이지만, 성차만으로는 우리가 생각하는 이것이 아닙니다. 이건 비틀린 데다 복잡합니다. 성차가 있고, 우리 각자에게는 외양과 분포 측면에서 변화한 이것이 있습니다. 우리는 셰익스피어로 이미 알고 있었습니다. 우리는 우리 자신을 소유하지 못하고, 우리는 우리가 누구를 사랑하는지 모릅니다. 마지막 시간이 오기 전에는 이런저런 여성이 남성이었다는 말을 할 수 없을 것입니다. 왜 그 말을 할 수 없을까요? 왜냐하면 세상이 아직 들을 준비가 되지 않은 말이기 때문입니다. 게다가, 위험합니다. 우리가 걷는 길의 목적지가 여성혐오에 의해 다시 박탈되고 왜곡될 수 있기 때문입니다. 내적으로는 남자인 여자를 사랑한다고 상상해 봅시다. 정확히는 우리가 남자를 사랑하는 것이 아니라 남자인 여자를 사랑한다는 의미인데, 둘은 다릅니다. 그것은 남성이기도 한 여성, 다른 종입니다. 아직은 이런 복잡한 얘기들이 들리지 않습니다. 이게 사실인데도, 너무나 이상하게 요즘 우리는 여전히 명쾌한 차이를 내세우면서, 제대로 작동하지 않는데도, 계속해서 남자와 여자를 말합니다. 우리는 우리가 얼마나 복잡한지 드러내게 되지를 않습니다. 우리는 그럴 만큼 강하지 못하고 그럴 만큼 기민하지 못합니다. 글쓰기만이 이걸 할 수 있습니다. 때로 우리가 어떤 남자와 결혼하는 이유는 그 남자가 여자이기 때문입니다. 남자와 결혼했다고 믿으면서 말입니다. 우리는 누구와 결혼했을까요? 아마도 우리 할머니겠지요. 여자를 먹는 남자의 복제품인 여성은 세상에서 특히 빼어난 여성으로 행세했습니다. 그런 가장을 하고서 도매가로 여성들을 학살하는 반면 모성적 매력으로 남자들의 칭찬을 받았습니다. 이것이 진짜 이야기입니다. 우리는 '성차의 우화'를 써야 합니다. 이것들이 우리 시대의 이야기가 되어야 합니다. 사람들이 혼비백산하겠죠. 그리스인들은 그런 일을 했습니다. 그리스 비극에서 아이스킬로스는 선뜻 클리템네스트라[47]에게 남성적 힘이 있음을 말합니다. 그렇다면 누가 아가멤논을 죽입니까? 저는 알고 싶습니다. 아가멤논을 죽인 이는 남성입니까, 아니면 여성입니까? 이건 남자를 죽이는 여자는 남자다, 등등을 의미할까요? 다른 말로 하자면 남자만이 남자를 죽일 수 있다고요. 그렇다면 왜 클리템네스트라가 여자라는 걸 비난할까요? 이런 질문엔 끝이 없고…

이런 수수께끼들을 곰곰이 생각해 볼 수도 있지만, 우리는 그러지 않습니다. 우리는 우리가 누구인지 모르기에, 늘 우리를 우리라고 여겼기에, 한 번도 고려해 보지 않은 어떤 것을 적거나 쓸 수 없습니다. 그리고 여기서부터 우리는 더는 아무것도 알 수 없게 됩니다. 저도 제가 누구인지 짐작조차 못 하겠다고 솔직하게 말씀드려야겠지만, 적어도 저는 제가 모른다는 걸 압니다. 저는 저를 지각할 수 있는 타자他者가 아닙니다. 저에 대해 아는 것도 있지요. 제가 누가 아닌지는 안다고, 저는 믿습니다.

여러분에게 타자인 저는 여러분을 여러분이 자신이라고 믿는 여러분, 자신인 듯하다고 여기는 여러분, 세상이 여러분이라고 믿는 여러분과 다르게 생각하는 곳에 있습니다. 제가 이인칭을 사용하는 이유는 남성형이나 여성형을 써서 말해야 하는 어려움을 피하기 위해서입니다. 반면에, 나 또는 너의 정의가 우리에게서 가장 취약한 것임을 고려하면, 이인칭을 사용하는 건 제가 생각하는 것을 생각하지 않도록 막아줍니다. 우리가 어느

47 클리템네스트라(Κλυταιμνήστρα)는 그리스 신화에 등장하는 인물로 트로이전쟁 때 그리스군의 총지휘관이었던 아가멤논의 부인이자 세 남매의 어머니다. 아가멤논에게 남편과 아버지를 잃고 납치당해 세 남매를 낳는다. 아가멤논은 트로이전쟁에 참전하며 신탁을 받기 위해 클리템네스트라와의 사이에서 낳은 딸 이피게네이아를 희생 제물로 바친다. 클리템네스트라는 아가멤논의 사촌이자 섭정인 아이기스토스와 정을 통하고 공모하여 트로이전쟁에서 승리하고 돌아온 아가멤논과 그 정부 카산드라를 살해한다. 8년 후에 아들인 오레스테스와 딸인 엘렉트라에게 정부와 함께 살해당한다. - 옮긴이

여자에게 남자라고 말하거나 어느 남자에게 여자라고 말하면 심각한 모욕이 됩니다. 자칫하면 칼부림이 날 수도 있지요.

우리에겐 매우 강력한 신분증들이 있고, 그것이 우리 집의 토대입니다. 신분증은 혼란이나 고통, 당혹감을 허용하지 않습니다. 신분증은 단순화된, 선명한 부부 관계의 이미지를 주장합니다. 애정 어린, 또는 혐오스러운 선택에 관한 진실이 드러나면 지구의 지각은 무너지겠죠. 우리가 공인된 보편적인 망상 속에서 사는 것이 그 때문입니다. 꾸며낸 이야기가 현실의 자리를 차지합니다. 그래서 우리의 이상한 인간적 모험의 일부인 무의식의 이런 변덕 하나에 그냥 이름을 붙이는 것이 엄청난 (동시에 친밀하고 개인적이고 정치적인) 혼란을 낳습니다. 왜 우리는 의식적으로든 무의식적으로든 끊임없이 이 이름 붙이기를 회피하려 할까요? 어떤 여자가 '남편'이라고 부르는 이, 그는 아버지인가요, 아니면 아들인가요, 아니면 남자 어머니인가요? 나라를 다스리는 이, 그는 아버지인가요 아니면 아들인가요? 세계를 둘로 나눈 전쟁은 아버지와 아들 간의 전쟁인가요, 아니면 고대의 아버지, 즉, 일종의 어머니와 질투하는 아들 간의 전쟁인가요? 그리고 여성들은 어떻게 되나요?

우리 격정의 시대에는 모든 정치 전선이 성차의 수수께끼들과의 솔직하고도 은밀한 투쟁의 문제이고, 여성으로서 우리는 의무적인 단순화에 좌우됩니다. 여성을 옹호하기 위해 우리는 페미니즘적 관점에서 '남성'과 '여성'을 이야기할 의무가 있습니다. 우리가 이러저러한 여성이 어쩌면 전적인 여성이 아니거나 전혀 여성이 아닐지 모른다고, 이 '아버지'가 아버지가 아닐지 모른다고 말하기 시작하면, 우리는 우리 앞에 누가 있는지 더는 알 수 없기에 더는 싸울 수 없습니다. 너무 파괴적이고 너무 괴멸적이라서 무엇이 위험에 처해 있는지 인식한 이들은 금지라는 형식 쪽으로 떠밀릴 때가 많습니다. 죽은 후에야 우리는 지구를 논쟁에 붙일 수 있습니다. 지구를 떨게 만드는 거죠.

클라리시 리스펙토르, 잉에보르크 바흐만, 카프카, 도스토옙스키, 토마스 베른하르트, 마리나 츠베타예바 같은 저의 주인공들은 글 안에서 이 일을 했습니다. 저는 왜 그렇게 츠베타예바를 좋아하기 시작했을까요? 왜냐하면 그녀가 30대에 자신이 푸시킨의 자궁에서 나왔다고 썼기 때문입니다. 그러나 너무 많은 것을 너무 일찍 알면 결국 나무에 목을 매달게 되는 수가 있습니다. 너무 외롭기 때문이죠.

이들은 츠베타예바가 《나의 푸시킨》 시작 부분에서 일으킨 폭풍을, 그리고 《대위의 딸》 시작 장면에서 부는 폭풍을 뚫고 나간 사람들입니다. 그 휘몰아치는 풍경은 우리의 내적 폭풍이며, 무의식의 등장 장면입니다. 세상은 하얗고, 우리는 길을 잃었고, 무지막지한 바람이 불고, 저 멀리에 작고 검은 점이 하나 있습니다. 우리는 그게 무얼까 궁금합니다.

이들은 폭풍을 뚫고 '가장 잘 알려진 알려지지 않은 것'을 발견하기 위해 보고 있는 것을 분명하게 볼 수 없는 '깊은 곳'으로 우리를 데려갑니다.

이 가장 잘 알려진 알려지지 않은 것은 푸시킨과 츠베타예바에게는 사실은 사기꾼이자 우리 비밀스러운 현장의 전형적인 인물, 우리를 사랑하고 우리를 죽일, 놀랍고도 이상한 인물인 푸가체프가 될 것입니다. 사랑하기와 죽이기는 절대 분리될 수 없습니다. 우리를 죽일 수 있는 유일한 사람은 분명 우리를 사랑하고 우리가 사랑하는 사람입니다.

길잡이들이(츠베타예바는 '길잡이'라는 단어를 보는 순간 사랑에 빠졌다고 말합니다) 우리를 이 길로 데려갑니다. 거기서 우리는 범죄 현장의 구경꾼이자 행위자가 될 것입니다. 시로 쓰여서만, 그리고 상상 속에서만 우리는 이 불의 장소들에 다가갈 수 있습니다.

우리는 모두 너라는 개를 죽이는 개 도살꾼이고, 타인을 죽이는 살인자입니다. 이건 그저 우리 길에 끼어드는 '유기'의 현장 또는 현장들을 명시하여 상상될 수 있도록 만드는 문제입니다. 우리는 유기되고 유기합니다. 클라리시의 남자는 더는 그곳에 없는 자기 개에게 말합니다. '너는 곧바로 유기될 수 있는 존재가 되었지.'

우리가 삶이라 부르는 것을 유지하기 위해 우리 생의 모두를 속였다고 말하는 시간이 언제쯤 올까요? 저는 모르겠습니다. 우리는 우리가 말할 수 없는 것을 조금이라도 듣기 위해 망자의 학교에 갑니다. 그래서 우리를 해치는 책들이 필요합니다. 하지만 대체로 우리는 카프카가 〈가사 상태에 관하여〉라고 제목 붙인 구절에서 묘사한 상황에 있습니다. 거기서 그는 다른 쪽으로 가는 경험을, 시나이산의 모세를, 분명히 죽었다가 돌아온 사람들을 이야기합니다.[48] 그리고 죽었다가 살아났음이 분명한데도, 무슨 일이 있었는지 우리가 알고 싶어 하는데도, 그 얘기에 관해서는 입도 뻥긋하지 않은 이들도요.

글쓰기는 고백할 수 없는 것을 고백하는 데 성공할지도 모르는, 정밀하고 까다롭고 위험한 수단입니다. 우리는 할 수 있을까요? 이것은 저의 욕망입니다. 저 또한 죽고 싶습니다. 그렇다고 제가 성공했다는 의미는 아니지만요. 저는 노력합니다. 지금까지는 성공하지 못했습니다. 그러는 동안, 저는 할 수 있는 한 그에 근사한 일을 합니다. 제가 거짓을 말하지 않을 수 있는 곳으로, 그리고 클라리시가 꿈꾸듯이 죽음과 무언가를 공유할 수 있는 곳으로 다가가기 위해, 저는 다른 학교, 제일 가까운 학교, 망자의 학교와 제일 비슷한 학교에 갑니다. 바로 꿈의 학교입니다.

내일, 오늘 밤, 불행하게도 불사인 우리는 꿈의 학교에 갈 것입니다.

48 Franz Kafka, *Wedding Preparations in the Country*, pp. 429~430.

꿈의 학교

The School of Dreams

II

다시 도끼를 들겠습니다. 우리는 숲을 통과하는 길을 낼 겁니다. 도끼의 빛을 받으며 앞으로 나가는 거죠.

예의 그 H를 다시 씁시다. 제 글쓰기 사다리 말입니다.

꿈의 학교라? 어떻게 가면 될까요? 도시를 경유해도, 가고 싶다고 해도, 버스로도 갈 수 없습니다.

우리가 꿈의 학교에 갈 수 있는지 없는지를 알아내는 건 언제나 만만찮은 문제입니다. '꿈의 학교'라는 이름에는 우리를 가지고 노는 무언가가 있습니다. 일종의 비뚤어진 고양이와 쥐 놀이이지요. 쥐가 잡아먹히고 싶어서 안달이라고 가정해 보세요. 꿈의 학교에 가는 일은 우리를 가지고 놉니다.

꿈이 우리를 기다리고 있는데, 그 나라로 가는 차표를 얻을 수가 없습니다. 제가 '꿈의 학교에 가고 싶어'라고 말하면, 꿈은 다른 이야기를 늘어놓을 가능성이 농후하지요. '너한테는 다른 것이 올 거야.' 전 꿈에 닿지조차 못하고요.

저는 오늘 프로이트적인 실수를 두 개나 했습니다. 자료 두 편을 가져오는 걸 잊었지요. 《꿈의 해석》과 《만델슈탐—비평과 서간 전집》에 실린 〈나는 읽지 않는다〉라는 제목의 글입니다.[49] 아무래도 꿈의 학교에서도 결핍과 부재, 생략과 더불어 공부해야 할 모양입니다. 하지만 클라리시 리스펙토르의 《광택》

49 Sigmund Freud, *The Interpretation of Dreams*, tr. and ed. by James Strachey(New York: Avon, 1965); Ossip E. Mandelstam, *Madelstam: The Complete Critical Prose and Letters*, tr. Jane Garry Harris and Constance Link(Ann Arbor: Ardis, 1979).

은 잊지 않았습니다.[50] 여기 '읽었지만' 읽기를 끝내지 못한 책이 있습니다. 저는 이걸 읽으려고도 읽지 않으려고도 애를 쓰지 않습니다. 그냥 책을 둘 뿐입니다. 책은 제 방 안에 있습니다. 책을 읽지 않을 때가 많은데, 그동안에도 책은 어렴풋한 광선을 발사합니다. 그것도 나름의 읽기입니다. (우리가 꿈의 학교에 가는 방법이 그렇지요. 엄청나게 에둘러서 말입니다.) 우리와 책의 관계에는 뭔가 특별한 것이 있습니다. 우리에게 책은 우리를 꿈꾸고 우리를 기다리는 문, 우리에게서 달아나지 않는 타자의 꿈입니다. 책이 훌륭한 점은 우리를 기다려줄 줄 안다는 것이지요. 《광택》도 그렇게 저를 기다리고, 저는 서두르지 않습니다. 그 책은 제게 시간을 줍니다. 이것이 글쓰기의 수수께끼 중 하나입니다. 모든 책이 우리에게 시간을 주지는 않거든요. 《광택》은 그 자체가 시간으로 새겨진 데다, 너무도 풍부하고, 두텁고, 손때 묻은 순수한 글 물질이기 때문에 시간을 줍니다. 그 책은 이야기를 들려주지 않습니다. 그 책은 우리로 하여금 삶을 느끼게 하고 맛보게 하고 만져보게 합니다. 그 책은 움직이지 않는, 영원한, 완전한 사람처럼 거기 있습니다. 늘 틀림없는 그 사람의 특징은 끊임없이 이상한 무언가를 생산해 낸다는 것입니다. 욕망에도 불구한, 또는 욕망을 동반한 인내심이죠. 저는 《광택》을 다 읽지 않았습니다. 저는 읽는 과정에 있고, 이 '과정'은 읽지 않는 기간들을 포함합니다. 그동안 책은 계속해서 광선을 발사합니다.

50 Clarice Lispector, *O Lustro*(Rio de Janeiro: Editora Nova Fronteira, 1982).

《만델슈탐―비평과 서간 전집》도 마찬가지입니다. 제게 이 두 책은 글쓰기의 두 기둥을 상징합니다.

만델슈탐보다 위대한 독자는 없습니다. 시인들은 대체로 남모르게 읽는 데다 읽기에 열중하는 일이 드문 데 반해, 만델슈탐은 숭고한 독자입니다. 그를 보면, 우리는 읽기의 위상을 시와 같이 높여서 마땅히 읽기를 시와 동등한 예술로 대우해야 합니다.

카프카가 쓴 편지의 첫 문장들을 다시 참고해 봅시다. 여기에 비밀이 있습니다.

> 난 우리를 해치고 찌르는 책만 읽어야 한다고 생각해. 우리가 읽고 있는 책이 머리통을 후려치는 충격으로 우리를 깨우지 않는다면 대체 무엇 때문에 읽겠나?[51]

글을 쓰고자 하는 이라면 누구나 숨이 멎을 듯이 매혹적인 이 번개 지대에 도달할 수 있어야 합니다. 그곳에 닿는 즉시 우리는 망망대해에 떠 있는 듯한 기분이 되고, 그곳에서 닻줄은 이미 쓰인 것들, 이미 알려진 것들로 잘립니다. 카프카가 묘사한 이 '머리통을 후려치는 충격'은 우리 죽은 자들의 머리통을 후려치는 충격입니다. 망자의 상태에서 깨어나는 것이죠.

전 그곳으로 가는 설명서를 만들 수 없습니다. 신호를 적

51 Franz Kafka, *Letters to Friends, Family, and Editors*, p. 16.

기 시작하자마자, 주의를 끌기 시작하자마자, 우리는 파괴하니까요. 그러니 여러분이 제가 하는 말을 모조리 듣더라도, 그건 그런 다음에 흡수되어야 하고 혈관을 지나야 합니다. 그걸 '생각하지' 않아도 겪어내도록요.

모든 위대한 글이 이렇게 깨부수는 방식으로 시작합니다. 그런 글들은 그 급작스러움으로 야기되는 극도의 폭력적인 방식으로 우리의 사고 습관들을, 우리를 둘러싼 세계와의 관계를 끊습니다. 그런 글들은 우리를 낯선 땅에 내던집니다. 만델슈탐이 쓴 이 글의 시작 부분은 절대적인 교훈입니다.

> 페테르스부르크 거리에 난 풀—근대 도시들의 자리를 뒤덮을 순결한 숲의 첫 싹들. 놀라울 정도로 신선한 이 눈부신 부드러운 푸름은 새로이 영감을 받은 자연에 속한다.[52]

죽은 이와 죽어가는 이가 사는 이 다른 세상에 누구나 접근할 수 있는 건 아닙니다. 우리 모두가 가장 현명한 동료인 이 망자들의 손님은 아닙니다. 죽음을 통해 그곳에 갈 수 없다면, 꿈꾸기를 통해 가보도록 합시다.

52 Ossip E. Mandelstam, "The Word and Culture," in *Mandelstam*, p. 112.

카프카가 꾼 꿈

나는 죽은 자들을 방문한 손님이었다. 그곳은 둥근 천장을 인 넓고 깨끗한 곳이었고, 관이 몇 개 있지만, 공간이 많았다. 뚜껑이 열린 관이 두 개 있는데, 안은 누군가가 누웠다가 막 빠져나간 헝클어진 침대처럼 보였다. 책상 하나가 약간 구석진 쪽에 있어서 처음에는 알아차리지 못했다. 체격이 우람한 남자가 앉아 있었다. 뭔가를 쓰다가 막 멈춘 듯이 오른손에 펜을 들었고, 왼손으로는 양복 조끼에 늘어진 반짝거리는 시곗줄을 만지작거리며 고개를 그쪽으로 숙이고 있었다. 여자 청소부가 바닥을 쓸고 있었는데, 쓸어낼 것이 아무것도 없었다.[53]

이 꿈은 오랫동안 이어져서, 카프카는 모험 전체, 죽은 자들과 함께 보낸 평생을 들려줍니다. 그를 따라가 봅시다.

가사 상태에 관하여

가사 상태에 빠져본 사람이라면 누구나 끔찍한 이야기를 들려줄 수 있겠지만, 죽음 이후가 어떤지 말할 수 있는 사람은 없다. 사실은 딱히 다른 사람보다 죽음에 더 가

53 Franz Kafka, *Wedding Preparations in the Country and Other Posthumous Prose Writing*, tr. C. Kaiser and G. Wilkins(New York: Schocken), p. 253.

까이 다가가지도 않았으며, 근본적으로는 예외적인 경험을 통해 그저 '살았을' 뿐이다. 그리고 그 결과로 예외적이지 않은 매일의 일상이 더욱 귀중해진다. 예외적인 일을 경험한 모두가 이와 비슷하다. 예를 들어, 모세는 시나이산에서 분명 예외적인 일을 경험하지만, 대답 없이 관에 조용히 누운 가사 상태에 빠진 누군가처럼 이 예외적인 경험에 복종하는 대신 서둘러 산을 내려갔다. 당연히 그에겐 사람들에게 들려줄 귀중한 얘기들이 있었고, 심지어 버리고 도망쳤던 그 사람들을 전보다 더 사랑하게 되었다. 그러고 그는 그들에게 헌신했다. 누구 말마따나, 감사하며. 어쨌든 우리는 가사 상태에서 돌아온 이들과 돌아온 모세 양쪽에게서 많은 것을 배울 수 있지만, 결정적인 것은 찾을 수 없다. 그들 스스로가 (그것을) 발견하지 않았기 때문이다. 그걸 발견했다면, 그들은 절대 돌아오지 않았을 것이다. 하지만 우리는 그걸 발견하고 싶어 하지 않는다. 돌아올 수 있다는 확신만 있다면 가끔은 가사 상태에 빠져본다거나 모세의 경험을 직접 해보고 싶다는 바람을 가질 수 있고, '안전한 통행증'만 있다면 기꺼이 죽어보고 싶어 할 수도 있지만, 상상에서조차 산 채로 돌아올 가능성 없이 관에 들거나 시나이산에 남기를 바라서는 안 된다는 사실에서 알 수 있다.[54]

54 Franz Kafka, 위의 책, pp. 429~430.

저는 늘 이 글에 매혹됩니다. 이 글은 죽었다고 생각한 사람이 우리로서는 살았는지 죽었는지 알 수 없는 우유부단의 상태에 있게 되는 현상을 불러옵니다. 여기서 카프카가 우리에게 얘기하는 것은 극도로 중요한 동시에 우리의 한계를 표시하지요.

그는 '비밀'을 욕망하면서도 욕망하지 못하는 우리의 무능을 복잡한 방식으로 얘기합니다. 우리의 곤경과 우리의 무능을요. 우리는 다른 쪽의 시민이 될 수 없습니다. 우리는 다른 쪽보다는 이쪽에서 죽기를 선호합니다. 모세가 우스꽝스럽게 말하듯이, 그의 경우도 그런 것입니다. 일단 산에 오르자 모세에게는 한 가지 생각밖에 없었습니다. 다시 산을 달려 내려가 인간들 가운데로 가는 것. 그들을 위해 자기 생명을 희생하는 한이 있더라도요. 거기 산 위에서는 도저히 잃을 수 없었던 바로 그 생명 말입니다.

어떻게 하면, 클라리시가 《광택》에서 '생명의 한계를 뛰어넘어'[55]라고 말하듯이, 다른 쪽으로 통하는 문이 열린 곳에 다가갈 수 있을까요?

꿈의 학교를 통하면 죽을 듯한 공포 없이 우리가 말할 수 없는 모든 것에 가까이 다가갈 수 있지 않을까요? 우리를 도망치게 하는 것은, 산을 달려 내려가게 만드는 것은, 어떤 사람도, 어떤 예언자도 하지 못했던 것은 '신 직시하기', 신 마주 보기입니다. 은유죠. 보이지 않아야 하는 것을 보는 것이고, 우리를 존

55 Clarice Lispector, *O Lustro*, our translation, p. 57.

재하지 못하게 만들 어떤 것, 우리의 평범하고 가정적인 삶을, 좋든 나쁘든 제가 '진실'이라고 부르는 것을 계속하지 못하게 만들 어떤 것을 보는 것입니다.

누가(무엇이) 우리를 신경 쓰지 않는가/우리가 상관할 문제가 아니다

클라리시 리스펙토르가 〈사랑〉이라는 글에서 얘기하는 것이 그것입니다. 그 글에서 아나라는 여성이 예외적으로 웅변적인 사건을 겪는 중에 우연히 신의 얼굴과 마주칩니다.[56] 아나는 버스를 타고 있었고, 장바구니를 들고 있었으며, 눈에 띄는 온갖 주부의 표식을 지니고 있었죠. 장바구니에는 달걀이 들었고, 아나의 머릿속 바구니에는 삶의 달걀들이 가득합니다. 낮 동안에 그녀는 자신의 삶을 낮은 불에 올려놓고 곰곰이 생각합니다. 그녀에겐 있어야 할 것이 다 있습니다. 남편과 아이들과 가구와 기타 등등이요. 그때, 무심결에, 그녀는 신의 얼굴을, 그 순간적인, 감당할 수 없는, 경이로운 모습을 봅니다. 즉, 아나는 인도 가장자리에 선 '어느 눈먼 남자'를 보았고, 그 사건으로 인해 달걀들이 폭발합니다. 그녀는 (여기서 더 복잡해지는데) 눈이 멀었을 뿐

56 Clarice Lispector, "Love," in *Family Ties*, tr. Giovanni Pontiero(Austin: University of Texas Press, 1972), pp. 37~48.

만 아니라 껌을 씹고 있는 눈먼 남자를 봅니다. 강력하지만 가벼운 이 장면의 비밀이 이것입니다. 눈먼 남자가 껌을 씹고 있는 거죠.

눈먼 남자는 우리가 자신을 관찰하는 걸 보지 못하는 사람입니다. 우리는 관찰되는 사람들입니다. 우리는 보이는 대로 살고, 먹고, 욕망하는 사람들이죠. 우리는 관찰되는 관찰자입니다. 하지만 관찰되는 대로, 보이는 대로 자신을 보지 못하는 사람들입니다. 우리는 우리가 눈이 먼 채 껌을 씹고 있다는 걸 알지 못하는 사람들입니다.

> 갑자기 그녀는 그 남자가 전차 정거장의 붙박인 걸 알았다. 그와 다른 사람들의 차이는 그가 붙박이라는 점이었다. 그는 두 손을 내밀고 서 있었다. 눈먼 채.
>
> 하지만 그의 어떤 점 때문에 아나는 미심쩍은 듯이 앉은 자세를 가다듬었을까? 뭔가 불안한 일이 벌어지고 있었다. 그러다 그녀는 원인을 발견했다. 눈먼 남자가 껌을 씹고 있었다… 껌을 씹는 눈먼 남자라니. 아나에겐 아직 친정 식구들이 저녁 먹으러 올 거라는 생각을 잠깐 할 여유가 있었고, 심장은 규칙적으로 뛰고 있었다. 그녀는 몸을 숙여 우리를 마주 응시할 수 없는 어떤 것을 관찰하듯이 눈먼 남자를 유심히 살폈다. 느긋하게, 눈을 뜬 채로, 그는 사위어가는 빛 속에서 껌을 씹고 있었다. 씹는 동작 탓에 그는 웃다가 문득 멈추고, 또 웃다가 문득 멈추는 듯이 보였다. 아나는

그가 무슨 모욕이라도 한 듯이 그를 뚫어지게 쳐다보았다. 누가 봤다면 이 여자가 혐오에 가득 차 있다는 인상을 받았을 것이다.[57]

곰곰이 생각해 보세요. 이 문단에서 무엇이 드러나는지, 무엇이 전광석화처럼 타격을 가하는지, 무엇이 아나를 강타하는지, 무엇이 그 도끼날이 불가피하게 휘둘러지도록 만드는지… 그건 바로 이렇습니다. 아나가 신의 얼굴을 본 겁니다. 그 일로 우리는 죽을 수 있습니다. 살아남을 수도 있습니다. 아나는 상처를 입고 쪼개졌습니다. 글의 끝에서, 그녀는 벌어졌던 것을 다시 여밉니다. 하지만 그건 다시 여며지지 않았을 겁니다. 다른 단편인 〈모조 장미〉에서는 주인공이 도로 여미지 않습니다.[58]

신의 얼굴 가만히 쳐다보기

우리가 꿈의 학교에서 기대하는 것은 그 도끼날을 다루고 받아내는 동시에 저의 얼굴과 다르지 않지만 적나라하게 보이는, 제 영혼의 얼굴인 신의 얼굴을 똑바로 쳐다볼 수 있는 힘입

57 위의 책, pp. 39~40.

58 Clarice Lispector, “The Imitation of the Rose,” in *Family Ties*, pp. 51~72.

니다. '신'의 얼굴은 우리라는 구조물, 이 사소하고도 거대한 거짓말들, 친정 식구들을 먹일 만찬을 준비하고 자식들에게 저녁을 해주려면 끊임없이 짜내야 하는 사소한 비非진실들의 정체를 밝히는, 혼비백산할 현시顯示입니다. 놀람으로써만, 우연으로서만, 그리고 산산이 깨부수는 잔인성을 동반하고서만 일어나는 폭로. 진실의 타격 밑에서 우리는 달걀 껍데기처럼 부서집니다. 삶의 경로 바로 한가운데에 나타나는 종말. 우리는 삶을 잃습니다.

눈멂이라는 형태의 부산물일 뿐이지만, 정말로 놀랍게도 저는 더없이 사랑하는 저의 작가들이 모두 죽어가는 천리안이라는 종에 속한다는 사실을 때마침 깨달았습니다. 이 작가들의 또 다른 공통점은, 제가 자주 얘기하지만, 도끼의 빛으로 글을 썼다는 점입니다. 그들은 모두 과감하게 최악을 썼고, 과감하게 카프카가 말한 대로 '얼어붙은 바다를 깨부수었고', 달걀 껍데기를, 배의 선체를 부수었습니다. 이들은 모두 과감하게 자기 두개골을 박살 내고 숲으로 돌아갔습니다. 이 모든 일이 폭력적인 이별과 상실이 없다면 정말로 궁색해질 갑작스러운 행운을 통해 일어납니다. 우리는 꿈의 학교에서 이런 것을 할 수 있습니다. 꿈의 학교는 어디에 있을까요?

망자의 학교는 벽 너머에 있었는데 말이죠.

꿈의 학교는 침대 밑에 있습니다

딸들 때문에 골치를 앓는 왕이 나오는, 누가 봐도 순진한 《그림 동화》 한 편이 어렴풋이 기억납니다. 바람직하게도 공주들을 엄중하게 가둬둔 왕은 공주들에게 매일 새 신발이 필요한 이유를 당최 알 수가 없었지요. 딸들의 신발은 영문도 알 수 없이 닳아버리곤 했습니다. 그러던 어느 날, 왕은 비밀을 밝히기 위해 첩자를 심었습니다. 밤이 되자 딸들은 침대를 옆으로 밀어 밑에 있던 뚜껑 문을 열고는 사다리를 타고 궁전 밑으로 내려가 숲에서 밤새 춤을 추었습니다. 제 기억이 정확하지는 않겠지만, 그건 중요하지 않습니다. 이 이야기는 지적 희열까지 포함한 모든 요소를 한데 모은, 꿈의 학교에 대한 완벽한 은유이니까요. 이 동화는 금지된 일을 하는 것, 즉 성적 쾌락에 관한 이야기입니다. 제가 어릴 때 이유도 모르면서 특별히 재미있게 느꼈던 신발 닳는 이야기도 나오지요. 지금의 저는 그 이유를 훨씬 잘 알기에, 이 동화를 만델슈탐에게 바칩니다.

만델슈탐은 〈단테에 관한 대화〉에서 아주 진지하게 묻습니다. '단테는 《신곡》을 쓰기 위해 얼마나 많은 신발을 닳게 했나?' 왜냐하면, 그에 따르면, 그런 책은 발로 쉼 없이 걸으면서만 쓸 수 있는 책이니까요. 만델슈탐도 그렇게 글을 썼습니다.[59] 만델슈탐은 온몸으로 참여하고 탐색하며 행동했습니다. 걷기, 춤

59 Ossip Mandelstam, "Conversation About Dante," in *Mandelstam*, p. 7.

추기, 쾌락. 이런 것들이 시적인 행위에 동반됩니다. 저는 대체 어떤 시인이 신발을 닳게 하지 않고 머리로 글을 쓰는지 의문입니다. 진정한 시인은 여행자입니다. 시는 발과 발을 대신하는 온갖 것들, 온갖 형태의 교통편으로 하는 여행입니다.

만델슈탐은 신발 수백 켤레를 닳게 했습니다. 온 세상을 춤추며 돌아다니게 만드는 그런 춤 없이는 그처럼 강렬하고 밀도 높은 시를 쓸 수 없습니다. 만델슈탐 본인이 이리저리 걷고 또 걷지 않으면 글을 쓸 수 없었습니다. 걷지 못하게 됐을 때 그는 죽었습니다.

그러니 꿈꾸기와 글쓰기는 아마도 숲을 가로지르고, 세상을 주유하고, 가능한 모든 교통수단을 이용하고, 자신의 몸을 하나의 교통수단으로 쓰는 것과 관계가 있겠지요. 호프만슈탈이 쓴 아름다운 글 《방랑자》는 화자가 그리스와 터키 땅을 거치며 낯선 여행자를 만나는 여정을 들려줍니다.[60] 그 남자는 분명 수백 년째 걷는 중입니다. 이름이 밝혀지지 않지만, 시인의 나라에 산다면 여러분은 금방 그를 알아볼 테지요. 랭보입니다. 랭보를 만나기 위해 우리는 오스트리아로, 오스트리아 안에 숨겨진 그리스로 걸어가야 합니다. 우리는 무의식의 땅 한복판으로 가야 하고, 거기서 알제리와 암마 공원[61]을 포함한 우리가 잃어버린 땅들을 다시 찾을 수 있을 겁니다. 하지만 그러려면 걸어야 합니다. 꿈속

60 Hugo von Hofmannsthal, “The Wanderer,” in Selested Prose, tr. Mary Hottinger and Tania and James Stern(New York: Pantheon, 1963).

에서 그러듯이, 그 세계가 실재가 되게 하려면 온몸을 써야 합니다. 꿈과 글쓰기 속에서 우리 몸은 살아 있습니다. 우리는 몸 전체, 또는 꿈에 따라서는 몸 일부를 사용합니다. 우리는 몸을 발견하기 위해 몸에서 몸으로 가는 여정에 착수해야 합니다.

〈사랑〉에서 그 사건은 교통수단에 의해 기록됩니다. 아나는 이동 중이며, 길 위에, 전차 안에 있습니다. 이 교통수단은 부동성의 한 요소입니다. 전차가 그녀를 나르고, 그녀는 움직이지 않고서 바로 눈앞에서 완전히 부동인 눈먼 남자를 봅니다. 이것은 위치 변화와 관련이 있습니다.

꿈의 학교에 가려면 침대부터 시작하여 무언가의 위치가 변해야 합니다. 우리는 출발해야 합니다. 이것이 글쓰기의 정체입니다. 시작하기죠. 행동과 인내와 관련이 있습니다. 꼭 목적지에 닿는다는 뜻은 아닙니다. 글쓰기는 도착하기가 아니니까요. 대체로는 도착하지 않기입니다. 우리는 몸으로, 걸어서 가야 합니다. 우리는 자아를 떠나가 버려야 합니다. 글을 쓰려면 우리는 얼마나 도착하지 않아야 할까요, 얼마나 멀리 방랑하며 신발을 닳게 하고 즐거워해야 할까요? 우리는 밤만큼 멀리 걸어야 합니다. 각자의 밤만큼 멀리요. 자아를 뚫고 어둠을 향해 걸어야 합니다.

61 암마 공원(Jadin d'Essais du Hamma)은 알제리에 있는 32만 제곱미터에 이르는 대형 식물원 겸 정원으로 1832년에 처음 세워졌다. 공공기관들과 유럽인 정착민들에게 제공할 나무를 기르는 것이 주된 목적이었다. 현재는 알제리 국립농경제연구소가 자리하고 있으며, 1만 2000종의 식물을 보유한 식물원과 정원, 숲을 일반에 공개하고 있다. - 옮긴이

1990년에 꿈꾸기

우리 아들은 애벌레만 하다. 우리가 아이를 잊다시피 한 것도 그래서인데, 우리는 사실 그 아이를, 내 꿈을, 나를 믿지 않는다. 아이는 어디서 살까? 지금은 어느 책의 책장 사이에 있다. 적어도 실종될 위험이 제일 적은 곳이다. 바꿔 말하면, 자칫 누가 그 책 위에 뭔가를 올려놓으면 짓이겨질 위험이 있다. 그런 일만 없다면 아이는 별 어려움 없이 책장 사이에서 편히 지낼 수 있다. 그런 애벌레에겐 어떤 미래가 있을까? 별 희망이 없다. 아이는 하는 일 없이 지낼 것이다. 그 크기에 머문다면 말이다. 하지만 아이는 서서히 실체를 굳혀간다. 내 노력의 결과라는 데는 의심의 여지가 없다. 나는 가끔 아이를 꺼내 침대나 바깥으로 데려갔다. 무엇보다 아이에겐 세상에 대한 권리가 있고, 아이는 살고 싶어 하는 듯했으니까. 누군가가 모르고 아이를 깔아뭉갤 위험은 여전하다. 조금씩 조금씩 아이는 지능도 얻는다. 아이는 생각하기 시작하고, 행복해하기 시작하고, 진짜 살아 있는 존재가 되기 시작한다. 하지만 이제 아이는 정말로 따라잡을 결심을 했다. 나는 아이가 달리는 걸, 아래층으로 내려가는 걸, 위험한 모서리들을 오르는 걸 몰래 살핀다. 아이가 위험을 몰라서 나는 걱정이다.

모호한 상태를 떠난 내 애벌레에게서 나는 행복을, 사랑을 느낀다. 생명이 '구체화'되는 걸 보는 건 커다란 축복이다. 갑자기, 울퉁불퉁한 붉은 돌멩이들 사이로 하강. 내가 탄 보이지 않는 '택시'는 탈출구가 없다는 듯이 돌멩이가 널린 원형 경기장 안을 몇 번 빙빙 돈다. 하지만 사실은 탈출구가 하나 있었다.

이것이 처음으로 적어본 제 꿈의 내용입니다.

저는 제 사다리를 통해 꿈 중에서도 첫 번째 꿈, 유대-기독교 문화권에 속한 이라면 누구나 아는 꿈, 즉 야곱의 꿈으로 돌아갈 겁니다. 이 이야기의 시작 부분에는 야곱의 혈통 문제가 있습니다. 두 형제가 있었지요. 야곱과 에서입니다. 아버지는 아브라함의 아들인 이삭입니다. 우리가 어린 야곱이라고 상상해 봅시다. 부계 혈통이 배경을 제공합니다. 아브라함으로부터 뻗어나간 이 배경에서 우리는 계속해서 선과 악이 영원히 얽힌 공간에 있습니다. 폭력적인 사건들이 인물들의 일대기를 관통하며 얽힙니다. 그러다, 마치 어느 소설에서처럼, 우리는 우리가 산 위에 버려두고 온 어린 이삭이 되고, 이야기를 통과하며 나아가 완전히 다른 이삭을 알게 됩니다. 성경은 꿈처럼 늘 우리에게 폭력적인 세대 감각을 안겨줍니다. 우리는 종종 앞 세대의 광범위한 억압을 동반한 채 기괴하게 우리 나이의 기준에 매달려 삽니다. 우리는 거의 늘 우리 자신을 우리가 우리 생에 있을 때의 우리라고 착각합니다. 죽음의 경우와 마찬가지로, 우리는 우리에게 무엇이 닥칠지 생각하는 방법을 모릅니다. 우리는 나이를 어떻게 생각해야 할지 모릅니다. 우리는 두려워하고 억누릅니다.

글쓰기는 이런 가능성을 제 지평으로 삼아 모든 나이대를 탐험하도록 우리를 격려합니다. 시인 대부분은 자신의 어린 시절을 생생하게 온전한 현재로 유지해 온 보존된 아이들입니다. 하지만 인간이 가장 하기 어려운 일은 미리 생각하는 것, 아직 되지 않은 이들의 처지에서 생각해 보는 것입니다. 그래서 우리는 이른바 황금기라는 장벽 뒤에 무엇이 기다리고 있는지 생각하기가 어렵습니다. 성경이 우리에게 해주는 일이 층층이 이어지는 모든 세대를 따라가며 살도록 만드는 것입니다. 성경과 함께 우리는 세대를 관통하며 오르내립니다. 어제 우리가 먼지 구덩이에서 주운 아기가 지금은, 다음 장에서는 비틀거리는 눈먼 남자입니다. 이 잘 알려진 꿈을 꿀 이는 어느 눈먼 아버지, 가장 별난 남자의 특별한 아들입니다. 상승이 있고, 이 움직임은 우리에게 성숙해지고 자라는 느낌을 줍니다. 하지만 그들은 인간이고, 그래서 쇠합니다. 그들은 선하지 않습니다. 때로는 선하지만, 때로는 악합니다. 그들은 분류할 수 없는 온갖 종류의 방식으로 행동하는 데 주저하지 않고, 그들은, 상상만 해도 모골이 송연하게도, 어떤 인물을 '고결한' 장면 바깥으로 내던져 버릴 모든 것에 거리낌이 없습니다. 예를 들어, 모세의 젊은 시절 이야기는 놀랍습니다. 모세보다 더 평범한 사람은 없습니다. 그는 속으로 온갖 예상치 못했던 감정을 다 겪은 사람입니다. 우리의 모세는 수백 년 동안 미켈란젤로의 모세였지 성경의 모세가 아니었습니다. 성경의 모세는 수염을 깎다가 자해를 합니다. 그는 겁쟁이이고, 그는 거짓말쟁이입니다. 그는 석판과 함께 저 위에 있기 전에 은밀히 많은 일을 합니다. 이것이 몽상적인 성경의 세계가 우리에게 또렷이 보여주는 것입니다. 성경을 비추는 빛은 의식 없는 자들 위에 군림하는 빛과 똑같은 잔인하고 부도덕한 색입니다. 나중에 성경을 변형하고, 치환하고, 시성諡聖하는 자들인 우리는 또 다른 방식으로 성경에 색을 칠하고 모양을 입힙니다.

우선, 야곱이 떠납니다. 우리는 언제나 결정적인 꿈과 관련된 떠남을 봅니다. 침대가 옆으로 밀리는 것이죠. 우리의 꿈을 품은 꿈, 또는 우리를 꿈꾸게 하는 그 꿈의 성질은 중요합니다. 우리는 둑을 넘어 범람하는 강처럼 침대를 떠나야 하는지도 모릅니다. 어쩌면 정당한 침대를 떠나는 것이 꿈의 조건인지도 모르지요. 야곱은 어머니의 도움을 받아 늙고 눈먼 이삭을 속여 쌍둥이 형 에서의 장자 상속권을 훔치는 사건을 벌인 뒤에 떠납니다. 늙은 이삭은 아들 야곱을 멀리 떨어진 친척 집으로 보냅니다. 아들을 멀리 떨어뜨리는 동시에 평범한 남자로, 결혼하여 가정을 꾸리는 등등 어엿한 남자로 살라고 보내는 거지요. 밤이 내리고, 야곱은 집에서 멀리 떨어져 있습니다.

> 야곱이 브엘세바에서 떠나 하란으로 향하여 가더니 한곳에 이르러는 해가 진지라 거기서 유숙하려고 그곳의 한 돌을 가져다가 베개로 삼고 거기 누워 자더니 꿈에 본즉 사

> 닥다리가 땅 위에 있는데 그 꼭대기가 하늘에 닿았고 또 본즉 하나님의 사자들이 그 위에서 오르락내리락하느니라.[62]

제 꿈의 방에 영구히 새겨진 제 나름의 판본에서, 저는 늘 똑같은 것을 봅니다. 사다리와 오르고 내리는 천사들의 움직임 말입니다. 저는 특히 '내리는' 천사 무리가 있다는 것이 기뻤습니다.

이제 그 꿈으로 돌아가 보겠습니다. 사실 그건 제 생의 첫 꿈을 묘사한 것입니다. 비유적인데, 제게 그 꿈은 한 칸짜리 사다리입니다. 다른 칸들은 사다리를 오르내리는 사람들에 의해 만들어지겠죠. 여러분은 아마 그게 야곱의 사다리를 상징하는 것이리라 짐작했겠지요. 저는 어릴 때 야곱의 사다리를 통해 꿈들을 알게 되었습니다. 이 구절은 성경의 앞부분, 창세기에 나오죠. 나중에 에덴에서 나와 어른이 되고 나서, 저는 이 꿈이 성경의 앞부분에 나온다는 것이, 성경이 재빨리 꿈꾸기 시작한다는 사실이 늘 반가웠습니다. 저는 이 꿈을 제 것으로 삼았습니다. 그 꿈은 제 판본의 꿈으로 남았습니다. 훨씬 나중에서야 성경을 찾아 그 이야기를 확인하고, 제가 그 꿈에서 마음에 들지 않은 요소들을 누락시켰다는 사실을 알게 됐습니다. 저는 그저 야곱과 사다리와 돌멩이만 간직하고 있었습니다. 제 기억에서 완전히 사라

62 *The Holy Bible*, Revised Standard Version(New York: Thomas Nelson and Sons, 1952), p. 21.

진 요소는 바로 신이었지요. 다시 그 구절을 읽어보겠습니다.

> 야곱이 브엘세바에서 떠나 하란으로 향하여 가더니 한곳에 이르러는 해가 진지라 거기서 유숙하려고 그곳의 한 돌을 가져다가 베개로 삼고 거기 누워 자더니 꿈에 본즉 사닥다리가 땅 위에 있는데 그 꼭대기가 하늘에 닿았고 또 본즉 하나님의 사자들이 그 위에서 오르락내리락하느니라.[63]

저는 거기서 멈췄습니다. 제게는 그게 다였으니까요. 제가 특별히 좋아한 사실은 천사들이 오르고 또 내린다는 점이었지요. 천국으로 오르는 천사들에 관한 판본을 읽었다면 흥미를 느끼지 않았겠지요. 제 흥미를 끈 것은 천사들이 '내린다'는 사실이었습니다. 하지만 이야기는 계속됩니다.

> 또 본즉 여호와께서 그 위에 서서 이르시되, 나는 여호와니 너의 조부 아브라함의 하나님이요 이삭의 하나님이라 네가 누워 있는 땅을 내가 너와 네 자손에게 주리니 네 자손이 땅의 티끌같이 되어 네가 서쪽과 동쪽과 북쪽과 남쪽으로 퍼져나갈지며 땅의 모든 족속이 너와 네 자손으로 말미암아 복을 받으리라, 내가 너와 함께 있어 네가 어디로 가든지 너를 지키며 너를 이끌어 이 땅으로 돌아오게 할지

63 위의 책.

라 내가 네게 허락한 것을 다 이루기까지 너를 떠나지 아니하리라 하신지라. 야곱이 잠이 깨어 이르되, 여호와께서 과연 여기 계시거늘 내가 알지 못하였도다. 이에 두려워하여 이르되, 두렵도다 이곳이여 이것은 다름 아닌 하나님의 집이요 이는 하늘의 문이로다 하니라.[64]

말씀드렸듯이, 전 신을 잊어버렸죠. 다시 읽으면서 저는 신이 꿈 안에 있다는 사실이 마음에 들었습니다. 신은 꿈 밖에 있지 않습니다. 신은 꿈 안에 있습니다.

성경은 신이 꿈 안에 있는지 꿈 밖에 있는지 절대 확신할 수 없게끔 하는 방식으로 이야기를 이어갑니다. 신이 안에 있으니, 그래서 여러분은 그 일이 일어난 곳이 거기라고 생각하겠지요. 신과 야곱이 그 뒤에 잠에서 깨어났다고요.

이 꿈을 다시 읽으면서 저는 늘 무의식적으로 삭제하는 후속편이 있다는 걸 깨달았습니다. 저는 늘 천사들이 오르내리는 순수한 광경에서 기억을 멈춥니다. 이것은 제 사다리이고, 이 사자들의 분주한 움직임이 제일 흥미로울 때는 내려갈 때입니다. 제게 '꿈 장면'은 언제나 계시 장면보다 훨씬 중요했습니다. 이것이 첫 번째 꿈입니다. 우리를 한 곳에서 다른 곳으로 건네줄 사다리가 세워지려면, 우리는 떠나야 합니다. 게다가, 야곱의 예를 따른다면, 그건 허락된 위반이라는 체계를 통합니다. 이삭이

64 위의 책, pp. 13~17.

자신도 모르게 야곱을 축복했으니까요. 하지만 이건 집을 뒤로 하고 우리가 가야만 하는 길입니다. 낯선 땅을 향해, 우리 안에 있는 이방인을 향해. 무의식, 그 내적인 낯선 땅, 낯선 집, 잃어버린 땅들의 고장을 여행해야 합니다.

그러려면 침대는 반드시 옆으로 밀려야 합니다. 우리는 도끼를 휘두르듯이 모든 속박과 규칙을 깨고 적법한 침대 밑에 숨겨진 사다리를 타고 내려가 다른 쪽으로 넘어가야 합니다.

그러므로 애초에 이 일은 자신의 깊숙한 곳에 있는 '문'을 통과함으로써 '집'을 떠나는 것에 관련돼 있습니다.

이것이 거대한 전조와도 같은 책인 《광택》에서 젊은 버지니아가 놀랄 만한 폭력을 동반하며 한 일입니다. 클라리시 리스펙토르는 스무 살에 마치 이미 오십 년쯤은 살았다는 듯이 이 책을 썼지요.

저는 버지니아라는 이름을 좋아하지 않지만, 책을 읽으면 왜 버지니아인지 이해될 겁니다. 그 책에서 분명하게 드러나는 물에 빠져 죽은 여인 버지니아 울프의 반향을 여러분도 곧 느낄 테니까요. 저는 클라리시 리스펙토르가 스무 살에 그런 일을 의도적으로 했다고는 믿지 않으니까, 아마 전적으로 무의식의 세계에 있었겠지요. 중요한 건 이상하게도 이 책이 처녀성을 다루고 있다는 점입니다.

이 책은 아주 어린 소녀 버지니아로 시작합니다.

아이는 거울에 비친 자신을 쳐다보았다. 하얗고 섬세

한 얼굴이 어둠에 묻히고, 부릅뜬 눈과 뚱한 입술… 그리고 아이는 갑자기 소리를 지른다. 하지만 난 팔리고 싶어, 아니면 자살할 거야, 소리를 지른 아이는 그 문장 때문에 공포에 질린 자신의 얼굴을 관찰했다. 그러고는 자신의 열성이 자랑스러워서 짐짓 낮은 웃음을 터트렸다. 맞다 맞아 아이는 존재하기 위해 비밀스러운 생활이 필요했다. 다음 순간 아이는 다시 심각해졌고, 피곤해졌고, 어둠 속에서 심장이 천천히 붉게 뛰고 있었다. 지금껏 낯설던 새로운 요소가 아이의 몸을 꿰뚫었다. 아이는 이제 자신이 선하다는 걸 알지만, 그 선함이 자신의 무정함(또는 악)을 배척하지 않는다는 것도 알았다. 다소 오래된 이 감각을 아이는 불과 며칠 전에 발견했다. 새로운 욕망이 아이의 심장을 쿡쿡 찌르고 있었다. 더욱 자유롭고자 하는 욕망, 자기 생의 한계를 벗어나고자 하는 욕망. 이 문장, 이 말로 된 문장이 순전한 어떤 기운처럼 아이의 몸속을 돌고 또 돌았다.[65]

이 책은 어떤 인물의 몸속에서 펼쳐집니다. 물론 안이자 밖이지만, 밖에서 벌어지는 모든 일은, 바깥 생명의 온갖 사소한 사건들은 즉각 포착되어 여러 감정과 몸과의 관계들로 바뀝니다.

그러고 이 책은 우리를 금지된 것의 경계로 데려가 안으로

65 Clarice Lispector, *O Lustro*, our translation, pp. 56~57.

들어갈 수 있도록 도와줍니다. 이 책은 한계를 벗어나는 일에 관한 책이고, 알려진 것, 인간적인 것을 돌파하는 일에 관한 책이고, 무서운 것이 있는 쪽, 우리 자신의 끝 쪽으로 나아가는 일에 관한 책입니다. 거기, '타자'가 시작되는 곳 말입니다.

> 자기 생의 한계를 벗어나 아이는 친구 방에서 거울에 비친 자신을 들여다보는 동안 자신이 무슨 말을 하고 있는지도 알지 못했다. 다 죽여버릴 수도 있어, 아이는 씩 웃으며 새로운 자유를 느끼며 생각했다. 아이처럼 자기 모습을 응시하면서… 그 생각은 어디서 나왔을까? 그 동굴에서 아침을 보낸 이후로 불쑥불쑥 질문이 튀어나왔다. 그리고 매 순간, 어느 쪽으로 가고 있었지? 아이는 사는 내내 언제 시작됐는지 느낌조차 없는 것들을 배움으로써 발전해 왔다. 그 생각은 어디서 왔을까? 아이의 몸에서였다. 그리고 아이의 몸이 아이의 운명이라면?[66]

거울 장면이 계속 이어집니다.

> "나는 여기 거울 속에 있다." 아이가 무자비하고 행복한 소리를 질렀다. 하지만 무엇을 할 수 있고 무엇을 할 수 없지? 아니, 아니, 아이는 죽일 기회를 기다리고 싶지 않았

66 위의 책, our translation, p. 57.

> 다. 아이는 죽여야 했다. 하지만 죽인다면, 완전한 자유 속에서, 기다림 없이 하고 싶었다. 그게 그거일 거야, 자기 생의 한계에서 벗어나기, 아이는 자신이 무엇을 생각하고 있는지 몰랐다. 갑자기 녹초가 되고… 그리고 재빨리 닫히는 문처럼, 아이는 잠에 빠져들었고 곧장 꿈을 꾸었다.
>
> 아이는 자신의 힘이 공공연하게 자신을 세상의 끝으로 데려가는 꿈을 꾸었다. … 잔인하고도 생생한 충동이 아이를 떠밀었고, 몰아갔고, 죽음이 순수한 쾌락의 찰나라도 준다면 아이는 영원히 죽고 싶었을 것이다. 아이의 몸이 도달한 그 순간의 중력에서, 아이는 자신의 심장을 물어뜯으라고 내줄 수 있었다.[67]

여러분은 우리가 카프카의 읽기 묘사에서 찾은 모든 은유를 여기서 알아보실 겁니다. 우리는 자아가 파열하는 지점, 잔인함의 시간에 다가가고 있습니다. 조만간 우리는 죽일 겁니다. 즉, 우리는 우리 안에 숨겨진 사나움을 보여줄 겁니다. 누구를 죽일까요? 늘 똑같은 생물, 우리 불가능한 순결함의 상징이지요.

> 아이는 걷다가 개 한 마리를 보았고 마치 아무도 이겨낼 수 없는 것을 이겨내는 듯이 가까운 강을 이겨내는 엄청난 노력을 대가로, 아이는 산책 중에 그 개를 죽여야겠다고

67 위의 책.

결심했다. 개는 무방비로 꼬리를 흔들고 있었고, 아이는 개를 죽이는 생각을 했고, 그 생각은 상당히 차가웠지만, 아이는 그 생각의 차가움이 마음에 들지 않았다. 아이는 개를 강을 가로지르는 다리 위로 불러 서두르지 않고 발로 물에 밀어 넣어 죽였다. 아이는 개가 울부짖는 소리를 들었고, 개가 물결에 떠내려가는 것을 보았고, 개가 죽은 것을 보았고, 평온하게 아이는 제 갈 길을 갔다. 평온하게 아이는 계속해서 무언가를 찾았다. 그리고 아이는 한 남자를 한 남자를 한 남자를 보았다. 통이 넓은 바지가 바람을 맞아 다리에 철썩 달라붙어 있었고, 그 다리, 그 빈약한 다리. 그는 뮬라토였고, 남자, 남자였다. 그리고 그의 머리는, 세상에, 머리가 세고 있었다. 혐오감으로 부들부들 떨면서 아이는 대기와 공간을 가르며 그에게 다가가 멈추었다. 그도 멈추었고, 그의 늙은 눈이 기다렸다. 버지니아의 얼굴은 일순간도 자신이 무엇을 기대하고 있는지 짐작할 만한 실마리를 주지 않았다. 아이는 무슨 말을 해야 했고 무슨 말을 해야 할지 몰랐다. 아이는 말했다.

"날 가져."[68]

이것은 꿈, '버지니아'의 꿈, 처녀의 꿈입니다. 꿈에서 우리는 자신의 처녀성을 벗겨냅니다. 이제 글쓰기라고 불리는 이 폭

68 위의 책, p. 58.

력적인 모험의 세 번째 시기가 옵니다. 이제 '최악을 말할' 시간이 오는 것이죠.

'제' 작가들, '제' 자매들, '제' 안내자들, 그들에게 공통된 것은 무엇일까요? 그들은 모두 도끼의 빛으로 썼습니다. 그들은 잔인한 투쟁 속에서 열락을 구했고 그걸 찾아냈습니다.

'창작의 상태'라고 츠베타예바가 《의식으로 본 예술》에서 알려줍니다.

> 강박 상태 … (그리고) '무언가에 들린' 상태. 누군가가, 무언가가 우리 속으로 들어오고, 우리 손은 우리가 아닌 다른 무언가의 실행 기관이다. 이것은 누구인가?
>
> 우리를 통해 존재하고자 하는 것.
>
> 창작의 상태는 문득 뭔지 모를 욕구에 복종하여 집을 불태우고 친구를 산꼭대기에서 밀어버리는 이런 꿈의 상태이다.
>
> 우리가 그런 짓을 했나? 물론 했다. (우리가 잠을 잔 자이고, 우리가 '꿈을 꾸는' 자이다.) 우리의 행위, 우리가 한 바로 그 행위, 완전히 자유롭게 행해진, 의식 없이, 자연스러운 우리의 행위.[69]

69 Marina Tsvetaeva, *Art in the Light of Conscience*, tr. Angela Livingstone (Bristol: Bristol Press, 1991), pp. 68~69.

츠베타예바는 이렇게 말하며 우리 안에서 파괴와 모순과 폭력과 관련된 부분을 복권시켜 다시 드러냅니다. 우리에게서 가장 귀중한 것을 빼앗는, 우리보다 강한 어떤 것 말입니다(망자의 학교를 참조하세요). 친구를 밀든 적을 밀든 법 앞에서는 똑같은 범죄이지만, 둘이 같지는 않습니다. 제 작가들, 제가 사랑하는 이들, 집을 불태우고 친구를 산꼭대기에서 밀어버릴 수 있는 그들은 그걸 행동으로 옮기지 못합니다. 그들은 자기 안에 든 폭력적인 잠재력을 종이에 쓸 수 있을 뿐입니다. 오해를 낳지 않기 위해 저는 '자기 안에 든'이라고 말합니다. 우리가 텔레비전에서 보는, 용서도 되고 정당화도 되는 저 암살자들은 우리와 거리가 멉니다. 그들은 거의 늘, 아니, 늘 스스로에게 죽일 권리를 부여한 남자입니다. 저는 우리에게 살인할 권리가 있다고 생각하지 않습니다. 저는 대중 매체들을 위해 수행되는 암살과 우리 작가들이 하는 일을 구분합니다. 작가들은 타자와 관계하는 순간 나타나는 불가항력적으로 위협적이고 또 위협받는 어떤 것, 우리가 반드시 처리해야 하는 것, 그렇기 때문에 우리가 무슨 짓을 하든 늘 맞닥뜨릴 수밖에 없는 어떤 것을 폭로합니다. 예컨대, 진정한 인도주의적 봉사를 택한 저들이 다루는 것이 이 불가피하고 끔찍한 과오의 상황, 타인을 구함으로써 자신을 구할 기회가 상실된 상황입니다. 제게 중요한 작가들은 우리가 견딜 수 없는 것을 어느 정도까지 견뎌야 하는지 압니다. 우리가 이미 어떤 가족 대하소설에 얽혀 부정不正의 수혜자이거나 희생자 역할을 하고 있는 것으로 족하지요. 두 위치는 끝없이 상호 교환되기 때문에 결론적으로는 같은 얘기입니다. 몸과 질병에 관한 이야기들에서 그렇듯이, 상속 이야기에서도 이것이 가장 사소할뿐더러 가장 중요한 세부 사항에 적용됩니다. 질병은 우리의 상처, 우리의 복수, 우리의 외침, 우리의 부름, 우리의 은유입니다. 가장 아름답고도 비극적인 사례는 클라리시와 그 어머니의 사례인데, 어머니와 딸 사이에 존재하는, 풀 수 없게 엮인 생과 사의 관계이지요. 아이가 있다면, 특히 그 아이가 이미 성인이라면, 그것으로 충분합니다. 생과 사의 고리를, 보이지 않는 끝없는 암살의, 양쪽에서 이뤄지는 치명적인 생략의 고리를 아는 것으로 충분합니다. 부모가 있는 것만으로 아이가 되기에, 암살자가 되기에 충분합니다.

꿈, 낳기, 창작

꿈은 글쓰기 창작에 관해 무엇을 가르쳐줄까요?

여성으로서의 제 경험에 관해서만 말씀드리고자 합니다. 글을 쓰는 여성은 아이들 꿈을 꿉니다. 우리의 꿈속 아이는 셀 수 없이 많습니다. 쓰는 시간은 읽는 시간과 같아서 잠복기와 준비기가 있으며, 여기에는 츠베타예바가 '창작 상태'라 부르는 아이 상태가 동반됩니다. 무의식은 우리에게 책이란 분만, 출산, 낙태, 모유 수유의 현장임을 알려줍니다. 글을 쓰는 동안에는 출산의 연대기 전체가 무의식 속에서 작용합니다. 우리는 밤의 빛

속으로 셀 수 없이 많은 아이를 내놓을 것입니다. 때로 아이는 잎사귀 한 장만 하고 조각조각 바스러집니다. 때로는 침대에 올려놨다가 문득 사라지는 작은 종이쪽에 불과합니다. 여러분은 아이가 희미해지는 건지, 아니면 자신이 아이를 잊어버리는 건지 알 수 없습니다. 때로 아이는 이미 생후 육 개월쯤 된, 여러분보다 큰 크기로 세상에 나오고, 당연히 셰익스피어 뺨치게 말을 잘합니다. 때로는 여러분 다리에 달라붙는 끈적끈적한 계집아이이고, 때로는 저돌적인 네 다리로 온 방을 미친 듯이 질주하는 수탉 같은 끔찍한 사내아이입니다. 최악은 아이가 나왔다가 이내 사라지는 상황이지요. 이들 모두가 잠재적인 창작 상태의 비유입니다.

첫 번째 꿈

나는 침대에서 작은 암적색 새와 즐겁게 장난을 치고 있었다. 그러다 어찌 된 영문인지 새가 갑자기 사라져서 무척 걱정되었다. 새를 찾아봤지만 헛수고였다. 방구석에 있을까? 아니. 그럼 침대에? 우리는 이불과 침대보를 털었다. 갑자기, 새가 있었다. 친구가 새를 집어 들었다. 죽었어! 죽었다고? 어쩌다가? 물론 죽어서 죽었지. 가망이 없어? 가질래? 어쨌든 새에게는 아직 사랑이, 기쁨이 얼마간은 있을 거야. 나는 그러기로 마음을 먹었다. 아, 끔찍해! 그 생물은 완전히 뻣뻣했다, 그래, 그게 죽음이었다. 죽기 전 새의 정반대. 아니, 아니야, 나는 새를 내려놓았다. 우리는 다른 새를 찾을 거야, 꿈이 말했다.

두 번째 꿈—거의 세상의 종말이었다

숲에 불이 났지만 나는 아직 눈치채지 못했다. 나는 어린 딸에게, 너무나 사랑하고 보기만 해도 너무나 기쁘고 자랑스러운 내 아이에게 온통 정신이 쏠려 있었다. 그리고 이제 시간이 지났다. 아이는 10개월이었다. 아이는 작고 말이 없었다. 나는 아이를 안고 다녔다. 나는 아이를 데리고 바닷가로 왔다. 저녁에 호텔에 숙박하기로 되어 있었다. 나는 아이 생각으로 머리가 꽉 차 있었고 기대에 부풀어 있었다. 갑자기 내 안에서 공포의 불길이 일었다. 이 아이는 정상적이지 않아, 나는 혼잣말을 했다. 아이가 생명의 신호를 보여준 적이 있었던가? 물론 그건 분명했다. 나는 행복한 마음으로 스스로를 달래고, 유산된 아이가 떠오른다. 나는 이미 몇 명을 알지 않았던가? 나는 이미 몇 명을 두지 않았던가? 나는 이해했다, 집안에 그런 유전적 성향이 있었다. 공포가 커졌다. 멀리 아들과 며느리가 보였다. 저 애들이 알면 어떡한담! 우리 집안에는 발달이 느린 딸들이 있다. 망상. 심장을 찌르는 고통. 거대한 슬픔. 나는 무덤과 의중을 알 수 없는 아이를 생각했다. 너는 언제 말을 할래? 나는 서글프게 물었다. "엄마가 원하면 언제든." 아이가 크고 또렷하게 대답했다. 아이는 말할 줄 알았고, 심지어 나이에 비해 말을 잘했다. 나는 기뻐서 어쩔 줄 몰랐다. 10개월에! 저런 언어를! 내 딸이 세상에서 제일 뛰어나다! 나는 아이를 숭배한다. "너를 뭐라고 부르면 좋겠니?" 나는 아이에게 열렬하게 물었다. "낸." 아이가 즉각 대답했다. 내가 말했다. 아, 안 돼, 그건 안 돼! 앤은 이미 있어, 너를 또

앤이라 부를 순 없어. 아이가 말했다. "내 말은, '넌'." '넌?' (철자가 '아무도 아님'이라는 뜻의 'None'일 거라고 나는 생각했다. '수녀 Nun'의 말장난…) 안 될 이유가 뭐 있겠어? 그런 이례적이고 고집 센 이름이라니. 아이가 영어 단어를 썼다는 사실은 알아차리지도 못했다. 아이는 천재였다. 나는 기쁨과 자부심을 느꼈다. 나는 아이를 데리고 어디든 돌아다녔다. 10개월에 '엄마가 원하면 언제든'이라고 말할 줄 아는 나의 딸. 그때였다. 나의 위업을 안고 마을을 통과해 해변으로 가는데 그다지 멀지 않은 곳에서 처음으로 붉은 불꽃이 보이는 게 아닌가! 저게 뭐지? 어마어마한 불이었다. 벌써 시골 풍경을, 가까운 농가들을, 숲을 집어삼키고 있었다. 곧 우리를 덮칠 기세였다. 그리고 탈출구는 없었다. 아이를 안은 채, 나는 도망가야겠다고 생각했다. 하지만 어디로? 불은 이미 사방에서 타오르고, 우리는 불 한가운데에 있었다. 불이 우리를 덮쳤다. 나는 수영장을 생각했다. 언뜻 든 생각이었다. 불이 지나갈 때 물속에 있겠다고? 뭐라도 해봐야지. 나는 서둘렀다. 수영장은 똑같은 생각을 한 사람들로 이미 북적거렸다. 한쪽에 탁자가 있고 U부인이 앉아서 불상사가 생겼을 때 연락할 사람들의 목록을 급하게 작성하고 있었다. 부인은 체계적으로 목록을 작성했다. 그녀가 맞았다. 나도 죽을 때를 대비해 신호 몇 개라도 남겨둬야 했다. 나는 그 일에 착수했다. 변변치 않은 도구에 종이 한 장, 나는 아이의 이름을 적었다. '넌(아무도 아님)'이라고. 내가 죽고 아이만 발견되더라도 사람들은 아이가 누구인지 알 것이다. 그리고 나는 '넌'만으로는 충분치 않을 거라고 혼잣말을 했다. 아이가 누구의 딸인지도 적어야 한다. 나는 끄적인 다음 종이를 '넌'의 놀이옷 속으로 밀어 넣었다. 나는 넌과 함께 길바닥에 있고, 사방이 불타고 있었다. 문득 아들, 내 아들이 생각났다. 아! 내 심장에 불이 붙은 것은 그때였다. 나는 기꺼이 딸과 같이 죽겠지만, 아들과 떨어져서는 안 된다. 우리와 떨어져, 아들에게, 아들에게만 따로 무슨 일이 생길지도 모른다고 생각하니 견딜 수가 없었다. 나는 아들이 이미 죽은 듯이, 아들이 이미 죽었다고 확신이라도 하듯이 흐느껴 울면서 길거리를 뛰어다니며 아들을 찾았다. 나는 아들의 죽음이 슬퍼서 죽을 지경이었다. 전쟁이 시작될 때 아들은 전선에 있지 않았나? 소식은 듣지 못했지만, 거기서 아들은 분명 우리 없이 홀로 죽었거나 실종됐다. 우리는 따로따로 죽음을 맞을 것이다. 너무 우는 바람에 갈비뼈가 부러지고 있다. 나는 모든 것을 얻는 동시에 잃으면서 불길 속을 달렸다.

세 번째 꿈

손 그림 또는 '여성의 글쓰기'

봄맞이 대청소를 맞아 야단법석이 시작된다. 우리는 대학 건물의 넓은 방방마다 쌓인 먼지와 무질서와 씨름하는 중이었다. 나는 이것저것 던지고 있었다. 바닥이 오래된 서류와 잔해로 덮이고, 쓰레기통은 없지만, 청소부들이 오겠거니 했고…

이제 나는 넓고 정신없는 방 안에 있는 낡은 성당 궤짝 앞에 있었다. 여기는 가톨릭 성당인데도 나는 손을 대기로 결심했다. 커다란 강철 문들이 있다. 그리고 이제 내 손에서 색이 분출한다, 분출이다! 그림이 분출한다! 손이 닿는 순간 왼쪽에 있는 강철 문짝에 갑자기 우주적 풍경이 튀어나왔다. 두 손 밑에 막 피어오른 행성 꽃들이 있었다. 나는 아주 재빨리 움직였다. 나는 그 강철 표면을 건드렸고, 아니 그보다는 양손 손가락으로 표면을 쓸었고 강철이 대답했다. 색들이 명랑하게 퍼져나갔다. 끝까지 갈 수 있을까? 금속판 전체를 감당할 수 있을까? 별의 꽃들이 손바닥 밑에서 펼쳐지며 강철 표면에 활짝 활짝 피어올랐다. 나는 매우 빠르게, 더 빠르게 움직였다. 온 힘을 다해 저 강철의 가장 깊은 곳에서 올라와 내 손바닥을 통과하며 그림을 그리는 알 수 없는 힘과 경주를 하고 있었다. 나는 말없이 그 부름을, 역시 또 다른 강철판에 배치한다. 이거야! 성당 궤짝은 장려했다. 세계였다. 행성들이 숨을 쉬고 있었다. 나는 자랑스러웠다. 나는 뒷방으로 갔다. 정리를 하고 있던 친구 J를 데리러 가는 길이었다. 나는 자랑했다. 내가 궤짝에 그림을 그렸다며, 와서 내 위대한 작품을 봐야 한다고 주장했다. 마침내 그녀가 동의하고 오는데, 저기 보이는 건 뭐지? 알록달록한 궤짝에 그려진 건 별의 탄생이 아니라 고전적인 그림, 중앙에 너무 뻔한 진부한 상징인, 엉덩이 그림이 그려진 기타가 있는 바로크풍 그림이었다. 네가 저걸 그렸다고? J가 감탄했다. 그래, 나는 거짓말을 했다. 어리벙벙한 채. 감탄스럽고도 놀라운 내 손짓을 따라 강철 저 깊숙한 곳에서부터 솟아나던 그 생생한 경이를, 누가 이 칙칙한 그림으로 그 꽃피던 밤을 덮어버렸을까? 누가 이런 짓을 했을까? 나는 거짓으로 말했다. '그래.' 내가 방 여기저기서 부산을 떨고 있는 사람들 중 하나가 그렸을 게 분명한 그 고전적인 작품을 내 것이라 받아들이는 데 놀라며. 게다가, 나는 세면대로 가다가 '그 화가'가 작업하고 있는 것을 보았다. 거기 그가, 세면대 옆에, 물감 통을 들고 서 있었다. 그는 막 붓으로 거기 있던 그림에다 커다란 녹색 점을 칠한 참이었다. 내가 그 그림을 그렸던가? '그렸다?' 그건 무슨 뜻이지. 아니다, 나는 손으로 소환했을 뿐이다. 강철과 내가 일으킨 일이었다. 그건 서로를 알지 못하는 두 실체에게 생긴 사건이었다. 바깥에서는 어쩐 일인지 폭풍이 일어 나무들이 흔들리고, 먼지기둥이 다가오고…[70]

여러분이 글을 쓰기 시작할 때 온갖 무기력이나 공포 또는 막강한 힘의 장면들이 닥칩니다. 무의식은 아이를 낳는 (언제나 초현실적이지만) 초현실적 가능성의 이야기를 들려주지만, 꿈 안에서 일어나는 기적은 아이를 낳을 수 없는 때에도 아이를 낳을 수 있다는 것이죠. 여러분이 아이를 낳기에 너무 어리거나 너무 늙어도, 여러분이 팔순이라 해도 여러분은 여전히 아이를 잉태하고 낳아 젖을 먹일 수 있습니다. 그리고 때로 그 젖은 검지요.

70 이 꿈들은 프랑스어로 꾸어지고 쓰였기 때문에, 번역문에서는 기표의 영향력이 사라진다. "Reste le reste": 남은 것들만 남는다(엘렌 식수의 메모).

어린아이들을 표현하는 데에 꿈은 온갖 아이들과 온갖 책을 동원합니다. 꿈에 오는 아이들은 책의 모든 요소를 지니고 있습니다. 우리는 그 책에 대해 아무것도 모릅니다. 우리에게 모든 것을 가르쳐주는 건 꿈과 아이이니까요. 이 아이들은 꿈을 꾸는 여성의 아이들이지만 동시에 이방인들입니다. 사내아이든 계집아이든 똑같이 흥미롭습니다. 때로는 태아이고, 때로는 새이고…

낯선 아이는 또 다른 형태를 지닙니다. 헤르만 브로흐[71]의 《베르길리우스의 죽음》에는 언제나 죽어가는 베르길리우스에게 오고 또 가는, 동료이자 안내인, 상대역인 아이가 있습니다. 아마 여성이 내적으로 겪는 것에 상당하는 외적 형태겠지요. 아이(즉, 글)와 작가는 절대적인 긴장 관계가 있습니다. 생사가 달린 문제이기 때문이죠. 우리는 아무것도 보장해 주지 않는 삶에 끊임없이 붙들리니까요. 우리가 거세를 혐오하지 않는다 해도, 그런 꿈이 거세를 싫어하게 만들 겁니다. 또, 거기서는 아이와 엄마 사이의 모성적 관계가 전복되는데, 생이 교환되기 때문이지요.

이 원시적인 장면을 주장하면서 저는 책이 절대적으로 그 어머니나 저자에 의해 살아진다는 점이 글쓰기에 영향을 줄 수

71 헤르만 브로흐(Hermann Broch, 1886~1951)는 20세기의 주요 모더니즘 작가로 인정받는 오스트리아 작가다. 방적 공장을 운영하는 유대인 집안의 맏아들로 태어나 방직 관련 교육을 받고 공장을 운영하다가 40세 즈음에야 전업으로 글쓰기를 시작했고, 45세에 첫 소설인 《몽유병자들》 삼부작을 발표했다. 오스트리아가 독일에 합병되자 미국으로 망명하여 《베르길리우스의 죽음》, 《죄 없는 사람들》 등을 발표했고 예일대에서 독문학 교수로 일했다. 다양한 소설적 실험과 함께 시대의 부침 속에서 사상과 예술, 문화 등이 겪는 변화를 규명하려 애썼다. - 옮긴이

밖에 없다는 사실을 덧붙여야겠습니다. 저는 지금 꿈꾸는 작가들 얘기를 하고 있습니다. 나는 생명을 낳을 것인가 말 것인가? 나는 성공할까? 사랑과 공포가 뒤섞인 이런 부담들이 글 안에서 공명할 수밖에 없습니다.

여자의 꿈은 기쁨이 가득하고, 공포가 가득합니다. 남자에 관해서는 몹시 궁금하다고만 말씀드려야겠네요. 저는 남자들이 글을 쓰기 시작할 때 어떤 꿈을 꾸는지 모릅니다. 꿈을 꾸는지 의심스럽기도 하고요. 아이를 낳는 꿈을 꾼다고는 상상하기 어렵네요. 그러니 분명 뭔가 다른 것이 있겠죠. 그 등가물 또는 대체물이 무엇인지 알고 싶습니다.

우리 책들은 꿈의 아이들입니다. 우리 아이들이지만 완전한 이방인들이죠. 성별은 평범하게 또 이상하게 결정됩니다. 꿈에 나타나는 아이는, 다시 말해 글은 늘 우리보다 훨씬 강합니다. 우리는 그들이 어디서 오는지 모릅니다. 아이가 우리를 선택합니다. 우리는 순종하고, 그러고는, 사실은 아이가 우리를 버리는 거지만, 우리는 아이를 버립니다. 모든 것이 역전될 수 있습니다. 우리는 우리가 책을 쓰고 있다고 생각하지만, 우리를 읽고 있는 것이 책입니다. 우리는 전적으로 책의 선의에 기대고 있습니다. 이것이 책이 성숙에 이르는 것을 보는 작가의 겸손과 공포와 희망을 구성합니다.

다른 유형의 꿈들은 남자와 여자에 공통됩니다. 여러분은 온갖 종류의 은유인 다양한 교통편 꿈을 꿀 겁니다. 하지만 차가 오는 것을 보면 운전하는 건 자신이 아니라는 점을 확신할 수 있지요. 여러분은 문득 말처럼 질주하는 차 뒷좌석에 앉아 죽지만 않게 해주십사 비는 것이 고작일 테지요. 여러분은 교통사고를 피할 테고, 아마 낙태도 피할 겁니다. 저는 클라리시 리스펙토르의 초기 소설인 《광택》뿐만 아니라 앞서 얘기한 마지막 소설인 《별의 시간》도 똑같은 운명의 시련을 반복한다는 사실에 놀라며 주목합니다. 사실 저는 《별의 시간》을 10년 전에 먼저 읽었고 그보다 앞서 출간된 《광택》은 최근에야 읽었습니다. 두 책은 똑같이 무자비한 방식으로 끝납니다. 교통사고와 인물의 죽음으로요. 책의 생사에 관련된 무언가를 모방하듯이 말입니다. 글쓰기는 이런 것이며, 생과 사에 의해 연주되지요.

꿈, 우리의 스승들

꿈이 우리를 가르칩니다. 꿈이 네 번의 수업을 통해 글 쓰는 법을 가르쳐줍니다.

느닷없이

꿈의 매력은 여러분이 다른 세상으로 옮겨진다는 데에 있습니다. 아니, 여러분은 옮겨지지 않습니다. 이미 그 다른 세상에 '있습니다'. 이미 다른 세상이죠. 전환은 없습니다. 여러분은 꿈에서 다른 세상, 반대쪽에서 잠이 깹니다. 여권도 없고 비자도 없고, 극도로 낯선 극도의 익숙함밖에 없습니다. 외국인이 미국에 올 때는 아주 오래 걸립니다. 여권, 비자, 기타 등등, 그래서 여러분은 미국 땅에 내리기 한참 전부터 낯선 존재가 되는 것에 익숙해집니다. 트라우마적인 경험이죠. 꿈에서는 그렇지 않아서, 그 낯선 느낌은 절대적으로 순수한데, 이것이 글쓰기에 제일 좋은 것입니다. 낯섦은 환상적인 국적이 되지요.

우리 꿈은 가장 위대한 시인들입니다. 꿈은 랭보의 시 같지요. 문제는 잠에서 깨는 순간 우리가 대개 꿈을 파괴해 버린다는 겁니다. 그것만 아니면, 모두가 시인이겠지요. 거기엔 형식적 절차도 서론도 없습니다. 책을 펼치니 이미 글쓰기 나라 깊숙이 들어가 있는 셈입니다.

속도

장 주네가 《도둑 일기》를 이런 방식으로 시작하지요. “Le vêtement des forçats est rayé rose et blanc.”[72] 이 예외적인 첫 줄을 읽는 순간 우리는 곧장 유죄 판결을 받습니다. 이 문장을 옮기면 이렇습니다. “죄수복에는 분홍색 줄무늬가 있다.”[73]

72 Jean Genet, *Journal du voleur, Oeuvres complètes de Jean Genet*(Paris: Gallimard, 1949), p. 9.

73 Jean Genet, *The Thief's Journal*, tr. Bernard Frechtman(New York: Grove, 1964), p. 9.

> Si, commandé par mon coeur L'univers où je me complais, je l'élus, ai-je le pouvoir au moins d'y découvrir les nombreux sens que je veux: *Il existe donc un étroit rapport entre les fleurs et les bagnards.*[74]
>
> 만약에 내 마음의 명령에 따라 내가 만족하는 우주, 그 우주를 골랐다면, 적어도 그 안에서 내가 원하는 많은 의미를 찾아낼 힘이 내게 있었을까? *그러므로 꽃과 죄수 사이에는 밀접한 관계가 있다.*[75]

책을 거부하지 않는 한 여러분에게는 이미 분홍색 줄무늬가 있습니다. 너무나 즉각적이면서 강력합니다. 책을 펼치자마자 우리에게 익숙지 않은 것, 어떤 세계의 가장 깊숙이 숨겨진 비밀을 얘기하기 때문이죠. 여러분은 상황별로 소설이 어떻게 시작하는지 알 겁니다. 언제 … 어디서 … 누가 … 무엇을 … 기타 등등 말입니다. 이 책은 '죄수복'으로 시작합니다. 그것이 이 훌륭한 책의 주어이자 영웅이지요. 게다가 '줄무늬'라는 말이 실제로 글을 가르고, 긋고, 자르는 무언가처럼 들어옵니다. 글을 관통하여 길이 '날' 것입니다. 프랑스어로 "Si, commandé par mon coeur

74 Jean Genet, *Journal du voleur*, p. 9.

75 Jean Genet, *The Thief's Journal*, p. 9.

L'univers où je me complais, je l'élus,"라는 문장을 읽으면 여러분은 곧장, 미처 알아차리지도 못한 채, 다른 세상으로만이 아니라 다른 세기로도 옮겨집니다. 프랑스 문학의 세기입니다. 게다가 그 문장은 즉각적으로 시니피앙에 작용하기 때문에, "je l'élus,"(영어로는 '나는 선택했다I chose'로 번역되었는데, 만족스럽지 않습니다. 이 말은 '나는 그를 뽑았다I elected him'가 되어야 합니다)를 프랑스어로 읽으면, 뭔가 다른 얘기를 들을 수 있습니다. 예컨대, "나는 그것을 읽었다je l'ai lu"가 있지요. 이것은 전형적인 꿈의 글입니다.

시니피앙의 일격에 전환 과정 없이 다른 세계로의 경계를 넘는 것, 이것이 꿈이 우리에게 허용해 준 것이자 꿈꾸는 사람인 우리가 꿈을 사랑하는 이유입니다. 안과 밖의 대치가 삭제되고, 아무 설명도 없습니다. 어떤 설명도 마법을 깨뜨릴 뿐이지요. 거기엔 아무 긴장도 없습니다. 순식간에 다른 세계에 있게 되기 때문입니다. 꿈은 '사랑의 사막'[76]과 같으며, 각각이 한 편의 시입니다. 꿈은 우리가 살면서 늘 갖지는 못하는 것을 줍니다. '속도' 말입니다. 이동이 빛의 속도로 일어납니다. 이동도 없고, 설명도 없고, 입구도 없습니다. 희곡을 쓸 때의 고통과 비교했을 때, 제가 소설에서 제일 좋아하는 부분이 아마 이것 같습니다. 극장에는 입장하는 절차들이 있습니다. 그냥 하늘에서 뚝 떨어질 방법이 없으니 내내 걸어야 합니다. 극장에서의 '입장'은 다른 인물

76 Arthur Rimbaud, "The Deserts of Love," in *The Illuminations*, tr. Louise Varèse(New York: New Directions, 1957), pp. 157~161.

들이 무대에 합류하는 데 필요한 시간입니다.

꿈에서처럼 글에는 입장이 없습니다. 저는 모든 견습 작가에게 이것을 하나의 시험으로 제시합니다. 여러분이 때를 재고 있다면 아직 거기 닿지 못한 것입니다. 꿈속에서와 마찬가지로, 글 속에서 여러분은 그냥 거기 있습니다. 더욱이, 이것이 상당수의 독자가 글에 저항감을 느끼는 이유입니다. 낯선 이가 훅 들어오는 걸 견디지 못하는 독자가 많지요. 독자로서의 여러분이 아직 집을 불태우지 않았다면, 아직도 집에 있다면, 여러분은 외국으로 나가고 싶지 않은 겁니다. 제가 '글'이라 부르는 것을 좋아하지 않는 사람들에겐 공포증이 있습니다. 다른 상황들에서도 원래 자리에서 옮겨지는 것을 싫어하는 사람들이지요.

비밀의 맛

클라리시 리스펙토르의 《광택》은 이렇게 시작합니다.

> 그녀는 평생 유동적이겠지만, 그녀의 외형들을 책망하면서 그 외형들을 중심으로 유인한 것, 그녀를 세상에 대비해 조명하고 그것에 은밀한 힘을 준 것, 그건 비밀이었다.[77]

77 Clarice Lispector, *O Lustro*, p. 7.

첫 문장입니다. 저는 이렇게 시작하는 책을 좋아합니다. 이런 책은 안에서, 몸 안에서 시작합니다.

이런 책이 여러분이 읽을 수 있는 책입니다. 이런 책이 진짜 책입니다. 책을 펼치면 여러분은 이미 경계를 넘어가 있죠. 여러분은 글 속에 있습니다. 여러분은 글의 세계에 있습니다. 여러분은 이미 다른 땅에 있습니다. 책은 이미 다른 땅의 빛으로 반짝입니다. 수많은 신호가 우리가 이미 거기 있음을 알립니다. 그렇지만 우리는 아무것도 이해하지 못합니다. 책에 들어간다는 건 그런 것입니다. 우리는 눈먼 데다 무지하고, 상황은 점진적으로 분명해집니다. 주네의 글에는 옷이 있습니다. 죄수들처럼, 그 영원한 옷에 새겨진 줄무늬처럼, 죄수복은 처음부터 끝까지 영향을 미치고, 주네가 (기결수 감옥이 폐기되기 전에 쓴) 이 글에서 죄수들의 죽음을 애도하고 있기에 훨씬 격렬하고 장려하게 느껴집니다.[78] 주네는 기결수 감옥의 영원성을 현재형으로 들려줍니다. 영겁의 시간이 지나도 죄수복에는 분홍색 줄무늬가 있을 겁니다. 모든 것이 즉각 가로막히고, 그이고, 잘립니다.

'죄수복'이라는 주어가 들어옵니다.

'그녀는 평생 유동적이었다.' '그녀'라는 주어가 들어옵니다.

'그녀는 평생 유동적이었다.' 《생의 흐름》에서도 찾아볼 수 있는 이 유동성에 책 전체가 떠내려갑니다. 그렇다고 정형이 없

78 기결수 감옥은 기결수들이 선고받은 강제 노동을 수행하는 교도소이다. 요즘에는 이런 기관들이 존재하지 않는다.

다는 의미는 아닙니다.[79] 클라리시는 유동성이 어떤 것인지 압니다.

> 하지만 그녀의 외형들을 책망하며 그 외형들을 중심으로 유인한 것, 그녀를 세상에 대비해 조명하고 그것에 은밀한 힘을 준 것, 그건 비밀이었다. 그녀로서는 그 이미지를 침해하거나 희석해 버릴까 두려워 절대 분명한 어조로는 생각할 수 없었을 비밀. 그리고 이미 그녀의 제일 깊숙한 곳에서 아득하고도 살아 있는 씨앗으로 결정화했지만, 그 마법만은 절대 잃지 않아서 제 풀 수 없는 모호함을 그녀의 유일한 현실로 주입하여 그녀의 눈에서는 늘 놓쳐졌어야 했을 비밀.[80]

우리는 금방 그 힘을 느낍니다. 이 책은 곧바로 나중에 클라리시 리스펙토르가 《G.H.에 따른 수난》에서 독자에게 경고하는 읽기의 수준에 놓입니다. 모든 사람이 이런 종류의 비밀을 흥미로워하지는 않습니다. 범죄의 비밀은 아닙니다. 클라리시라면 능히 그렇게 쓸 수도 있겠지만 말입니다. 그건 이렇습니다.

79 Clarice Lispector, *The Stream of Life*, tr. Elizabeth Lowe and Earl Fitz (Minneaplis: University of Minnesota Press, 1989).

80 Clarice Lispector, *O Lustro*, p. 7.

부실한 다리에 서서 둘은 강을 굽어보았고 버지니아는 마치 맨발로 그 고요한 물결에 둥둥 떠 있는 듯이 불안정하게 떠는 자신이 신경 쓰였다. 굉장히 밋밋한 색조들로 구성된, 건조하고 변덕스러운 날이었다. 이따금씩 냉기가 섞여 드는 따뜻한 바람에 나무들이 끽끽 소리를 내고 있었다. 싸늘한 돌풍이 얇고 찢어진 어린 여아용 원피스를 뚫고 불었다. 심각한 입을 다리의 죽은 난간에 누르고서 버지니아는 멍하니 물속을 들여다보았다. 갑자기 아이가 긴장하면서 창백하게 얼어붙었다.

"저기 봐!"

다니엘이 홱 고개를 돌렸다. 물살에 구겨지고 푹 젖어 색이 진해진 모자 하나가 바위에 걸린 채 굽이치며 물결로 쓸어가려는 강의 시도에 저항하고 있었다. 모자는 그러다 마침내 힘을 잃고 빠른 물살에 휩쓸려 가며 거의 행복하다는 듯이 그 물거품 속을 까딱거리다 사라졌다. 둘은 놀라서 머뭇거렸다.

"우리, 아무한테도 말하면 안 돼." 마침내 버지니아가 희미하고 어질어질한 목소리로 속삭였다.

"그래…" 오빠조차 겁에 질려 동의했다… 강은 계속해서 제 길을 갔다. "사람들이 물에 빠져 죽은 사람에 대해 묻더라도…"

"말하면 안 돼!" 버지니아가 고함치듯 말했고… 둘은 억지로 마음을 가라앉혔다. 둘의 눈은 흥분으로 휘둥그레

져 있었다.[81]

우리는 순식간에 탁월하게 응축된 효과들에 둘러싸입니다. 첫 단락에서부터 우리는 깊어질 어떤 것의 내부에 있습니다. 3인칭 시점의, 내적이고 간접적인 일종의 독백 명상이 도달할 수 없는 중심을 향해 우리를 끌고 갑니다. "그녀의 외형들을 책망하며 그 외형들을 중심으로 유인하는 것"이니까요. 그리고 단락을 바꾸는 일도 없이 우리는 갑자기 '부실한 다리에 서서 둘이 강을 굽어보고 있습니다'. 글은 말합니다. 흐름, 비밀, 중심, 내부. 그러다가 우리가 무엇인지 모르기에 비밀로 남아 있는 이 내적 비밀이 갑자기 두 배로 커집니다. 외적인, 보이는 비밀이 나타나기 때문입니다. 그 비밀은 설명됩니다. "저기 봐!" 비밀은 그 모자일 터인데, 그것은 "저항하고 있었다. 그러다 마침내 힘을 잃고…"이기 때문에 그냥 아무 모자는 아닙니다. 이 구절에 앞서 "다니엘이 홱 고개를 돌렸다"가 나옵니다. 힘의 체계는 유동적이어서, 문장 안에서 이 주어에서 저 주어로 옮겨집니다. 두 번째 비밀의 객관적 물질화가 이뤄집니다. 첫 번째 비밀은 먼 옛날의 것이라 이 상황에 선행합니다. 두 번째 비밀은 즉각 봉인됩니다. "우리, 아무한테도 말하면 안 돼." 우리는 온갖 종류의 비밀이 가득 찬 세상에 있습니다. 한 비밀이 다른 비밀을 부르고, 또 다른 비밀을 불러옵니다. 그러니 우리는 우리가 안에 있는지

81 위의 책.

밖에 있는지, 아니면 우리가 하나인지 둘인지 모릅니다. 그녀는 둘입니다. "둘이 강을 굽어보았고 버지니아는…" '둘'은 분명히 버지니아입니다. 다니엘은 나중에 나옵니다.

저는 이 말이 수수께끼처럼 들리면 좋겠습니다. 우리는 즉각 비밀이 있는 곳인 중심에 이끌립니다. 비밀이 무엇인지 알고 싶습니까? 알 수 없습니다. 비밀이기 때문이죠.

> 그녀로서는 그 이미지를 침해하거나 희석해 버릴까 두려워 절대 분명한 어조로는 생각할 수 없을 비밀. 그리고 이미 그녀의 제일 깊숙한 곳에서 아득하고도 살아 있는 씨앗으로 결정화했지만, 그 마법만은 절대 잃지 않아서 제 풀 수 없는 모호함을 그녀의 유일한 현실로 주입하여 그녀의 눈에서는 늘 놓쳐졌어야 했을 비밀.

이 문장을 스무 살짜리 여성이 썼다는 게 믿기시나요? 문장은 소설 내부로 더 깊숙이 이어집니다.

> 부실한 다리에 서서 둘은 강을 굽어보았다.

갑자기 '둘'이 다리/글 위로 솟아올랐습니다. 하지만 '둘'은 호명되지도 알려지지도 않는 비밀로 남습니다.

> 버지니아는 마치 맨발로 그 고요한 물결에 둥둥 떠 있

는 듯이 불안정하게 떠는 자신이 신경 쓰였다. 굉장히 밋밋한 색조들로 구성된, 건조하고 변덕스러운 날이었다. 이따금씩 냉기가 섞여 드는 따뜻한 바람에 나무들이 끽끽 소리를 내고 있었다. 오싹한 돌풍이 얇고 찢어진 어린 여아용 원피스를 뚫고 불었다. 심각한 입을 다리의 죽은 난간에 누르고서 버지니아는 멍하니 물속을 들여다보았다. 갑자기 아이가 긴장하면서 창백하게 얼어붙었다.

"저기 봐!"

그리고 우리는 무엇을 볼까요.

물살에 구겨지고 푹 젖어 색이 진해진 모자 하나가 바위에 걸린 채 굽이치며 물결로 쓸어가려는 강의 시도에 저항하고 있었다.

모자는 영락없는 인간처럼 굽니다.

모자는 그러다 마침내 힘을 잃고 빠른 물살에 휩쓸려 가며 거의 행복하다는 듯이 그 물거품 속을 까딱거리다 사라졌다. 둘은 놀라서 머뭇거렸다.

"우리, 아무한테도 말하면 안 돼." 마침내 버지니아가 희미하고 어질어질한 목소리로 속삭였다.

그 모자는 물에 빠진 사람의 '프로이트적' 제유이며 '우리, 아무한테도 말하면 안 돼'는 두 번째 비밀이라고, 우리는 짐작합니다. 하지만 총체적인 비밀을, 생을 구성하는 주된 비밀을 우리는 절대 알 수 없을 겁니다.

우리가 꿈꿀 때 익숙해지는 것이 '비밀의 느낌'이고, 그것 때문에 우리는 꿈꾸는 것을 즐기는 동시에 두려워하게 됩니다. 꿈에 들렸을 때, 꿈의 주민일 때, 여러분은 그 비밀의 느낌, 그 일종의 박동으로 움직입니다. 그리고 그 꿈은 한 번도 얘기되지 않은 어떤 것, 그 누구에 의해서도 얘기되지 않을 어떤 것, 그리고 당신이 알지 못하는 어떤 것을 말합니다. 여러분은 알려지지 않은 비밀을 소유합니다. 여러분을 꿈꾸고 또 쓰게 만드는 것은 비밀을 알 가능성이 아니라 이것입니다. 고동치는 비밀의 존재감, 비밀의 느낌 말입니다.

분명히 꿈은 다른 것도 가져다줍니다. 그중 하나가 클라리시 리스펙토르가 과감하게 보여준 믿기지 않는 상황입니다. 도착증이나 성적 흥분과는 아무 상관이 없는, 타자와의 관계에 존재하는 수많은 역설과 모순과 곤란의 생생한 실례가 되는, 성적 능력 행사의 한 형태이죠. 낯선 뮬라토와 만나는 지점까지 인용한 이 삽화에서 남자에 관한 묘사가 조잡한 것에 주목했을 겁니다. 묘사는 '남자 남자 남자'로 시작하고, 클라리시 리스펙토르는 의도적으로 거의 인종주의에 가까운 함의를 새겼습니다. 그녀는 날조하지 않습니다. 아마 자신이 꾼 꿈을 적었겠지요. 그 대목은 인종주의를 다루려는 시도가 아니라, 한 인물을 우리가 받아들일 수 있는 한계로, 우리가 거부하기 시작하는 지점으로 데려가려는 시도였습니다. (《G.H.에 따른 수난》도 같은 유형의 행위를 전시합니다. 주인공 여성이 의식적으로 바퀴벌레, '바라타'[브라질 포르투갈어에서 여성형]를 먹는데, 마치 원시元始 여성을 먹는 듯하지요.)

> 소리도 없이 재빨리 닫히는 문처럼, 아이는 곧바로 잠에 빠졌다. 그리고 잠들자마자 꿈을 꾸었다.
>
> 아이는 세상의 저 먼 끝에서 자신의 힘이 아주 작게 속삭이는 꿈을 꾸었다.
>
> "나는 내 생의 한계를 넘어가고 싶어. 말없이, 나를 인도할 모호한 힘만 지닌 채."[82]

저는 이 문장을 읽고 감동했습니다. 이 글은 이미 《G.H.에 따른 수난》입니다. 클라리시는 오늘 꿈꾸고 있습니다. 그리고 삼십 년 후에 그 책을 쓸 것입니다.

> 잔인하고도 생생한 충동이 아이를 떠밀었고, 몰아갔고, 죽음이 순수한 쾌락의 찰나라도 준다면 아이는 영원히 죽고 싶었을 것이다. 아이의 몸이 도달한 그 순간의 중력에서, 아이는 자신의 심장을 물어뜯으라고 내줄 수 있었다.

82 위의 책, p. 57.

아이는 최고의 잔학함을 수단으로 자기 생의 한계를 넘어서고 싶었다. 그러고 아이는 집을 나서 자신이 가진 모든 사나움을 동원하여 수색에 나섰다. 아이는 영감을 찾는 중이었고, 콧구멍은 겁에 질린 동물처럼 예민했지만, 아이는 상냥한 기운을 풍겼고 아이는 이미 상냥함을 알았으므로 앞으로 상냥함은 공포와 위험의 부재가 될 터였다. 아이는 한계 너머로 너무 멀리 나아가서 자신도 이해하지 못할 어떤 일을 할 작정이었지만, 아이에겐 그에 필요한 힘이 없었으므로, 아! 아이는 자신이 할 수 있는 일의 한계를 뛰어넘을 수 없었다. 아이는 어쩔 수 없이 한순간 눈을 감고 혹독한 경멸과 함께 자신을 위해 기도하다가, 깊은 한숨으로 자신에게 남은 마지막 고통을 걷어내면서 마침내 준비를 마치고는 숙명적인 제물을 향해 걸어갔다. 평온하게 아이는 제 갈 길을 갔다. 평온하게 아이는 계속해서 무언가를 찾았다. 그리고 아이는 남자 남자 남자를 보았다. 통이 넓은 바지가 바람을 맞아 다리에 철썩 달라붙어 있었고, 그 다리, 그 빈약한 다리. 그는 뮬라토였고, 남자, 남자였다. 그리고 그의 머리는, 세상에, 머리가 세고 있었다. 혐오감으로 부들부들 떨면서 아이는 대기와 공간을 가르며 그에게 다가가 멈추었다. 그도 멈추었고, 그의 늙은 눈이 기다렸다. 버지니아의 얼굴은 일순간도 자신이 무엇을 기대하고 있는지 짐작할 만한 실마리를 주지 않았다. 아이는 무슨 말을 해야 했고 무슨 말을 해야 할지 몰랐다. 아이는 말했다.

“날 가져.”

뮬라토의 눈이 휘둥그레졌고, 한순간 맑은 대기와 바람을 배경으로, 선명한 짙은 녹색 풀과 나무를 배경으로 멈칫하더니 곧장 웃기 시작했다. 그는 이해했다. 말없이, 그가 아이를 들어 올렸다. 웃으면서, 세어가는 머리, 웃으면서, 등 뒤엔 바람 아래 펼쳐진 평원. 말없이, 그가 웃으며 아이를 들어 올렸고, 입에서, 입을 통해 위장에서 나는 으깨진 고기 냄새, 피의 숨결. 앞섶을 풀어 헤친 셔츠 밖으로 길고 지저분한 털이 삐져나왔고, 그의 주변 공기는 생기에 넘쳤으니, 그가 아이의 팔을 잡고 들어 올리자 흉포함을 동반한 우스꽝스러운 감각에 아이는 긴장했고, 그는 아이가 가벼운 걸 확인시키듯 공중에서 휙 흔들었다. 아이가 난폭하게 밀어내자 그는 말없이, 웃으면서, 말없이, 걷기 시작했고 꼼짝하지 못하도록 아이를 끌어당겨서 입을 맞췄다. 하지만 아이가 다시 일어서서 평온하게, 마침내 자기 생의 한계를 넘어선다는 듯이, 침착하고 힘차게 남자의 주름진 얼굴을 짓밟고 침을 뱉을 때도 그는 여전히 웃고 있었다. 남자는 이해하지 못한 채 아이를 쳐다보았고 하늘이 한결같은 푸른색으로 펼쳐져 있었다. 아이는 화들짝 깼고, 거의 일어서다시피 한 아이가 눈을 떴을 때는 더없이 평온하고도 불안한 얼굴이었다. 가만히, 아이는 나른하고 만족한 근육들과 함께 극에 달한, 성장한 자신의 몸을 느꼈다.[83]

버지니아는 자신의 능력보다 멀리, 현실에서보다 더 멀리 나갑니다. 아이는 아직 아주 어리지만 불가능한 일을 하지요. 버지니아는(그녀가 꿈꾸는 자이자 꿈꾸어지는 자이기에 우리는 그녀가 강간을 당하는지 아니면 스스로를 강간하는지 판단할 수 없게 됩니다) 그 경험을 통해 우리가 프랑스어로 '여자의 꽃'(주네와 내일 말씀드릴 내용 때문에 이 말이 필요하네요)이라 부르는 것을 잃습니다. 그녀는, 버지니아일 때를 제외하면, 더는 처녀가 아닙니다. 남녀 관계의 모든 것을 알기 때문이죠. 이것이 진짜 삶에서의 그녀를 완전히 변화시킵니다. 하지만 꿈속의 삶이 당연히 가장 현실적이라는 사실을 빼면 어느 쪽이 진짜 삶인지 저는 모르겠습니다. 저로서는 글에 이처럼 폭력적인 꿈이 나오는 사례를 달리 본 적이 없습니다. 그런 꿈을 적어서 대중이 읽을 수 있도록 내놓는 사람이라면, 강력한 꿈꾸는 사람인 동시에 강력한 작가이어야 할 것입니다. 클라리시는 꿈에 힘입어 자신의 처녀성과 자신의 강간을 쓴 작가이고, 이는 그녀가 자신의 힘이라고 부르는 것의 결과입니다.

그 개는 살해되기 위해 돌아왔습니다. 이것도 주목할 만한데, 개가 살해되었기 때문이 아니라 클라리시 리스펙토르가 그처럼 직접적으로 무의식으로부터 추동되다 보니 그처럼 젊은 때에 이미, 비록 지식의 형태로는 아니었을지라도, 위대한 글과 삶에 이바지하는 온갖 수수께끼를 알았기 때문입니다.

83 위의 책, pp. 57~59.

꿈은 어딘가 먼 곳에 숨은 보물이 있다는 것을, 그리고 글쓰기가 그 보물을 얻으러 가는 수단이라는 걸 일깨워 줍니다. 그리고 이미 알다시피 보물은 찾아내는 데 있는 것이 아니라 찾아내는 과정에 있습니다.

할 수 있다면, 저는 꿈을 질투할 겁니다. 꿈은 우리의 현실보다 강력하고, 약점에서나 강점에서나 더 거대합니다. 꿈에서 우리는 마법적인 존재가 되는데, 제가 제 꿈을 부러워해도 된다면, 바로 그 때문일 겁니다. 그리고 저는 가끔 제 꿈이 부럽습니다. 앞으로도 그럴 것입니다.

꿈은 '순수한 공포의 요소'를 가르쳐준다

제 작가들은 꿈꾸는 사람들입니다. 그들은 츠베타예바가 〈푸시킨과 푸가체프〉에서 장하게 전개하는 것이 무엇인지 이해했습니다. 근원에 무의식이 있다는 것을요.[84] 프로이트적인 용어로 말씀드리는 건 아닙니다. 그것은 츠베타예바가 '길잡이' 이야기를 하면서 '순수한 공포의 요소'라고 불렀던 것, 글쓰기의 동력이 될 본능의 근원과 관련되어 있습니다. 그림 형제와 페로의 동화들이 그렇듯이, 그녀는 우리가 즐기는 것이 공포, 공포

84 Marina Tsvetaeva, "Pushkin and Pugachev," in *Marina Tsvetaeva—A captive Spirit: Selected Prose*, ed. and tr. J. Martin King(London: Virago Press, 1983).

속의 환희, 목숨이 염려돼서 현실에서는 즐길 수 없는 환희라고 암시합니다. 거꾸로 하면, 츠베타예바는 무섭지 않은 동화는 동화가 아니라고 말하는 셈이죠. 도스토옙스키가 사형 선고를 받고[85] 맞닥뜨린 곳, 가장 소중한 곳, 가장 살아 있는 곳, 여러분이 도끼의 일격을 받으리라고 혼잣말을 하는 곳, 그리고 그 도끼의 빛으로 카프카가 모세의 입을 빌려 말한, “그 추악함 속에서도 세상은 얼마나 아름다운가”를 발견할 곳, 우리를 그곳으로 보내주는 것이 공포입니다. 블랑쇼가 말하듯이, ‘우리가 빛을 보는’ 때가 바로 이런 때입니다. 극단적으로 말하자면, 우리가 태어나는 때, 아직 어린 친척을 잃는 것과 같은 위험하고 장엄하고 잔인한 경험을 하는 동안에 일어날 수 있는 이상한 일들을 즐기는 때가 바로 이런 순간입니다. 말도 못 할 정도로 무서운 일이지만, 우리는 극도로 기묘한 뭔가를 느낍니다. 한편에는 우리가 어른이 되어서 느끼는 것에 비할 수 없을 만큼 큰 상실감이 있고, 다른 편에는 고백할 수 없는 기쁨, 지각하기는 어렵지만, 그저 살아 있음에서 오는 기쁨이 있습니다.

내가 그 죽어가는 사람이 아니라는 느낌에서 오는 순수한

85 도스토옙스키는 사회주의 성향 모임에 참여하다가 1849년에 반정부 활동을 이유로 체포되어 사형을 선고받고 8개월간 투옥되었다가 사형장에서 황제의 특사로 징역형으로 감형받았다. 니콜라이 1세가 당대 지식인들에게 교훈을 주는 동시에 자신의 자비심을 알리기 위해 기획한 일로 알려진다. 도스토옙스키는 이후 시베리아 집단수용소에서 4년을 보내고, 출옥 후에도 5년 동안 사병으로 일하며 남은 형기를 채웠다. 사형 선고와 사형수 생활, 감형, 이후의 강제 수용소 경험 모두가 도스토옙스키의 인생과 작품 세계에 큰 영향을 미쳤다. - 옮긴이

기쁨. 생명의 증거. 생과 사가 있다는 느낌, 그리고 그 도끼날이 내게 떨어지지 않았다는 그 느낌. 우리는 사랑하는 사람을 잃은 뒤에 따라오는 벼락처럼 덧없는, 환호작약하는 기쁨을 느낍니다. 그러고 그 기쁨은 지워집니다. 인간적인 감정에 속하지 않기 때문이죠. 지워지기 때문에 그 경험을 한 이들만 압니다. 다른 사람들은 상상조차 어려워하지요. 여기에는 나이가 관여합니다. 애도와 상실에 대한 우리의 관계가 시간에 따라 성숙하고 변화하기 때문입니다.

잃어버린 수수께끼들

꿈은 수수께끼를 일깨워 줍니다. 우리에게 필요한 수수께끼는 잃어버린 수수께끼입니다. 그런 것들만이 다시 시작되는 무언가로 재차 떠오릅니다. 모녀 사이에는 암과 같은 질병이 있고(모녀 얘기를 하는 이유는 이 관계가 가장 강렬한 관계이자 몸에 관한 한 가장 가까운 관계이기 때문입니다) 일상에는 절대 존재할 수 없는 전대미문의 일이 일어나는데, 이것이 아직도 우리 삶의 비밀입니다. 암을 얘기한 건 잘 알려진, 다들 심각하게 받아들이고 겪는 위협을, 삶에서 가장 감정적으로 격하고 강렬한 순간을 일깨우기 위해서입니다. 우리가 현실에서 모든 것을 잃었다면, 꿈은 우리가 가장 강하고 위대해지는 순간들과 가장 약하고 미천해지는 순간들을, 우리가 마법적인 존재가 되는 순간들을 복구할 수 있도록 해줍니다.

마법의 단어

우리가 꿈속에서 발견하는 것은 '순수한 공포의 요소'입니다. 츠베타예바가 '요소'라는 단어를 쓸 때는 뭔가 물질적인 것을 떠올리게 합니다. 마치 여러분이 꿈속에서 찾고, 두려워하고, 맛보고, 지각하는 순수한 '물질', 뭔가 화학적인 것, 뭔가 단단한 것을 가리키는 듯하지요. 〈푸시킨과 푸가체프〉에서 그녀는 이렇게 씁니다.

> 세상에는 마법 같은 말, 그 의미를 떠나서 마법 같은, 소리 자체에 고유한 마법을 지닌 (우리가 이미 그 '요소' 안에 있는) 물리적으로 마법 같은 말, 의미를 전달하기 전에 이미 뜻을 가진 말, 자신에게만 신호와 의미인, 이해가 아니라 그저 듣기를 요구하는 말, 동물의, 아이들이 꾸는 꿈 언어의 말이 있다.
>
> 각자가 각자의 삶에서 각자의 마법의 말을 가질 수 있다.
>
> 내 삶에서 마법의 단어는 예나 지금이나 '길잡이'다.[86]

좋은 소식이네요. 여태 자기만의 마법의 말을 찾지 못했다면, 아직 찾을 시간이 있으니까요. 저마다 마법의 말이 있습니다. 자기 마법의 말, 한 단어일 수도 있고 몇 단어 이상일 수

86 위의 책, p. 372.

도 있는 그 말을 찾으면, 그게 열쇠입니다. 여러분은 글쓰기를 시작할 수 있습니다.

주네의 마법적 단어는, 데리다가 비범한 책 《조종弔鐘》에서 신비롭게 보여주었듯이, 단어 중에서도 가장 명확한 동시에 가장 불명확한 단어, 바로 자신의 이름, 주네genêt입니다.

츠베타예바가 계속해서 얘기합니다.

> 사람들이 일곱 겹의 잠에 빠진 일곱 살짜리 여자아이인 내게 "네가 사벨리치와 그리네프 대위와 황제 예카테리나 2세를 만나는 작품의 제목이 뭐니?"라고 물었다면, 나는 곧바로 대답했을 것이다. "길잡이." 지금까지도 《대위의 딸》 전체가 '그' 단어이고 '그' 이름을 하고 있다.[87]

길잡이가 가장 잘 알려진 것이면서 동시에 알려지지 않은 그것입니다. 눈보라의 어두운 소용돌이 속에서 저 멀리 보이는 검은 점. 그 점을 향해, 츠베타예바가 참으로 아름답게 말했듯이, "시인들이 집으로 가듯이 아무 생각 없이 걸어갈 것이다". 그리고 그녀는 이렇게 덧붙입니다.

> 아, 나는 곧바로, 자칭 아버지, 즉, 그리네프의 아버지 대신에 침대에 누워 있던 검은 수염 농부가 웃음 띤 눈

87 위의 책.

으로 나를 쳐다보는 그 꿈의 순간부터 길잡이와 사랑에 빠졌다. 그리고 그 농부가 도끼를 움켜쥐고 마구 휘두르기 시작했을 때, 나는 내가, 그리네프가, 우리가 무사히 도망칠 것임을 알았으나, 그래도 두려웠다. 그건 꿈의 공포였으니, 나는 고통이 부재하는 공포를, 결과를 걱정할 필요 없이 온전한 공포를 그 밑바닥까지 관통해 볼 가능성을 탐닉했다. (그러므로 꿈에서 우리는 마지막 순간에 도망칠 수 있음을 알고서 의도적으로 속도를 늦추며 살인자를 자극한다.) 그리고 험상궂은 농부가 달래듯이 "무서워하지 마! 이리 와서 내 축복을 받아!"라며 나를 불렀을 때, 나는 이미 그 축복의 손 밑에 머리를 들이밀고 서서 아이답게 젖 먹던 힘을 다해 그리네프를 떠밀고 있었다. "자, 이제 가요, 어서요, 어서요! 그를 사랑해요! 그를 사랑해요!" 그리고 그리네프가 이해하지 '않'았기 때문에 나는 이미 비통하게 울 준비가 되어 있었다. 농부가 그를 사랑한다는 것을, 농부는 모두를 없앴지만, 그래도 그를 사랑한다는 것을, 그건 마치 늑대가 갑자기 앞발을 내미는데 우리가 잡지 '않는' 것이나 마찬가지라는 것을 그리네프는 이해하지 '않'았다(그리네프는 딱히 이해를 잘한 적이 없다).

도끼가 되돌아왔습니다. 도끼를 만나 그 빛에 계몽되지 않고는 이 길을 갈 수 없습니다.

도끼와 농부가 나오는 이 장면은 어떻습니까?

츠베타예바가 특유의 설득력 있고 솔직한 어조로 자신의 온전한 존재를 발견한 이 꿈 이야기를 할 때, 저는 어찌나 기쁘던지요. 심지어, 이게 멋진 부분인데, 그녀의 꿈도 아니고 푸시킨의 책에 나오는 꿈입니다. 경이로운 점은 글쓰기의 계보가 글쓰기의 수수께끼에 관한 이야기 체계 안에 한정돼 있다는 사실입니다.

시인 츠베타예바가 푸시킨의 꿈 하나를 할아버지로 두었다고 말할 수도 있겠습니다. 〈나의 푸시킨〉 시작 부분에서 그녀는 자신이 푸시킨의 자궁에서 나왔다고 말합니다. 그 자궁에서 그녀의 육체가, 그녀의 취약성이, 그녀의 강점이 태어납니다. 그러고 보니 《대위의 딸》에 어린 그리네프가 얘기하는, 이 최초의 직관을 승인하고 명확히 새겨주는 꿈이 있습니다.

꿈을 꿀 인물인 그리네프는 열여섯 살 어린 귀족입니다. 그 꿈은 굉장한 폭풍 속에서 펼쳐질 것입니다.

> 나는 다가오는 잠의 흐릿한 환상 속에서 현실이 꿈에 자리를 내주며 그 속으로 섞여 들 때의 그런 정신과 감정 상태에 있었다. 여전히 폭풍이 몰아치고 우리는 여전히 눈 사막을 헤매고 있는 듯했다. … 갑자기 우리 저택 안마당으로 들어가는 대문과 진입로가 보였다. 처음 든 생각은 무의식적으로 집에 온 나를 보고 아버지가 화를 내며 내가 고의적으로 자신에게 반항한다고 여기지 않을까 하는 공포였다. 불안에 휩싸인 채 나는 역마차에서 뛰어내렸고, 나를 맞으

러 계단 위로 나온 수심에 잠긴 어머니의 모습을 보았다.

'아무 소리 하지 말아라.' 어머니가 말했다. '네 아버지가 편찮으시다. 곧 돌아가시지 싶다. 마지막으로 널 보고 싶다시는구나.'

공포에 사로잡힌 채 나는 어머니를 따라 침실로 갔다. 어둑했다. 슬픈 표정을 한 사람들이 침대 곁에 서 있었다. 나는 조용히 침대로 다가갔다. 어머니가 침대 커튼을 젖히고 말했다. '안드레이 페트로비치! 페트루샤가 왔어요. 당신이 편찮다는 소식을 듣고 돌아왔어요. 축복해 주세요!' 나는 무릎을 꿇고 병자를 쳐다보았다. 하지만 내가 본 건 무엇이었을까? 아버지 대신 검은 수염이 난 농부가 침대에 누워서 기쁜 표정으로 나를 쳐다보고 있었다. 나는 당황해서 어머니를 쳐다보며 말했다. '이건 무슨 의미예요? 이 사람은 아버지가 아니잖아요. 그리고 왜 제가 이 농부에게 축복을 받아야 해요?' — '신경 쓰지 말아라, 페트루샤.' 어머니가 대답했다. '저 사람이 결혼식에서 네 아버지 역할을 해. 손에 입을 맞추면 너를 축복해 줄 거야…' 나는 그런 짓은 하지 않을 것이다. 그때 농부가 펄쩍 침대에서 뛰어내리더니 등 뒤에서 도끼를 꺼내 휘두르기 시작했다. 나는 도망가고 싶었지만 그럴 수 없었다. 방은 죽은 몸뚱이로 가득했다. 나는 발이 걸려 비틀거리다 피 웅덩이에 자빠졌다. … 그 끔찍한 농부가 상냥하게 나를 불렀다. '무서워하지 마, 이리 와, 축복해 줄게.' 공포와 혼란이 덮쳤다. … 그 순간

잠이 깼다. 말들이 서 있었다. 사벨리치가 내 손을 잡고 뭐라 말하고 있었다.

'나리, 내리십시오. 도착했습니다.'[88]

도끼가 있습니다. 이런 이야기들 안에 얼마나 많은 도끼가 있는지 상상조차 할 수 없습니다. 이것은 원시의 장면입니다. 사랑과 도끼는 불가분의 관계이죠. 우리를 사랑하는 이들만이 우리를 죽일 수 있습니다. 우리를 사랑하는 이들이 우리를 죽입니다. 그리고 우리는 우리가 사랑하는 이들을 죽입니다. 이런 것을 살아낼 수는 없습니다. 오직 꿈만이 이런 것을 우리에게 들려줍니다.

그리네프가 푸시킨을 대변해서 했던 말을 덧붙이겠습니다.

나는 어떤 꿈을 꾼 뒤로 한시도 잊지 못한 채 내 삶의 기묘한 부침들을 돌아볼 때마다 여전히 그 꿈이 일종의 계시가 아니었을까 생각하게 된다. 온갖 헛된 상상의 산물들을 아무리 경멸한다손, 인간이 미신에 빠지는 것이 얼마나 자연스러운 일인지 경험으로 아는 독자들은 나를 용서하리라.

이 사람이 그리네프입니다. 열여섯 살 젊은이가 변명을 늘

88 Alexander Pushkin, *The Captain's daughter*, tr. Nathalie Duddington(New York: Dutton, 1961), pp. 14~15.

어놓는 것이 수줍음 때문이라고 생각할지도 모르겠습니다. 하지만 사실은 아닙니다. 우리 작가들은 꿈이 호감 가는 인물이 아니라는 걸 압니다. 이는 또한 프로이트의 업적이기도 합니다. 프로이트는 꿈꿀 권리를 옹호하니까요. 하지만 그는 자기 집 안에 있지요. 그는 자기 꿈의 황제입니다.

츠베타예바는 푸시킨을 통해서 사랑의 비밀을 말해줍니다. 그녀는 도끼를 든 농부를 사랑합니다. 그녀는 선을 넘은 이를 사랑합니다. 글쓰기는 전환점에 위치하고, 그 지점에서는 악이 우리를 맞아 자신이 어떻게 선으로 바뀔 수 있는지, 그리고 선이 어떻게 악으로 바뀔 수 있는지 보여줍니다. 그녀는 우리가 이런 도끼의 타격들 모두를 즐길 수 있다고 말합니다. 우리가 신성한 꿈의 공간에 있기 때문입니다. 그 공간에서는 우리 꿈을 변명하게 만드는 온갖 규칙이 대체로 적용되지 않습니다. 완전히 자유로운 동시에 완전히 제한된 공간이지요. 주네도 똑같은 얘기를 합니다.

《장미의 기적》을 마무리하는 꿈을 생각해 보세요.[89] 주네는 감옥에서 긴 사랑 이야기들을 쓰는데 거기 등장하는 인물들에게는 한 가지 공통점이 있습니다. 사형 선고를 받았지요. 그게 주네가 그들을 사랑하는 이유입니다.

우리는 글의 끝에 당도합니다.

89 Jean Genet, Miracle of the Rose, tr. Bernard Frechtman(New York: Grove, 1966).

> 누군가가 아르카몬의 문을 열었다. 그는 반듯이 누워서 자고 있었다. 먼저 네 사람이 그의 꿈속으로 들어갔다. 그러고 그가 깨어났다. 그는 일어나지 않고, 상체를 일으키지도 않고, 문 쪽으로 고개를 돌렸다. 검은 남자들을 보자마자 그는 상황을 알아차렸지만, 잠자다 죽으려면 지금 자신이 빠져 있는 이 꿈꾸는 상태를 방해하거나 망치지 말아야 한다는 사실도 거의 동시에 깨달았다. 그는 계속 꿈을 꾸기로 마음을 먹었다.[90]

저는 이 장면이 그의 꿈속인지, 꿈 밖인지, 아니면 그가 꿈속에서 깬 것인지 더는 모르겠습니다. 우리가 꿈속에서 꿈을 꾸는 꿈들이 있고, 우리가 깨어나는 꿈을 꾸는 꿈들이 있습니다. 하지만 여기서 중요한 것은 무엇보다 글의 구조입니다. 이 우유부단함과 힘의 측면에서 봤을 때, 이 글은 전적으로 꿈에서 비롯됩니다.

> 그는 그래서 뭉친 머리카락을 손가락으로 빗지 않았다. 그는 자신에게 '좋았어'라고 말했고, 미소를(그러나 그 미소는 남들에게는 거의 지각되지 않았다), 자신의 내부를 향해 미소를 지어야 할 필요를 느꼈다. 그러면 그 미소의 미덕이 자신의 내적 존재에게로 전달되어 그는 순간적으로 더

90 위의 책, p. 282.

강해질 터였다. 슬픔에도 불구하고, 온갖 고통을 동반한 채 그를 절망으로 몰아가려고 으르렁대는, 포기에 따르는 엄청난 우울을 그 미소가 물리쳐 줄 것이기 때문이었다. 그래서 그는 미소를 지었다. 죽을 때까지 유지해야 할 옅은 미소였다. 무엇보다, 그가 기요틴 외의 다른 것에 집중하고 있다고 생각하지는 말도록 하자. 그의 시선은 거기에 집중돼 있었다. 하지만 그는 영웅적인, 즉, 기쁨에 찬 십 분을 살자고 결심했다. … 일 센티미터도 자라지 않고서도 그는 거대해져 천장을 쪼개며 솟아올라 우주를 채웠고, 네 명의 검은 남자들은 계속 쪼그라들어 네 마리의 빈대만 해졌다. 독자는 아르카몬이 엄청난 위엄을 부여받는 바람에 옷마저 저절로 고상해져서 비단과 수놓은 양단으로 변한 것을 알아차렸다. … 아마도 그에게서 일어난, 그를 대상으로 한 그 기적 때문이겠지만, 아니면 하나님 아버지에게 감사를 드리거나 하는 다른 이유로, 그는 오른쪽 무릎을 바닥에 꿇었다. 네 남자가 재빨리 그 기회를 잡아 그의 다리와 경사진 허벅지를 올랐다. 비단이 미끄러워서 그들은 몹시 곤란을 겪었다. 닿을 수 없는 데다 울룩불룩한 바지 지퍼를 무시한 채 허벅지를 반쯤 오르던 그들은 가만히 놓인 그의 손을 만났다. 그들은 손에 올라탔고, 거기서부터 손목으로, 그러고는 레이스 소매로 타고 올랐다. 그리고 마침내 오른쪽 어깨, 굽은 목, 왼쪽 어깨, 그리고, 최대한 가볍게, 얼굴에 닿았다. 아르카몬은 벌어진 입술 사이로 숨을 쉬는 것 말고는 움직이지 않았다. 재판관과 변호사가 꾸물꾸물 귀로 들어오고, 목사와 사형 집행인은 대담하게 그의 입으로 들어왔다. 그들은 한동안 아랫입술 가를 따라 나아가다가 심연에 빠졌다. 그러고는, 거의 식도를 지나자마자, 그들은 완만한, 거의 육감적이다 싶은 비탈로 이어지는, 나무가 심긴 길로 나왔다. 잎사귀들이 죄다 아주 높이 달려 그곳의 하늘을 형성했다. 그들은 냄새들을 알아차리지 못했다. 그들과 같은 상황에 처하면 더는 세세한 특징들을 구별할 수 없기 때문이었다. 그들은 그저 숲을 지나고, 꽃을 짓밟고, 바위를 넘을 뿐이었다. 그들이 가장 놀란 건 그 고요였다. 그처럼 경이로운 내부에서는 목사와 사형 집행인도 길 잃은 두 어린이에 불과하기에, 그들은 거의 손을 잡다시피 하며 걸었다. 방향을 잡기 위해 좌우를 살피고 고요에 귀 기울이고 이끼에 발부리가 걸리며 부지런히 길을 재촉했지만, 그들은 아무것도 찾지 못했다. 몇백 미터쯤 가니, 하늘도 없는 그 풍경에는 아무 변한 것이 없는데도 날이 어두워졌다. 그들은 시골 장터에 버려진 반짝이 달린 편물 옷가지와 모닥불 재와 서커스 채찍 같은 것들을 다소 흥겨워하며 이리저리 발로 차댔다. 그때, 고개를 돌린 그들은 자신들이 여태 여느 광산보다 더 복잡하게 구불구불 이어진 길을 따라왔다는 사실을 깨달았다. 아르카몬의 내부에는 끝이 없었다. 그곳은 방금 왕이 암살된 어느 도읍보다 더 많은 검정으로 장식되어 있었다. 심장에서 어떤 목소리가 선언했다. “내부는 몹시 슬퍼하고 있다." 그리고 그들은 바다에서 불어오는 가벼운 바람처럼 각자의 안에서 이는 공포로 부풀었다. 그들은 앞으로 나아갔다. 더욱 가볍게, 바위와 아찔한 절벽들 사이로, 때로 그 틈들은 몹시 좁아졌고, 독수리 한 마리 날지 않았다. 절벽들이 점점 한데로 모였다. 남자들은 아르카몬의 비인간 구역으로 접근하고 있었다.

....

"심장, 심장 찾았소?"

그 말을 하자마자 아무도 못 찾았다는 걸 깨달으며, 그들은 거울을 두드리고 귀를 기울이면서 복도를 따라 계속 길을 재촉했다. 그들은 귀에다 손을 가져다 대고, 종종 벽에 찰싹 달라붙기도 하면서 천천히 나아갔다. 박동 소리를 제일 먼저 들은 이는 사형 집행인이었다. 그들은 속도를 높였다. 이제는 너무 겁에 질려서 탱탱한 바닥을 몇 미터씩 훌쩍 뛰어넘고 뛰면서 재빨리 이동했다. 그들은 숨을 몰아쉬면서 꿈속에서 그러듯이, 즉, 너무 나직하고 희미해서 말을 해봐야 그저 정적을 구기기만 하는 식으로, 쉴 새 없이 서로를 향해 떠들고 있었다. … 마침내, 검은 남자 네 명은 (반지의 다이아몬드로 새긴 것이 분명한) 화살에 관통당한 심장이 그려진 거울에 당도했다. 의심할 여지 없이 심장으로 들어가는 입구였다. 사형 집행인이 어떤 몸짓을 했는지는 나도 모르겠지만, 심장이 열렸고, 우리는 첫 번째 방으로 들어갔다. 아무것도 없는 하얗고 추운, 틈 하나 없는 방이었다. … 그 방은 첫 번째 방일 뿐이었다. 숨은 방의 수수께끼는 여전히 풀어야 하는 숙제였다. 하지만 네 명 중 한 명이 그곳이 심장의 심장이 아니라는 사실을 깨닫자마자, 문 하나가 저절로 열렸고, 우리 눈앞에 기괴하게 크고 아름다운 붉은 장미가 나타났다.

"신비의 장미." 목사가 중얼거렸다.

네 남자는 그 찬란함에 혼비백산했다. 처음에는 장미의 빛에 눈이 부셨지만, 그들은 재빨리 정신을 그러모았다. 그런 사람들은 절대 존경의 신호를 남에게 보여주지 않으니까. … 동요를 극복하자마자 그들은 달려들어 색에 굶주린 호색한이 매춘부의 치마를 헤집듯이 술 취한 손으로 꽃잎을 헤집고 구겼다. 관자놀이가 불끈거리고 눈썹에 땀이 송골송골 맺힌 그들이 장미의 심장에 다다랐다. 일종의 검은 우물이었다. 눈[眼]처럼 어둡고 깊은 그 구덩이 가에 서서 몸을 숙인 그들은 어지럼증 같은 것에 사로잡혔다. 넷이 저마다 몸의 중심을 잃은 사람들이 하는 몸짓을 하더니 그 깊은 응시의 시선 속으로 굴러떨어졌다.

나는 희생자를 작은 묘지로 실어 갈 짐마차의 말굽 소리를 들었다.[91]

이건 주네의 작품에 등장하는 꿈들의 꿈입니다. 우리는 연

91 위의 책, pp. 282~286.

이은 '방'과 방에 상응하는 것들을 통과해 나아갑니다(우리는 상당히 많은 문학 작품들에서도 같은 과정을 볼 수 있는데, 다시 말하자면, 라블레부터 스위프트까지, 작은 쪽이 큰 쪽을 탐험하는 과정이지요). 한 장면이 다른 장면 위에 구축됩니다. 신비적인 장면과 호색적인 장면이 끝없이 서로를 대체합니다. 주네가 극도로 강력한 글의 결말을 꿈의 사다리를 걸치는 것 말고는 달리 처리하지 못한다는 점에 주목하세요. 그는 그곳에서만 완전한 자유를 얻습니다. 장면은 다른 곳에서라면 형언할 수 없을, 우리가 그 유명한 구멍 속으로 떨어지는 그들일 정도로 불연속 없이 서로 연결되고 이어지는 언명의 장소들로 변합니다.

클라리시의 꿈은 어떤가 하면, 《삶의 숨결》을 쓴 저자가 꿈입니다. 《삶의 숨결》은 밤의 책입니다. 물론 낮의 햇빛도 '있지만', 그 햇빛에 도달하기 위해 클라리시는 밤을 가로지릅니다. 그 밤은 야간의 밤이 아닙니다. 그 밤은 이동의 우주입니다. 때로 클라리시는 '다른 쪽으로 건너가려고' 잠을 잡니다. 자발적인 행위죠. "그리고 나는 꿈을 꿀 수 있게 잠을 자자고 결심했다. 나는 꿈의 진기함을 갈망하고 있었다."[92] 꿈에 힘입어 그녀는 현실을 탐험할 수 있습니다. 자연의 초자연적인 차원을 지각하려면 우리는 반드시 꿈을 통과해야 합니다.

《어둠 속의 사과》에는 주네의 장면을 떠올리게 하는 구절이 있습니다. 주네의 장면과 마찬가지로 글의 끝에 나타나 갑자

92 Clarice Lispector, *The Stream of Life*, p. 23.

기 우리를 사다리로 날라주는 구절이지요.[93] 거기에도 목사, 사형 집행인, 재판관, 변호사라는, 사회에서 다른 개인의 삶을 지배하고 통제하고 지휘하는 주네의 네 인물이 있습니다. 그리고 거기 끝에 진실이 있습니다. 주네가 하는 일이 그렇습니다. 그는 한편으로는 자기 환상을 밝히면서도, 다른 한편으로는, 특히 희곡에서는 간간이 재판관들과 변호사들의 치마를 들추고 다른 사람들이 쓴 베일을 공격합니다. 《장미의 기적》에서 그는, 골자만 간추리자면, 결국 재판관들의 유일한 꿈은 사형 선고를 받은 죄인들에게 남색 행위를 하는 것이었다고 말함으로써 사법 체계를 공격합니다. 재판관들도 금지된 것들을 무너뜨리기를 열망하지만, 이런 끔찍한 방법으로만 행동에 옮길 수 있습니다.

이상하게도 《어둠 속의 사과》에서는 범죄를 저질렀다고 가정되지만 진짜로 저지르지는 않은 마르칭이 아르카몬과 같은 처지에 있는데, 그는 자신을 둘러싼 우스꽝스러운 꼭두각시 인물들을 통해 스스로를 정당화하려 합니다. 하지만 그 방법은 효과가 없고, 글의 끝에 가면 그는 정말로 다른 쪽에 도달합니다.

93 Clarice Lispector, *The Apple in the Dark*, tr. Gregory Rabassa(Austin: University of Texas Press, 1986).

책을, 꿈을 어떻게 끝낼 수 있는가?

글의 끝에서는 어떤 일이 일어납니까? 여기서도 우리 스승인 꿈과 우리와의 관계에서 배울 것이 많이 있습니다. 우리가 꿈의 배[舟] 안에 있듯이 작가가 책 안에 있기 때문입니다. 우리에겐 늘 우리가 글을 쓰는 주체라는, 우리가 꿈을 꾸는 주체라는 믿음과 환상이 있습니다. 확실히 사실이 아니죠. 우리가 꿈을 품는 게 아니라 꿈이 우리를 품고, 우리를 나르고, 특정 순간에 우리를 떨어뜨립니다. 흔히 글이 작가 안에 있다고 할 때처럼 꿈이 작가 안에 있다 해도 말입니다. 우리가 글이라고 부르는 것은, 우리가 잠이 깰 때 꿈이 도망치듯이, 또는 꿈속에서 꿈이 우리를 회피하듯이, 우리에게서 도망칩니다. 우리는 전속력으로 달아나는 이것을 쫓으며 끊임없이 놀랍니다. 이 얼마나 아찔하고 달콤한 감각인지! 글에서와 마찬가지로 꿈속에서 우리는 이런 놀라움에서 저런 놀라움으로 옮겨갑니다. 완전히 다르게 쓰이는 글도 많으리라 생각하지만, 저는 도망가는 글에만 관심이 있습니다. 저는 작가로서 우리가 뜻하지 않게 쓰던 글의 결말에 대한 걱정에 사로잡히는 건 전적으로 특유한 경험, 심란하고 썩 기분 좋지는 않은 경험이라고 말할 수 있습니다. 완전히 길을 잃으면 우리는 자문하지요. 이건 대체 어떻게 끝날까? 끝이 나기는 할까? 만약 끝이 안 나면 어떻게 되지? 이런 질문이 여러분을 사로잡을 수 있습니다. 시작 문제보다 훨씬 더 당혹스러운 문제지요. 한편으로 보자면, 글이 우리보다 먼저 시작했을 수 있는데, 그게 가장 좋은 방법이지요. 다른 한편으로 보자면, 저로서는 해본 적이 없는 경험이지만, 시작에서 막히는 것은 그다지 심각한 일이 아닙니다. 그저 기다리기만 하면 되니까요. 글은 시작이 알아서 끝을 내줄 겁니다. 자신을 드러내면서도 끝나지 않는 글은 우리가 대체 뭘 하고 있는지 질문을 던집니다. 하지만 꿈이 끝나나요? 아마 그다지 많이 생각하지는 않을 겁니다. 곤란한 순간이기 때문이지요. 끝이 우리에게서 도망갈지도 모른다는 사실은 아마 우리로서는 화해하기 제일 어려운 대사건일 겁니다. 끝이 도망가면 우리는 어디에 있을까요? 잠에서 깰 때 느끼는 유기된 기분 또는 뿌리 뽑힌 느낌 같은 감정이 기분 나쁘게 어른거립니다. 꿈을 도난당했다면 우리는 많든 적든 통렬한 비탄의 감각을 짊어집니다. 끝나고 싶어 하지 않는 책들은 우리가 글쓰기와 또 삶과 맺는 관계의 유기적 통일성 전체에 질문을 던집니다. 우리는 쓰고 있었는데, 갑자기 끝나버리는 것이죠.

머릿속에 떠오르는 사례는 토마스 베른하르트의 책인데, 웃기는 책이 전혀 아닌데도 전 정말 깔깔 웃으면서 봤습니다. 그는 글을 이렇게 씁니다. 행간에다가요. 글의 주인들과 글의 백성들에 관련하여 글의 완전한 자유를 새기는 것이죠. 그 글의 제목은 《옛 거장들》[94]입니다. 책이 그런 방식으로 기능하기 때문에 우리는 글의 문밖으로 내쫓길 때까지도 글 안에 숨은 위태로운

94 Thomas Bernhard, *Alte Meister—Komödie*(Frankfurt am Main: Suhrkamp Verlag, 1985).

요소들을 알아차리지 못합니다. 화자는 예술비평가인 오랜 친구로부터 급하게 미술관에서 만나자는 연락을 받습니다. 평소의 친구답지 않은 일이었기에 화자는 놀라지요. 글은 토마스 베른하르트의 글이 늘 그렇듯이 극도로 압축적이고 조밀합니다. 글이 좀 돌고 도는데, 서사가 있고 시간이 있는 《그래》와는 반대로 여기서는 서사도 시간도 없기 때문입니다.[95] 우리는 약속장소에 가서 두 친구의 관계에 관련된 기억의 소용돌이들이 새겨진 그 시간을 지켜보지만, 모든 것이 최초의 수수께끼에 걸려 있습니다. 이런 곳에서 보자고 하다니 정말 이상하군. 무슨 말을 하려는 거지? 왜 꼭 오늘 보자고 했을까? 질문이 끊임없이 일어납니다. 그리고 '우리'는 무얼 하고 있을까요? 우리는 두 친구가 다시 만날 순간을 기다리면서 설렁설렁 책을 읽습니다. 그래서, 마치 진짜로 친구를 기다리는 것처럼 우리는 딴생각을 하면서 약속 시간이 될 때까지 벌어지는 일들을 건성으로 읽습니다. 그러다 시계를 보니, 책은 벌써 200쪽입니다. 마침내 만남이 이루어집니다. 어느 순간에 그 늙은 예술비평가가 화자에게 말합니다. "왜 오늘 이 시간에 여기로 오라고 했는지 궁금하지? 얘기는 해주겠지만, 당장은 아니야." 우리는 220쪽 미술관 전시실에 있습니다. 그러고 그 늙은 비평가는 연극 표가 있으니 저녁에 같이 극장에 가지 않겠냐고 화자에게 묻습니다. 그래서 화자는 속으로 말합니다. 날 오라고 한 이유가 그거였어! 그리고 우리는 말

95 Thomas Bernhard, *Ja*(Frankfurt am Main: Suhrkamp Verlag, 1978).

합니다. 그렇다면 우리는 그냥 극장에 가려고 이 책을 전부 읽은 거잖아! 그런데 몇 시일까요? 그때 비평가가 말합니다. "음, 가야 할 시간이야, 서둘러 극장으로 가야 해. 클라이스트의 〈깨진 항아리〉를 상연하고 있거든." 둘은 서둘러 나옵니다. 책은 이제 두 쪽밖에 남지 않았습니다. 그들에겐 실패작인 그 연극을 볼 시간이 없습니다. 그리고 책은 그렇게 끝납니다.

저는 이 책을 정말 좋아합니다. 진짜 책들은 늘 그렇습니다. 현장이고 배양지이고 또 다른 책에의 희망이지요. 그 책을 읽으리라 기대하던 시간 내내, 여러분은 다른 책을 읽고 있었습니다. 책 대신에 책을 말입니다. 여러분이 책을 쓰려고 준비하는 사이에 쓰인 책은 어떤 것입니까? 글쓰기와 만날 약속은 없습니다. 갔다가 우리가 여기서 무얼 하고 있는지 우리가 어디로 가고 있는지 의심하게 되는 약속 말고는요. 그러는 사이에 우리 인생 전부가 우리를 스쳐 지나가고, 갑자기 우리는 바깥에 있습니다. 이전에는 이런 종류의 책을 쓰는 관행이 없었습니다. 간접적으로 책 쓰기 말입니다. 사람들은 아무 예고도 없이 제 시간과 공간을 전혀 예기치 않은 다른 책이 침해하도록 두는 책을 쓰도록 허용하지 않았습니다. 이런 측면에서 천재의 독특한 문학적 일격이라 할 만한 것이 스턴[96]의 《트리스트럼 섄디》입니다.

스스로에게 굴복하는 글쓰기. 이것이 《광택》에서 일어난 일입니다. 이 책은 시작도 끝도 없습니다. 그 책은 장소이지요. 이것이 꿈이 우리에게 가르쳐주는 것입니다. 자신이 운전하지 않는다는 사실을 두려워하지 말라. 글을 쓰다가 자신이 미친 책을 타고 있다는 걸 깨닫는 건 두려운 일이기 때문이죠. 책은 스스로를 씁니다. 우연히 앞에 있는 사람이 무엇을 쓰고 있느냐고 묻는 일이 생겨도, 여러분은 할 말이 없습니다. 모르기 때문이죠. 하지만 책은 엔진이 있어야 쓰입니다. 어떻게 작동하는지 여러분은 모를지라도, 스스로를 쓰면서 여러분을 태우고 가는 책에 엔진이 있는 것은 틀림없습니다. 그렇지 않으면 주저앉을 테니까요.

나는 꿈 작가들을 좋아한다

츠베타예바, 카프카, 클라리시 리스펙토르, 주네, 잉에보르크 바흐만은 모두 꿈꾸는 사람이었습니다. 잠을 자며 끄적거린 셈이지요. 저는 사실 제가 사랑하는 작가들과 꿈의 관계에 의문을 던진 적이 없습니다. 제가 이 일을 시작할 때 그들 모두가 꿈꾸는 사람임이 밝혀졌으니까요. 더불어 꿈의 바깥에 있는 책이 얼마나 많은지, 그런 책들이 어떻게 꿈을 피하고 저항했는지도 밝혀졌습니다. 그처럼 중요한 글의 원천을 거부할 수 있다는

96 로런스 스턴(Laurence Sterne, 1713~1768)은 18세기 영국 소설가이자 성직자로 아일랜드에서 출생하여 요크에서 성직자로 일했다. 쉰 살이 가까워서 교회 안에서 갈등하던 반대파를 야유하기 위해 기서(奇書)라 얘기되는 《신사 트리스트럼 섄디의 인생과 생각 이야기(약칭 '트리스트럼 섄디')》 1, 2권을 출간하여 문단과 사교계의 격찬을 받았다. 풍자적 색채가 강한 이 책은 그가 죽은 해인 1768년에 9권까지 출간되었으며, 현대에 와서 서사 형식의 파괴를 통해 소설의 가능성과 영역을 크게 넓힌 작품으로 인정받고 있다. - 옮긴이

사실이 놀랍습니다. 만약 '고전적인' 글쓰기가 꿈을 막지 않았다면, 예컨대 프랑스 문학계에 일반화된 꿈꾸어진 산물에 대한 불신 같은 것이 없었을지 궁금합니다. 몇 세기를 거슬러 가며 제가 프랑스 문학에서 발견한 유일한 위대한 꿈은 라신이 쓴《아탈리》에 나오는 아탈리의 유명한 꿈이었습니다.《대위의 딸》에서처럼 모든 구성이 그 꿈을 중심으로 전개되는, 진짜 꿈이었죠.

> 너희들 모두 잘 들어라.
> 나는 과거를 상기하라고 요구하지 않을 것이고,
> 내가 뿌렸던
> 피를 설명하지도 않을 것이다…
>
> …꿈 (왜 꿈 따위가
> 마음에 걸려야 하지?) 공포, 내 온 가슴이 물드는 꿈.
>
> ⋯⋯⋯⋯⋯⋯⋯⋯⋯⋯⋯⋯⋯⋯⋯⋯⋯⋯⋯⋯
>
> 하지만 그때, 경계심을 잊고,
> 그의 달콤한 매력과 고상하고 겸손한 몸가짐,
> 감탄하고 있던 나는 갑자기 느꼈지
> 배신자가 내 심장에 찔러 넣은
> 끝까지 깊숙이 다 찔러 넣은 그 치명적인 칼날을.[97]

97 Jean Racine, "Athaliah," in *The Best Plays of Racine*, tr. Lacy Lockert (Princeton: Princeton University Press, 1957), pp. 341~343.

꿈이 지닌 힘과 명백하게 비극적인 무언가를 중심으로 모든 것이 배치됩니다. 그 꿈에 주목해야 할지 말아야 할지 결정하지 못하는 불확실함이 있습니다. 꿈과의 전투가 있습니다. 아탈리는 무의식의 인물, 드문 인물입니다. 그녀는 반대로 의식계에 속하는 인물들에 둘러싸여 있습니다. 이런 모순이 비극적인 결과를 빚어냅니다. 꿈의 내용은 잔인합니다. 꿈은 이 어머니의 죽음을 두 번이나 보여줍니다. 모친 살해가 일어나는 데에는 뭔가 주기적인 것이 있습니다. 멀리서 보면 이 인물의 운명은 흥미롭습니다. 죽이는 이야기이기 때문이지요. 두 번째 꿈은 앞으로 일어날 일을 예언합니다. 저는 《아탈리》를 싫어하는데, '내가 뿌린 피'라는 말에서 알 수 있듯이 아탈리 스스로가 피에 굶주린 여왕처럼 보이긴 하지만, 태초부터 반복되고 있는 어머니 살해라는 오래되고 강력한 장면이 여기서 또 한 번 반복되는 것을 발견했기 때문입니다. 하지만 이건 진짜 꿈이고, 라신이 아탈리로서 가한 천재성의 일격이지요.

그 외에는, 낭만주의자들의 세계를 제외하면, 꿈은 거의 없습니다. 저는 낭만주의자들을, 영국의 낭만주의자들뿐만 아니라 프랑스, 독일의 낭만주의자들도 모범 사례가 아니라 예외라 생각합니다. 문학에는 짧은 '혁명적' 시기, 시인-아이들에 의해 천재성의 근원, 어머니 무의식의 세계로 도망치는, 또는 돌아가는 시기가 있었습니다.

하지만 저는 작가들 쪽에서 자주 보게 되는 불신에 놀랍니다. 저는 이 불신이 어디에 자리 잡고 있는지, 이 불신이 글쓰기에 선행하는 것인지, 작가들이 꿈꾸지 않는 사람들인지, 아니면 그들에게는 꿈을 억압하는 것이 글쓰기의 조건일 수도 있는 건지 모르겠습니다. 아니면 글을 쓰기 위해 무의식에서부터 출발하는 것에 대해 말을 삼가는 분위기가 있을까요? 어쨌든 이 모든 것은 가상입니다. 글을 쓰기 시작할 때 우리가 하나의 전통 속에, 그 전통이라는 가상 속에, 문학이라는 가상 속에 있기 때문이지요. 우리는 그 가상 속에서 글쓰기 세계의 질서라고 믿는 가상의 법칙들을 봅니다.

내 꿈의 역사

저는 무의식의 영역에서 글을 쓰기 시작했습니다. 꿈과 거대하고 은밀한 관계를 맺었죠. 제 꿈들이 저보다 훨씬 강력해서 순종할 수밖에 없었습니다. 하지만 사기꾼이 된 것 같은 불편한 마음이 들었습니다. 저는 계속 생각했죠. 방금 건 내가 쓴 게 아니야. 논문은 쓸 수 있습니다. 하지만 제가 쓴 글들은 절대 제 것이 아니었지요. 저는 오랫동안 극히 불확실한 상태에서 살았습니다. 가끔은 제 이름을 적어서는 안 된다고 스스로에게 말하기도 했지요. 특히 사람들이 '제'가 쓴 글 얘기를 할 때, 너무 불편했습니다. 사람들은 제가 그 글을 썼다고 생각하지만, 전 그저 다른 이를 베꼈을 뿐입니다. 그 글은 받아쓰기였습니다. 그리고 저는 그 다른 이가 누구인지 모릅니다. 우리가 꿈을 통제할 수 없는 것과 마찬가지로, 왔던 이가 '다른 이'라는 건 알지만 그 '다른 이'가 또 올지는 확신할 수 없지요. 저는 제 꿈의 역사를 기억하지 못합니다. 저는 늘 꿈을 꾸고 있었던 걸까요? 더는 꿈을 꾸지 않는다면 어떻게 될까요? 저는 근본적으로 권위의 문제에 도전하고 있었습니다. 그것은 완벽하게 정당화될 수 있는 '순진함'이었습니다. 저는 자신을 작가나 저자라 부른다는 생각 자체에 진저리를 쳤습니다. 하나의 정의로서 제게 따라붙는 그 직함을 견딜 수 있게 되기까지 이십 년이 걸렸습니다.

우리가 꿈을 훔치는 도둑이라면 무슨 말을 할 수 있을까요? 한참이 지난 후에 저는 그 경험은 생각할 수 없다는 결론을 내렸습니다. 우리는 무엇보다 먼저 꿈을 존중해야 하고, 꿈을 금기시하는 위협적인 분위기는 일반적인 금기 규정들을 비롯해 우리 중 많은 수가 영구적으로든 일시적으로든 그 원천을 잃어버렸다는 사실과 관련되어 있습니다. 일시적으로 꿈이 말라버리는 일은 아주 흔하게 일어납니다. 우리가 품은 회한 중에서 무엇을 견딜 수 있고 무엇을 견딜 수 없는지에 관련된 일이지요. 우리에겐 사막 시기들이 있습니다. 무의식과 관계하는 건 미묘한 일입니다. 그 오고 감을, 그 원천에서의 분출을 우리가 통제할 수 없기 때문입니다. 또 저는 꿈의 왕국이 원래 주로 있던 침대 밑이나 밤의 깊숙한 곳뿐만 아니라 훤한 현실세계에도 틀림없이 있다는 사실도 알게 되었습니다. 꿈의 힘 없이는 쓸 수 없다는 걸 생각하면 끔찍합니다. 그 힘을 되찾아야 합니다. 그러니 우리는 꿈에서와 같은 힘과 강도를 현실에서도 이루기 위해 일해야 합니다.

이런 의미에서 클라리시는 훌륭한 본보기입니다. 〈사랑〉에서 이미 본 눈먼 남자가 나오는 장면은 꿈 같은 장면입니다. 현실적인 장면이고, 사실주의적인 글처럼 보입니다만, 그 장면은 사실주의를 훌쩍 뛰어넘는 의미와 폭로에 뿌리를 두고 있습니다.[98] 그 장면은 가장 심원한 우리 비밀의 장소로 훌쩍 뛰어듭니다. 우리는 이 장면의 기표記標들을 꿈속에서 찾을 수 있습니다. 겉으로는 대수롭지 않은 흔한 기표들처럼 보이지만, 창을 막고 있던 벽을 드러내고 폭파하는 기표들이지요. 클라리시는 실재를 보지 못하도록 가로막는 불투명한 가림막을 찢고 통과하는 데 성공했습니다. 그녀가 자신의 글에서 끊임없이 이야기하는 것이 이것입니다. 적절한 힘과 민첩함과 지성이 없어서 지각하지 못했던 것을 현실에서 재발견하는 일 말입니다. 그에 상당하는 꿈/실재를 주네가 〈렘브란트 그림을 반듯한 작은 네모꼴로 찢어서 변소에 던져버린 뒤에 남는 것〉에서 이야기합니다.[99] 기차간을 배경으로 한 짧은 장면인데, 사소하게 시작된 일이 모든 것이 갈기갈기 찢기고 온 세상이 뒤집히는 사태로 이어집니다. 꿈에서 그러듯이 말입니다. 낮 속에 숨겨진 밤을 글자 그대로 재

98 Clarice Lispector, "Love," in *Family Ties*, tr. Giovanni Pontiero(Austin: University of Texas Press, 1972).

99 Jean Genet, "What Remains of a Rembrandt Torn Into Four Equal Parts and Flushed Down the Toilet"(United States: Hanuman, 1988).

발견해야 하는 일이기에 어렵습니다만, 불가능하지는 않습니다. 이는 훈련이며, 꼭 거쳐야 하지요.

◆◇◆

가장 가까운 꿈들로의 항해

그렇다고 제가 아무 이상한 꿈에나 가지는 않습니다. 저는 잊어버린 삶을 살았던 고대 정원들을 닮은 꿈들로, 땅 밑에 펼쳐진, 이름 이전에 음악이 말해지는 곳들로, 언어 이전의 언어가 울려 퍼지는 곳들로 갑니다. 저는 클라리시 리스펙토르의 밤이 '내 집처럼' 편안합니다.

> 나의 광대한 밤은 원시적인 잠재 상태로 일어난다. 내 손은 대지에 놓여 심장의 숨소리에 열렬히 귀를 기울인다. 여성의 가슴을 한 커다란 하얀 민달팽이가 보인다. 저건 인간인가? 나는 그걸 종교재판의 불로 태운다. 나는 먼 과거의 그림자들이 지닌 신비주의를 지니고 있다. 그리고 나는 희생자의 이런 극심한 고통에 생을 상징하는 말로 표현할 수 없는 표식을 남긴다. 드워프, 고블린, 땅도깨비, 요정 같은 원시적인 생명체들이 나를 둘러싼다. 나는 짐승들을 희생해 나만의 신비주의 의식에 필요한 피를 얻는다. 나는 격노하여 본연의 암흑에 빠진 영혼을 바친다. 미사는 무섭다.

> 나는 미사를 집전하는 자. 그리고 혼란한 마음이 모든 물질을 지배한다. 짐승이 이빨을 드러내고, 우의적 전차의 말들이 먼 공중을 달려 지난다.
>
> 나의 밤에 나는 세상의 비밀스러운 의미를 우상화한다. 입과 혀. 그리고 자유로이 달려가는 고삐 풀린 말. 나는 그 말굽을 물신物神으로 받들어 모신다. 내 밤의 깊은 곳에 연이은 울음소리를 실은 미친 바람이 분다.[100]

우주의 밤, 나중에, 글쓰기의 시대가 오면 송시와 비극의 형태를 띠게 될 신비의 바람이 부는 곳. 저는 죽은 뒤에 가게 될 곳을 살아서 갑니다. 시간 이전의 시간으로, 시간을 넘어선 세계로. 거기에서 저는 한 편의 꿈에 지나지 않습니다.

강에 가까운 어딘가에서 저는 '카프카의 꿈들'과 마주칩니다. 우리는 서로를 모르지만, 그래도 서로를 알아봅니다.

카프카의 꿈들은 비상하게 아름다운데, 그 꿈들이 꿈들의 '작품'이기 때문에 놀랍도록 아름답죠. 여기 두세 편이 있습니다. 제가 변함없이 사랑하는 건 카프카와 꿈의 관계를 몽땅 말해주는 아주 짧은 꿈입니다.

> "오 장엄한 꿈이여, 네 외투로 아이를 감쌀지라."[101]

100 Clarice Lispector, *The Stream of Life*, p. 29.

카프카의 꿈은 날개 없는 천사입니다. 영혼의 움직임. 선善의 행위. 흐름. 부정사. 주어 없는 동사.

여기 또 하나 있습니다.

> 누구인가? 누가 부두의 나무들 밑을 거니는가? 누가 감쪽같이 실종되는가? 누가 구조의 때를 놓치는가? 누구의 무덤에 풀이 자라는가? 꿈들이 도착했다. 물길을 거슬러 그들이 왔다. 그들이 와서, 그들이 사다리를 타고 부두의 벽을 오른다. 한 사람이 걸음을 멈추고 그들과 대화를 나눈다. 그들은 많은 것을 알지만, 자신들이 어디서 왔는지는 모른다. 오늘 가을 저녁은 상당히 따뜻하다. 그들이 강 쪽으로 돌아서서 두 팔을 든다. 당신은 왜 그들 가운데 있는 우리를 끌어안는 대신 두 팔을 드는가?[102]

여기 우리를 꿈꾸게 만드는, '침범할 수 없는 꿈'이란 제목을 단 또 다른 꿈이 있습니다.

> 그 여자는 큰길을 달리고 있었다. 나는 그 여자를 보지 않았다. 그저 그 여자가 달리면서 팔을 어떻게 흔드는지,

101 Franz Kafka, *Wedding Preparations in the Country*, p. 231.

102 위의 책, p. 248.

> 베일이 어떻게 휘날리는지, 발이 어떻게 들리는지에 주목했을 뿐이었다. 나는 밭둑에 앉아 작은 시냇물을 들여다보고 있었다. 그 여자가 마을들을 뛰어 지났다. 문간에 선 아이들이 그 여자가 오는 것을 지켜보고 그 여자가 가는 것을 지켜보았다.[103]

제가 속임수를 쓸 줄 안다면 '합성 사진'을 만들어서 〈사랑의 사막〉에 있는 구절들이라고 말씀드리겠지요.[104] 랭보가 글을 쓰는 방식이 딱 이러니까요. 꿈에 탑승하는 거죠. 카프카는 이쪽에서는 작업하지 않았습니다. 그는 시적 방식보다는 환상적 방식으로 글을 썼습니다. 그는 죽은 자들의 손님으로서 견습 생활을 했고, 덕분에 저자 불명의 꿈을 쓸 수 있게 되었습니다. 아무도 모릅니다. 꿈만이 '아무도 모른다'는 감각을 가르쳐줍니다. 이 짧은 글에서 여러분은 〈사랑의 사막〉에서 만나는 온갖 감정을, 질주를, 변화를, 무시무시한 감정의 장소를 느끼지만, 그건 언어에도, 문법에도, 글쓰기에도 있지 않습니다. 저는 늘 선창을 걷는 이 알 수 없는 이들을 숭배했습니다. 여러분은 주체의 단절이자 추상으로 남기는커녕 무덤에서 자라는 풀이 될 정도로 물질화될, 그러고는 꿈의 도착으로 이어질 불인지不認知인 이 상실보

---

103 위의 책, p. 141.

104 Arthur Rimbaud, "The Deserts of Love."

다 더 장려한 것을 쓸 수 없습니다.

이 꿈들. 우리가 더는 우리가 아닐 때의 우리인 것들. 우리의 생존하는 것들. 우리의 자취의, 우리 궁극적 변태의 예언자들. 우리 미래 환영의 자화상들. 우리 중 누군가는 미래를 알아보는 육감을 가지고 있습니다. 그게 나일 거야! 우리는 느끼지요. 우리가 시인들의 밤을 질주하는 꿈들을 보는 이유가 그래서입니다.

여기 다시, 잉에보르크 바흐만의 놀란 몸에 꿈들이 나타납니다. 〈야간 비행〉입니다.

우리 밭은 하늘,
캄캄한 밤에도
우리 꿈을 담보로
모터의 땀이 밭을 갈고,

....

누가 거기 살았나? 어느 손이 결백했는가?
누가 다른 유령들의 유령으로
밤에 빛났는가?

누가 저 아래에 사나? 누가 울부짖고…
누가 집 열쇠를 잃어버렸나?
누가 제 침대를 찾지 못하나, 누가 계단 층계에서
잠드나? 아침이 오면 누가

감히 그 은빛 자취를 해석할까? 내 위를 보라. …

물이 또다시
물레방아 수차를 돌릴 때,
누가 감히 밤을 기억할 텐가?[105]

꿈의 학교에 가려면 무엇을 해야 하나?

이것이 가장 긴급한 질문이지요. 일단 거기까지 갈 필요가 있습니다. 클라리시가 한 일을 합시다. 예컨대, 잠을 자는 것이죠. "그리고 나는 꿈을 꿀 수 있게 잠을 자자고 결심했다. 나는 꿈의 진기함을 갈망하고 있었다."[106]

식물을 갉아 먹는 진딧물처럼 꿈을 마구 갉아 먹는 꿈의 적이 있습니다. 바로 해석입니다. 저는 열정적으로 《꿈의 해석》을 읽곤 했습니다만, 그 훌륭한 책은 진짜 꿈 살해자입니다. '해석'을 하기 때문이죠. 그 책은 꿈을 다그쳐 억지로 자백을 받아내려 합니다. 《꿈의 해석》에서 프로이트가 해석하는 꿈들은 모

105 Ingeborg Bachmann, "Night Flight," in *In the Storm of the Roses: Selected Poems by Ingeborg Bachmann*, tr. Mark Anderson(Princeton: Princeton University Press, 1986), pp. 59~61.

106 Clarice Lispector, *The Stream of Life*, p. 23.

두 비슷합니다. 내용에, 세포핵에 차이는 있지만, 형식은 똑같습니다. 그의 꿈이든 다른 사람의 꿈이든 그 꿈들은 모두 프로이트가 썼습니다. 거기에는 더는 꿈의 번득임이 없습니다. 엄청난 위험이죠. 우리는 꿈을 꿈으로 취급하는 법을, 꿈을 자유롭게 놓아두는 법을, 꿈을 파괴하는 모든 내적 외적 악마들을 불신하는 법을 알아야 합니다. 우리 모두에겐 악마가 있고, 꿈속에 숨은 것도 있지요. 이 악마는 우리가 움직이는 순간에 꿈이 사라지도록 꾸밉니다. 카프카가 '아메리카 원주민'이 되고자 하는 욕망이 떠미는 대로 자신을 맡겼듯이, 우리는 꿈에 우리를 맡겨야 합니다.[107] 우리는 꿈이 우리를 태우고 가는 대로 내버려둔 채 절대 깨지 말아야 합니다. 적어도 꿈이 세상을 구술해 주는 동안에는요. 꿈꾸는 사람이라면 누구나 아는 얘기지요. 어떻게 해야 그럴 수 있을까요? 우리는 연필을 손에 쥐고, 전속력으로 달리는 말 등에 올라탄 채, 우리 스승인 꿈이 들려주는 얘기를 받아 적어야 합니다.

◆◇◆

책에는 꿈이 별로 없습니다. 꿈이 있는 책들의 평판이 나쁘기라도 하듯이 말입니다. 갈수록 점점 줄어듭니다. 모든 위대

107 Franz Kafka, "The Wish To Be a Red Indian," in *The Penal Colony*, tr. Willa and Edwin Muir(New York, Schocken, 1948), p. 39.

한 책에서는 꿈이 일어나곤 했습니다. 성경 속에, 서사시들 속에, 그리스 문학 속에, 바빌로니아 서사시 속에, 셰익스피어 속에, 고풍스러운 형태로요. 그러고는 꿈이 점점 멀어졌지요. 저는 점점 커지는 이 거리감을, 이 메마름을 다른 기호들의 감소와 연결하여 생각합니다. 다른 것들도 같은 방식으로 멀어졌습니다.

점점 더 적어지는 시
점점 더 적어지는 천사
점점 더 적어지는 새
점점 더 적어지는 여성
점점 더 적어지는 용기.

야곱이 잠 깨어 일어납니다. 그 사다리는 어떻게 됐을까요?

여러분은 돌멩이를 가져다 베고 누워서 그 꿈의 사다리가 자라나도록 해야 합니다.

사다리는 아래로, 저 깊숙한 곳을 향해 자랍니다.

뿌리의 학교

The School of Roots

III

1. 새, 여성, 그리고 글쓰기

저는 새와 여성, 글쓰기로 구성되는 연상과 기표의 연쇄에 관심이 있습니다. 우습게 들리거나 뜬금없이 들릴 수 있지만, 그렇지 않습니다. 성경의 레위기 장을 읽어보면 아주 진지한 문제라는 걸 깨닫게 되지요. 모세와 인류에게 먹을 것에 관한 일반 법칙을 주는 장, 무엇을 먹을 수 있고 무엇을 먹을 수 없는지 일러주는 장 말입니다. 영어에서는 '청결한' 고기와 '불결한' 고기를 구분합니다. 프랑스어를 볼까요. 프랑스어에서 '불결한'은 'immonde'이고 라틴어 'immundus'에서 왔습니다. 브라질 포르투갈어의 'immundo'와 같은 단어인데, 이건 나중에 얘기하겠습니다.

> 새 중에 너희가 가증히 여길 것은 이것이라 이것들이 가증한즉 먹지 말지니 곧 독수리와 솔개와 물수리와 말똥가리와 말똥가리 종류와 까마귀 종류와 타조와 속죄소 위타흐마스와 갈매기와 새매 종류와 올빼미와 가마우지와 부엉이와 흰 올빼미와 사다새와 너새와 황새와 백로 종류와 오디새와 박쥐니라. 날개가 있고 네발로 기어 다니는 새[108]는 너희가 혐오할 것이로되,[109]

108 레위기 11장 20절 원문에는 '곤충'으로 표기된다. 저자의 오기로 보인다. - 옮긴이

109 *The Holy Bible*, Revised Standard Version(New York: Thomas Nelson and Sons, 1952), p. 83.

자, 이것들이 우리가 먹으면 안 되는 것들입니다. 이것들은 가증[110]합니다. 왜 가증할까요? 먹을 수 있는 다른 것들도 있습니다. 예를 들자면 이런 것들이죠.

> 곧 그중에 메뚜기 종류와 베짱이 종류와 귀뚜라미 종류와 팥중이 종류는 너희가 먹으려니와 오직 날개가 있고 기어 다니는 곤충은 다 너희가 혐오할 것이니라.[111]

우리는 황새의 '불결함'이라는 수수께끼를 둘러싼 꿈을 꿀 수 있습니다. 우리는 백조와 백조의 혐오성에 관해 온갖 종류의 백일몽을 꿀 수도 있습니다. 왜 세상에 가증한 새들이 있는지, 우리가 못내 천진하다면 당연히 걱정할 테고, 우리가 퍼시벌이라면 궁금해하겠지요. 그리고 우리는 그 법칙이 내놓는 대답을 받아들여야 할 겁니다. '왜냐하면, 성경이 그렇다고 하니까'라는 대답을요.

《G.H.에 따른 수난》에서는 머리글자로 축소된 한 여성이 완전한 고독 속에서 바퀴벌레, 가증한 바퀴벌레와 얼굴과 얼굴을, 심지어 눈과 눈을 마주칩니다.[112] 브라질 포르투갈어에서 바

110 '가증하다'는 성경을 한국어로 옮기면서 '(도덕적으로) 구역질 나는 것', '우상숭배 또는 우상숭배의 대상물', '불결하여 몹시 싫어하는 것', '두렵고 무서운 것', '저주와 증오로 간절히 빌거나 맹세하는 것' 등을 서술하고 꾸미는 데 쓰인 용어이다. - 옮긴이

111 *The Holy Bible*, Revised Standard Version(New York: Thomas Nelson and Sons, 1952), p. 64.

퀴벌레에 해당하는 단어는 '바라타barata'이고 여성형입니다. 한 여성이 바라타와 만나고, 그 사건은 일종의 환상적이고, 완전하고, 정서적이고, 영적이고, 지적인 혁명, 짧게 말해서 범죄의 중심이 됩니다. 그 혁명은 G.H. 자신의 틀에 박힌 사고방식, 우리의 틀에 박힌 사고방식을 완전히 수정하도록 이끕니다. 우리와 세상 일반과의 관계, 그중에서도 살아 있는 것들과의 관계에 관한 사고방식을 말입니다. 그녀는 공포증, 이른바 가증한 존재에 갖는 공포를 해결해야만 합니다. 책의 중간쯤에 나오는 문장을 인용해 보겠습니다. G.H.가 바라타를 보고 먼저 일반적인 반응을 보인 뒤, 즉 눌러서 거의 '죽여놓은' 뒤입니다. 바라타에서 하얀 반죽 같은 것이 비어져 나오지만, 그래봤자 바라타는 불사의 존재입니다. G.H.는 이 물질을 만지게 됩니다. 그녀는 그 하얀 물질이 무엇인지, 그것을 어떻게 이해해야 할지 생각하기 시작합니다. 어느 시점에 그녀는 이렇게 말합니다.

> 나는 불결한 것을 만지는 금지된 행위를 저질렀다.[113]

브라질 포르투갈어에서 '불결한'은 'immundo'입니다.

112 Clarice Lispector, *The Passion According to G. H.*, tr. Ronald W. Sousa (Minneapolis: University of Minnesota, 1988).

113 위의 책, p. 64.

> 그리고 내가 어찌나 불결한지 [나는 너무 'immonde' 해서], 그 급작스럽고도 간접적인 자기 인식의 순간에 나는 도움을 요청하려 입을 열었다.[114]

미국판 번역서는 이어집니다.

> 그들은, 성경은 단언하지만, 내가 그들이 단언하는 것을 이해한다면, 그들은 나를 미쳤다고 할 것이다. 나 같은 사람들은 그들을 이해하는 것은 나의 파멸이 될 뿐이라고 단언했었다. "하지만 너희들은 불결한 것들, 독수리, 수리, 매를 먹어서는 안 된다." 올빼미도 안 되고, 백조도 안 되고, 박쥐도 안 되고, 황새도 안 되고, 까마귀 종류는 전부 안 된다.[115]

이 번역문을 제가 수정해 보겠습니다. 사실 G.H.는 '그들은, 성경은 단언했지만…'이라고 말하지 않습니다.

> E tao imunda estava eu, naquele meu subito conhecimento indirecto de mim, que abri a boca para pedir socorro. *Eles dizem tudo, a Biblia, eles dizem*

114 위의 책.

115 위의 책.

> *tudo*—mas se eu entender o que eles dizem, eles mesmos me chamarao de enlouquecida.[116] Pessoas iguais a mim haviam dito, no entanto entende-las seria a minha derrocada.
>
> "Mas nao comereis das impuras: quais sao a aguia, e o grifo, e o esmerilhao." E nem a coruja, e nem o cisne, e nem o morcego, nem a cegonha e todo a gênero de corvos.[117]

클라리시가 실제로 암시하는 것은 성경이 남성형 '그들'이라는 점입니다.

이렇게 해석해 볼 수도 있겠지요. "그 남男성경, 그들의 성경, 그들이 모든 것을 말한다." 어색하게 들리지만, 클라리시는 이렇게 글을 쓰지요. 어색하게, 거칠게, 그리고 우리가 느꼈으면 하는 것들을 가능한 한 충실하게.

그래서 저 남男성경, 그것이 우리에게 무엇이 불결하고 가증한지 알려주는 '그들'입니다. 클라리시 리스펙토르는 작품 세계를 통틀어 수많은 질문 중에서도 '우리 삶에서 가증한 것들'이라는 이 관념을 온갖 형태로 다루어 온 작가입니다. 저 새들을

116 이탤릭체 강조는 저자.

117 Clarice Lispector, *A Paixao segundo G. H.*(Rio de Janeiro: Editora Nova Fronteira: 1979), p. 68.

'가증'하다고 합시다. 저는 이 혐오에서 여성과 글쓰기를 연상합니다. 물론 반쯤은 재미로 하는 말이지만, 반쯤은 진지합니다. 저는 우리가 살아 있는 동안 알 만한 가치가 있다고 생각하는 저 존재들을 만날 수 있는 제한되거나 격리된, 또는 배제된 경로나 장소를 가리키는 저만의 방식이지요. 새와 그 종에 속하는 이들(몇몇 남자들이 포함될 수도 있습니다), 글쓰기와 그 종에 속하는 이들, 이 아름다운 벗들은 모두 바깥에서 찾아야 합니다. '그들의 성경'이, 성경인 그들이 '가증하다'라고 부르는 곳에서 말입니다.

어딘가 다른 곳에, 바깥에, 새들과 여성들과 글쓰기가 모입니다. 하지만 모든 여성은 아닙니다. 우리가 매일 깨닫듯이, 이 종의 상당수는 안에 머무르며 '그 남男성경'과 그들의 종에 자신을 동일시합니다. 우리는 바깥에서 그 성경에 의거하여 무엇이 가증하고 무엇이 아닌지 나누는 그 법칙을 신경 쓰지 않는 소중한 사람들을 몽땅 찾을 것입니다.

저는 오늘 만날 작가들에 일부러 주네를 포함시켰습니다. 프랑스어본과 정확한 동시에 오해하게 만드는 영어 번역본이 둘 다 있으면 좋습니다. 주네는 특히 번역하기 어렵습니다. 그는 우리가 프랑스어로 '자연화'라고 부르는 모든 시도에 저항하는 언어 세계에 살고 있습니다. 우리는 어딘가 다른 그의 장소로 가야 합니다. 그의 세계에 익숙해지려면 그만의 특수한 바탕 위에서 그를 만나야 하고, 그가 설정한 특정한 경로들을 따라 읽어야 한다는 뜻이지요.

클라리시 리스펙토르를 비롯하여 제가 깊고도 영속적인 연애를 하고 있는 저 작가들, 안나 아흐마토바, 마리나 츠베타예바, 잉에보르크 바흐만, 오시프 만델슈탐의 글도 마찬가지입니다. 그들은 의도하지 않고도, 서로 만나지 않고도, 서로의 책을 읽지 않고도 모두 주네가 프랑스어로 'les domaines inférieurs(낮은 영역들)'라 부르는 곳에 거합니다.[118] 그들은 정확한 주소도 없는, 제일 파악하기 어려운 나라, 찾기도 제일 힘들고 살기도 제일 힘든 나라 어딘가에, 노력과 위험과 위기 없이 살기는 더욱 어려운 곳에 삽니다. 이 위험한 나라는 무의식 가까이에 위치합니다. 그곳에 닿으려면 우리는 사고思考의 뒷문을 열고 나가야 합니다.

제가 같은 방식으로 얘기될 수 있는 이런 존재들을 모으는 이유는, 제가 새와 여성의 운명을 걱정하게 되는 이유는, 어떤 종류의 글을 정말로 사랑하거나 견디거나 이해할 수 있는 사람이 불행하게도, 아니 어쩌면 다행하게도, 많지 않음을 알게 되었기 때문입니다. 저는 여성과 새를 동의어로 쓰고 있습니다.

클라리시 리스펙토르가 《G.H.에 따른 수난》 도입부에서 영리하게 얘기하는 것이 이것입니다.[119] 번역본은 말하지요.[120]

118 Jean Genet, *The Thief's Journal*, tr. Bernard Frechtman(New York: Grove, 1964), p. 45.

119 Clarice Lispector, *The Passion According to G. H.*, p. 3.

120 여기서 말하는 '번역본'은 영어 번역본을 말한다. - 옮긴이

'잠재적인 독자들에게.' 그 문장은 이렇게 되어야 합니다. '적절한 독자들에게.'

번역본은 말합니다. "이것은 다른 여느 책과 똑같은 책입니다", 그렇게 다시 확인하죠. 하지만 클라리시 리스펙토르가 한 말은 이것입니다. "이 책은 다른 여느 책과 같습니다."[121]

번역본이 이어집니다. "하지만 이 책이 시야가 완전히 형성된 사람들에게만 읽힌다면 행복하겠습니다."[122]

'시야'가 뭘 말하는지 모르겠습니다만, 클라리시가 말한 것을 알려드리자면, "하지만 이 책이 영혼이 이미 성숙한 분들에게만 읽힌다면 기쁘겠습니다".

계속 얘기해 보겠습니다.

> 어떤 것에 접근하는 일이 점진적이고 또 고통스럽다는 것을, 그리고 접근 대상의 정반대에 있는 것을 통과하는 일도 포함한다는 것을 아는 이들. 이런 사람들이, 이런 사람들만이 이 책이 아무한테서 아무것도 빼앗지 않음을 아주 천천히 이해할 터입니다. 예컨대 G.H.라는 인물은 제게 점진적으로 어려운 기쁨을 주었습니다. 하지만 그것도 기쁨이

121 Clarice Lispector, *The Passion According to G. H.*, p. 3.

122 위의 책.

123 위의 책.

라 불리지요.[123]

책을 펼치면 여러분은 이런 인사를 받습니다. 이 책이 여느 책과 같다는 얘기를 듣지요. 그러면 여러분은 자신이 영혼이 이미 성숙한 그런 사람인지 자문해야 합니다. 위협적이고 불온한 일이지요. 스스로에게 '내 영혼은 이미 성숙한가'라고 묻다니! 해선 안 될 일처럼 들릴지 모르겠지만, 그렇지 않습니다. 다음 문장을 읽는 순간 여러분은 접근하고 있는 것의 안에 있든가 아니면 밖에 있습니다. 여러분은 적어도 평생에 한 번은 접근하고 있는 것의 정반대를 겪고 있음을 알아챈 적이 있을 겁니다. 저는 그러리라고 짐작하지만, 아직 그런 일이 일어나지 않았다면 앞으로 일어날 것입니다.

다음에 오는 것이 제일 중요합니다. 그처럼 가혹한 말을 한 뒤에 클라리시는 말합니다. "이 책은 아무한테서 아무것도 빼앗지 않습니다. 예컨대 G.H.라는 인물은 제게 점진적으로 어려운 기쁨을 주었습니다." 클라리시 리스펙토르는 이 문장을 쓰면서 영리하게 선뜻 독자들 편에 섭니다. 책 앞에서는 그녀도 작가가 아니라 우리와 똑같습니다. 책을 읽고, 다가와서 온갖 감정들을 안겨주는 책 속 인물들에 대처해야 합니다. 하지만 그 말은 이 책이 고통을, 물론 기쁨이기도 한 고통을 주리라는 경고입니다. 이 책이 아무한테서 아무것도 빼앗지 않는다는 건 어떻습니까. 글이 빠르게 움직이니 그 말을 눈치채지 못했을 수도 있겠지만, 저는 그 말이 우리 삶에 공통되는 하나의 열쇠라고 믿습니다. 우리 각자는, 성별에 상관없이 전 인류가, 무언가를 빼앗기는 느낌에 대처해야 합니다. 흥미로운 점은 새와 글과 많은 여성이 혐오스럽고 위협적이라며 거부된다는 사실입니다. 다른 이들, 거절하는 자들이 무언가를 빼앗긴다고 느끼기 때문입니다. 하지만 이건 논쟁적인 사안이니, 오늘은 여성을 빼고 새와 글만 얘기해 보도록 합시다. 새도 글도 아무것도 빼앗아가지 않지만, 사람들은 어떤 형태의 글이 자신에게서 무언가를 빼앗아간다고 느낍니다. 클라리시 리스펙토르는 페미니스트였던 적이 없고, 주네도 페미니스트가 아니지만, 그들의 글은 상처 입히고, 불만스럽게 만들고, 독자들에게 무언가를 빼앗긴다는 느낌을 줄 수 있습니다.

간디의 경우가 딱 그랬습니다(상황을 명확하게 설명하기 위해 이 사례를 선택했습니다). 여러분은 간디가 주로 숭배를 받았다고 믿으시겠지요. 사실, 간디는 미움받았고 지금도 여전히 미움을 받고 있습니다. 인도에는 아직 혐오가 살아 있고, 그는 그것으로 인해 죽었습니다. 간디를 지지한 이들은 대체로 지정 카스트라 불리는 카스트에 속하는데, 간디가 지지했던 이들과 같은 밑바닥 카스트 사람들이었습니다. 하지만 간디는 아무에게 아무것도 요구하지 않았습니다. 그저 자신의 길을 갔을 뿐이죠. 간디는 사람들에게 변화하라고 요구하지 않았습니다. 그는 자기 일이라고 느껴지는 일을 했습니다. 사람들이 다가와도 그는 아무것도 기대하지 않았고 아무것도 강요하지 않았으며, 가까운 친구들에게조차 무언가를 요구한 적이 없습니다. 사람들은 살고 싶은 대로 계속 살았습니다. 하지만 간디가 금욕적이고 스스로에게 요구하는 것이 많은 그만의 법칙에 따라 살았다는 단순한 사실 자체가 사람들로서는 참을 수 없는 무언가였습니다. 인도인들이 간디를 지각하는 방식과 똑같이 지각되는 글쓰기 방식들이 있습니다.

잉에보르크 바흐만과 츠베타예바가 그랬듯이, 클라리시 리스펙토르도 이런 인식에 대처해야 했습니다. 다행스럽게도 언제나 그런 글을 사랑하는 소수의 사람들은 있기 마련이죠. 하지만 대다수는 '그들의 성경'입니다.

이제 프랑스어로 'l'immonde'라 불리고, 브라질어로는 'imundo', 영어로는 'the unclean'이라 불리는 것은 어떻습니까? 클라리시는 이렇게 말했습니다.

> 나는 《성경》에서 불순한 동물들이 금지된 이유가 이문드imund가 뿌리이기 때문이라는 걸 이해하는 중이었다.[124] 세상에는 아름답지 않게 창조된 것들, 창조될 때의 모습 그대로 있어야 하는 것들이 있다. 그것들만이 오로지 완전한 뿌리로 남을 수 있고, 그것들은 먹히지 않는다. 선악과, 살아 있는 물질을 먹으면 나는 장엄된 천국에서 추방되어 양치기의 지팡이를 짚고 영원히 사막을 걸어야 할 것이

124 엘렌 식수의 메모: 번역문은 이렇게 말한다. "나는 안다." '나는 아는 중이었다'는 표현이 '불결하게', 부정확하게 들린다고 생각하기 때문이다. 하지만 클라리시 리스펙토르 글의 '부정확성'을 온전하게 지켜야 한다.

다. 많은 이들이 지팡이를 짚고 사막을 걷는다.

적절한 영혼, 머리가 제 꼬리를 먹어 치우지 않을 영혼을 짓기 위해, 법칙은 공공연하게 살아 있는 것만을 이용하도록 명한다. 그리고 법칙은 불결해지는 자는 누구든 알지 못하고서 그래야 한다고 명한다. 왜냐하면, 불결한 것을 알고서 불결해지는 자는 불결이 불결이 아니라는 것도 알게 되기 때문이다. 그게 다일까?[125]

클라리시는 《성경》을 인용합니다.

"땅에 기어 다니고 날개가 있는 모든 것은 불결하니 먹지 말 것이다."

나는 깜짝 놀라 도움을 청하려 입을 열었다. 왜? 바퀴벌레처럼 불결해지고 싶지 않기 때문이다. 어떤 이상이 그 생각을 하지 못하도록 나를 붙잡았을까? 왜 나는 자신을 불결하게 만들지 말아야 할까? 내가 내 자아 전체를 드러내고 있는 이 와중에, 내가 무엇을 두려워했을까? 불결하기? 무엇으로?

기쁨으로 불결하기.[126]

125 Clarice Lispector, *The Passion According to G. H.*, pp. 64~65.

126 위의 책, p. 65.

이것이 오늘 저의 주제입니다. '이문드하기', 기쁨과 함께 불결하기. '이몽드immonde', 즉, 'mundus(세계)'에서 나오기. 몽드monde, 세계는 이른바 청결합니다. 세계는 법칙의 선한 쪽에 있으니, 즉 '적절한', 질서의 세계지요. 여러분이 선을 넘는 순간 법칙은 말로써, 언어적 표현으로써 구별을 짓고, 여러분은 세계의 바깥에 있게 됩니다. 더는 세계에 속하지 않게 되는 것이죠.

우리는 거기 바깥에서 백조와 황새와 대머리수리와 어울려야 합니다. 이 목록을 다른 측면에서 상상해 봅시다. 단테 같은 이는 이 목록을 찬양했지요. 단테는 새를 사랑하고, 《신곡》 중 〈천국편〉에서는 하늘에 적힌 글자 같은 새들의 환상을 봅니다. 그런데 왜 그 새들이 이문드일까요? 그냥요. 여러분도 알다시피, 이것이 법칙의 비밀입니다. "그냥." 이것이 법칙의 논리입니다. 사람들의 운명을 결정하는 것이 이 끔찍한 '그냥', 이 무의미하고 치명적인 '그냥'입니다. 강제 수용소라는 극단에서도요. 사람들은 '그냥' 분류되어 일부는 가스실로 가고 일부는 나중을 위해 목숨이 '부지'되었습니다. 우리 삶을 지배하는 것이 이 '그냥'이지요. 이것이 모든 것에 배어 있습니다. 심지어 취약한 번역의 세계에까지 뻗어 있을 수 있지요.

이제 클라리시는 노골적으로 이문드한 것이 기쁨이라고 말합니다. 둘은 동의어입니다. 기쁨이 이문드이고, 'immonde'입니다. 영어 표현인 'unclean'을 사용하면 '세상에서 벗어난'이라는, 꼭 필요한 의미를 잃게 됩니다. 기쁨은 세상에서 벗어난 것입니다. 클라리시는 이걸 이해시키고자 했습니다. 실제로 금지된 것이 기쁨과 환희라는 건 사실입니다. 클라리시가 천재의 타격을 가하며 말하듯이, '저들의 성경'의 핵심은 기쁨과 환희와 새들이 금지되었다는 점이고, 그 이유는 그것들이 뿌리이기 때문입니다.

그러니 '저들의 성경'의 목적은 뿌리를 금하는 것입니다. 제가 수면으로 끌어올리고 싶었던 것이 이것입니다. 수면에 머물지는 않겠지만요. 대신에 우리 사다리는 땅속으로 자랄 것입니다.

글은 주어지지 않고, 어딘가에서 우연히 생기지도 않고, 외부에서 들어오지도 않습니다. 반대로, 글은 내부 깊숙한 곳에서 나옵니다. 글은 주네가 '낮은 곳'이라 부른, 하위의 영역domaines inférieurs에서 나옵니다. 그곳에 한번 가보겠습니다. 거기가 글이라는 보물이 있는 곳, 그 보물이 형성되는 곳, 창조의 기원에서부터 그 보물이 머물러 온 곳, 바로 저 아래이기 때문입니다. 우리 작가들은 저마다 그곳을 다르게 부릅니다. 누군가는 '지옥'이라고 하지요. 물론 좋은, 바람직한 지옥입니다. 클라리시는 그렇게 부르지요. '인페르노inferno'. 클라리시가 늘 지옥이라는 단어를 쓰는 건 아닙니다. 때에 따라 온갖 유사한 이름을 사용하지요(《삶의 숨결》에 인용된 '다른 쪽'은 츠베타예바가 쓰는 심연이지요).[127] 그곳은 내 몸 깊숙이에, 더 낮은 쪽에, 사고思考의

127 Clarice Lispector, *The Stream of Life*, tr. Elizabeth Lowe and Earl Fitz (Minneapolis: Unviersity of Minnesota Press, 1989), p. 13.

뒤쪽에 있습니다. 생각이 앞으로 나서며 그곳을 가리고, 그곳은 문처럼 닫힙니다. 이 말이 그곳이 생각을 하지 않는다는 의미는 아니지만, 그곳은 우리 사고와 언어와는 다르게 생각합니다. 제 마음속 아주 깊은 어딘가, 제 생각보다 더 깊은 곳입니다. 제 배 속, 제 자궁 속 어딘가, 여러분에게 자궁이 없다면, 그렇다면 어딘가 '다른' 곳입니다. 그쪽으로 가려면 아래로 내려가야 합니다. 하지만 어제 말씀드렸듯이, 이런 종류의 내려가기는 올라가기보다 훨씬 이루기 어렵고, 훨씬 더 피곤하고, 훨씬 더 육체적으로(영혼은 육체이기 때문에 '육체적'입니다) 고됩니다. 그저 기는 것이지만, 우리가 삶을 꾸리기 위해 세운 온갖 문과 장애물과 벽과 간격을 뚫고 가기 위해 우리 자신이기도 한 모든 것('몸'보다 훨씬 복잡한 것이라서 '몸'이라 부르고 싶지 않네요)의 모든 힘을 요구합니다. 그 외에도 저는 우리 사회에서 우리가 그곳에 가지 못하도록 막는 또 다른 하나가 ('우리 모두'는 유능하기 때문에) 우리의 무능력이 아니라 우리의 비겁함, 우리의 공포라는 것도 알고 있습니다. 우리의 공포는 우리가 추방된 이들이 사는 그 위험한 곳에 다다를 것임을 너무나 잘 알기 때문이고, 또 우리가 추방을 매우 싫어하기 때문입니다. 우리가 추방을 견디지 못한다는 사실은 정서적, 개인적, 정치적 문제입니다. 우리는 추방을 두려워하고 헤어지는 것을 싫어합니다. 우리가 온갖 소소한 범죄들과 자기부정과 배신을 저지르기 쉬운 이유가 그 때문입니다.

하지만 우리는 문드mund를 잃는 쪽과 이문드imund라 불리는 우리의 가장 좋은 부분을 잃는 쪽 중에서 선택해야 합니다. 우리는 오랜 세월에 걸쳐 온갖 종류의 경험과 교육으로 형성되기 때문에, 그곳에 가려면 딱히 유쾌하지 않은 온갖 곳들을 통과해야만 합니다. 우리의 늪, 우리의 진흙탕 같은 곳들 말입니다. 하지만 그럴 만한 가치가 있습니다. 문제는 그런 보상이 있다는 사실을, 그 일이 유익하다는 사실을 우리가 배우지 못했다는 점입니다. 우리는 그 고통도, 그 고통 안에 기쁨이 숨어 있다는 사실도 배우지 못했습니다. 우리는 우리 자신에 맞서, 정신적, 감정적, 전기傳記적 클리셰의 축적에 맞서 싸울 수 있다는 것을 모릅니다. 글쓰기의 일반적 추세는 거대한 클리셰의 결합입니다. 이것이 우리가 미묘한 적들에 맞서 싸워야 하는 전투입니다. 이 전투에서 우리와 맞서는 개인적인 적들은 낙원으로 돌아가지 못하게 막는다고 카프카가 비난하는 바로 그들입니다. 카프카는 낙원이 사라지지 않았다고, 거기에 있다고 주장합니다. 하지만 우리는 게으르고 성급합니다. 게으르지도 성급하지도 않다면 우리는 낙원으로 돌아가겠지요. 우리는 이 게으름과 성급함을 처리해야 합니다. 그리고 당연히 '그들의 성경'을 대표하는 이들도 처리해야 하지요. 세상에는 새와 여성과 글쓰기를 추방하고자 하는 제도와 매체와 기제들의 긴 목록이 있습니다. '아파라칙'[128]을 러시아어 단어라고만 생각하면 오산입니다. 아파라칙은 모든 국가에, 특히 프랑스에 존재합니다. 그들은 새, 즉, 여성,

128 아파라칙(Apparatchik)은 공산당의 지하조직원을 뜻하는 용어이며 거대 정치조직의 관리 등을 경멸적으로 칭할 때도 쓰인다. - 옮긴이

즉, 글쓰기에 반하는 강력한 힘이며, 사람들은 그들을 두려워합니다.

불행히도 금지된 것이 제일 좋은 것, 기쁨입니다. 우리는 법칙의 말을 듣습니다. "너희는 저 새들을 먹지 아니하고, 너희는 저 책들을 읽지 아니하니라." 즉, 너희는 기쁨인 저 책들을 먹지 아니하니라. 토마스 베른하르트는 〈몽테뉴〉에서 어릴 때 가족들이 하곤 했던 말을 들려줍니다. '너 자꾸 서재에서 책 가져오면 나중에 미쳐. 돌아버릴 거야.' 그건 나쁘고 잘못되고 타락하고 사악한 짓이니까요. 독서는 사악하다고 일컬어지는 모든 종류의 기쁨에 대한 놀라운 은유입니다.

츠베타예바는 일찍 죽었습니다. 그녀는 아주 튼튼하고 강력하고 반항적인 여성이었고, 생존하도록 허락되기에는 너무 강력하고 기쁨에 차 있었습니다. 〈종말의 시〉라는 긴 시에는 갑자기 덤비듯이 말하는 짧은 구절이 있습니다. "모든 시인은 이드Yid[129]다."[130] 이 단어는 극도로 모욕적입니다. 이 단어는 이문드imund의 동의어입니다. 시인들은 불결하고, 여성들이 가증한 것과 같은 방식으로 가증합니다. 츠베타예바가 러시아 사회의 맥락 속에서 그 당시 가증한 것 중에서도 가장 가증한 이 단어를 사용했다면, 그녀가 느끼기에, 시인들은 '이드'였습니다. 이

129 이드(Yid)는 유대인을 경멸적으로 이르는 말이다. - 옮긴이

130 Marina Tsvetaeva, "The Poem of the End," in *Marina Tsvetaeva: Selected Poems*(Newcastle on Tyne: Bloodaxe, 1989), p. 13.

단어는 다른 모든 가증한 것들에 상당했습니다. 다른 글에서 그녀는 자신이 사랑하는 가증한 것, 자신이 동일시한 가증한 것이 '검둥이'였다고 암시합니다. 그러니 등가물 선상에 이런 것들이 있게 됩니다. 유대인, 여성, 흑인, 새, 시인, 등등, 이들 모두가 배제되고 추방되었습니다. 추방은 곤란한 상황이지만, 한편으로는 매혹적인 상황이기도 합니다. 추방의 경험을 가벼이 여기는 것은 아닙니다. 하지만 우리는 다르게 견딜 수 있습니다. 어떤 추방자는 분노로 죽고, 어떤 추방자는 추방을 하나의 나라로 바꿉니다. 저는 (격한) 분노로 죽은 이들을 이해합니다. 안드레이 사하로프가 그랬죠. 최근에 그의 아내 옐레나 본네르를 만났는데, 분노로 완전히 흥분해 있었습니다. 낮이고 밤이고 오직 절망적인 분노뿐이라 고통스러워하는데, 저는 그게 완전히 이해됩니다. 어떤 추방자들은 분노에서 기쁨을 끌어낼 수 있습니다. 그 이상한 경험에 힘입어 우리가 잃어버린 것을 다시 배우고 다시 찾을 수 있는 사람들이지요. 어릴 때는 우리도 그랬지만, 우리는 빵 맛을 잊어버렸습니다. 클라리시 리스펙토르의 말마따나, 내내 바닷가재를 먹어왔기 때문입니다. 우리는 손의 맛을, 손길의 맛을 잊어버렸습니다. 우리는 기쁨의 온갖 크고 작은 비밀들을 잃어버렸지만, 추방의 나라에 도달하기는 어렵지 않습니다. 때로는 미국 같은 나라의 국경을 넘는 것보다 그 나라, 추방으로 가는 것이 더 쉽기도 합니다.

2. 모든 국경의 통로

가) 출생증명서

우리는 이제 기독교적 상상력은 부정적인 의미를 덧씌우는 반면, 저에게 소중한 글들에서는 기쁨에 찬('부정적인'의 반대말로 '긍정적인'이라는 단어를 쓰고 싶지는 않네요) 함의를 가지는 곳, 즉, 지옥으로 갈 겁니다. 이런 말로 시작하지요. 우리는 지옥으로 갈 것이고, 저는 한 가지 접근법을 염두에 두고 있습니다. 저는 제가 그 접근법을 선정하게 된 맥락과 그럼으로써 어떤 장소와 경로에 특혜를 주게 될지 잘 알고 있습니다. 분명 제가 유일한 사람은 아닙니다. 제가 그 방향으로 가는 이유는 다른 이들, 제가 사랑하는 이들이 저를 불렀기 때문이니까요. 모두가 거기로 가는 것도 아닙니다. 다른 사람들이 지옥이라 부르는 것을 다른 사람들이 천국이라 부르는 것보다 선호하는 데에는 리비도적인 선택들이 수반됩니다. 지옥이 천국이기 때문이죠. 저는 그것에 반대하지 않습니다. 그저 리비도적이고 지리적인 재교육을 향해 나아가고 있을 뿐입니다.

주네가 특정 장소를 '낮은 영역들'이라 불렀고, 그 용어가 같은 것을 지칭하는 용어임이 분명하다는 지적은 이미 했지요. 동시에 저는 주네가 '영역들domaines'이라는 용어를 사용하는 것에 주목합니다. 다른 말로 하자면, 그는 도미누스dominus, 스승을 소개하고 있게 됩니다. 어느 정도 의식적으로 한 일입니다. 저는 그가 의식적으로 그렇게 했을 가능성이 더 크다고 생각하는데,

주네가 갤리선에서 노를 젓는 노예처럼 단어 하나하나를 신중하게 고르는 사람이기 때문입니다. 주네의 글에서 우리는 언어의 교도소에 있게 됩니다(그 교도소가 그에게 유익하니, 분명 좋은 교도소일 테지만 말입니다). 주네가 '낮은 영역들'을 말할 때, 저는 스승이 지나가는 소리를 듣습니다.

오늘은 그와 유사한 지역, 주네의 세계질서와 클라리시의 세계질서가 만나는 지점을 살펴보도록 합시다. 둘의 세계는 유사하면서도 다르지만, 저는 둘 다 훌륭한 본보기라고 생각합니다. 둘은 주네가 신중하고 격조 높게 '낮은 영역들'이라 부르고, 클라리시는 '낮은 영역들'이라는 용어 대신 '지옥'이라 부르는 곳에 삽니다. 클라리시의 모든 글에 그 단어가 나타납니다. 《삶의 숨결》과 《G.H.에 따른 수난》에요. 지옥이 피어나지 않는, 지옥이 환희에 넘쳐 피어나지 않는 클라리시의 글은 한 편도 없습니다. 지옥은 즐거움의 장소이고, 행복의 장소입니다. 우리는 '지옥'이 그 이름에도 불구하고, 낮은 영역들에 있음에도 불구하고, 하늘에 있다고 상상해야 할지도 모릅니다.

> 내가 여러 번 동굴에 그림을 그린다면 그것들이 캄캄하지만 명료함의 구름에 덮인 땅속으로 스며든 나이기 때문이고, 나, 종유석과 화석과 바위가 함께하고, 저마다의 악한 천성으로 미친 생명체들이 피난처로 삼는, 자연의 피가 꽉 찬 위험한 동굴, 지구의 부적이기 때문이다. **'동굴은 나의 지옥이다.'**[131] 늘 안개가 서려 꿈 같은 동굴. 아니면 그

> 건 안개가 아니라 기억, 아니면 갈망인가? 두렵고 두려운, 신비로운, 시간의 즙이 배어 파르스름한 동굴. 십자가 같은 박쥐의 날개를 단 쥐들이 어두운 동굴에 어슴푸레하게 매달려 있다. 검은 털투성이 거미들이 보인다. 쥐들과 생쥐들이 겁에 질려 바닥과 벽을 따라 뛴다. 돌 틈에 전갈이 있다. 셀 수 없이 많은 탄생과 죽음을 거치면서도 선사시대부터 전혀 변하지 않은 게들이 인간과 같은 크기라면 위협적인 짐승으로 보일 것이다. 고대의 바퀴벌레들이 어스름한 빛 속으로 제 몸을 끌고 간다. 그리고 이 모든 것이 나다. 내가 동굴에 그림을 그리거나 너에게 그에 관한 편지를 쓸 때는 모든 것이 꿈들로 묵직하다. 거기서 구속되지 않은 열두 마리 말이 마른 말굽으로 그림자들을 짓밟는 소리가 나고, 말굽이 닿을 때마다 환희가 그 불꽃 속에서 스스로를 해방시킨다. 나는 여기, 동굴과 나, 우리를 썩힐 시간 속에 있다.[132]

우리는 이 집단을, 이 무리를, 이 태고를 《G.H.에 따른 수난》과 주네에게서 다시 보게 될 겁니다. 뿌리에 닿기 위해서, 그 마법의 장소에 닿기 위해서, 우리는 경계들을 건너며 내려가야 합니다.

131 강조는 저자.

132 Clarice Lispector, *The Stream of Life*, pp. 8~9.

'경계 건너기'는 클리셰입니다. 탄탄하고 변용의 폭이 큰 클리셰지요. 《도둑 일기》에서 주네는 국경 넘기le passage des frontières, 진짜 경계 건너기를 자주 씁니다. 이 나라를 저 나라와 가르는, 프랑스와 스페인을, 폴란드와 체코슬로바키아를, 그 외 기타 등등을 가르는 진짜 국경이 있습니다. 프랑스인의 귀에 그 표현은 클리셰처럼 들립니다. 하지만 주네가 흔히 그러듯이, 그는 클리셰를 쓸 때도 아주 신중합니다. 그는 클리셰가 클리셰에서 벗어날 수 있도록 클리셰를 힘껏 강조함으로써 클리셰가 경계 건너기 자체가 되도록 만듭니다.

다음에 나오는 단락, 허기의 기쁨, 빵 반죽에 섞인 고통스러운 기쁨과 지혜의 나라에 관련된 구절에는 하나의 예로 들 수 있는 단락 바꾸기가 있습니다. 우리는 시틸리타노라는, 주네가 사랑하는 남자 이야기를 한참 들었고, 이야기는 다음 문장으로 끝납니다.

> "나는 호텔로 돌아가 스틸리타노에게 얘기했다. 그가 그 건은 알아서 처리하겠다고 말하고 나갔다.
>
> 나는 1910년 12월 19일에 파리에서 태어났다."[133]

이런 식으로 글은 경계를 건넙니다. 한참 스틸리타노의 이야기가 진행되고 있는데, 스틸리타노가 나갑니다. 우리는 마치

133 Jean Genet, *The Thief's Journal*, p. 44.

극장에 있는 듯합니다. '스틸리타노 퇴장. 나는 파리에서 태어났다…' 스틸리타노가 나갔고, 나는 태어났습니다. 경계 건너기가 그처럼 갑작스럽고 그처럼 미묘해서 우리는 경계를 건넜다는 사실도 알아차리지 못할 지경입니다.

주네의 경계 건너기 장면에는 늘 건널까 말까 하는 정신적 동요가 있습니다. 건너기는 군대 다녀오기 같은 규정된 의식儀式이나 출생을 필두로 한 상징적 의식 같은 온갖 의식의 대상이 됩니다.

"나는 1910년 12월 19일에 파리에서 태어났다." 자서전일까요? 44쪽에서 주네가 태어납니다. 그 전에는 태어나지 않았습니다. 여러분도 보다시피, 그 일은 출생 훨씬 이전에 일어납니다. 동시에, 그 일은 일어나지 않습니다.

"스물두 살 때, 나는 출생증명서를 얻었다."[134]

정확한 번역입니다. 하지만 프랑스어에서 증명서를 뜻하는 단어는 '악트acte',[135] 출생증명서는 '악트 드 네상스Acte de naissance'입니다. 종이 자체, 즉 '양식'이 '악트'라 불립니다. 그러니 주네의 '출생 행위'가 완료된 것이 스물두 살 때이죠. 요즘은 공

134 위의 책.

135 프랑스어 acte는 영어의 'act'에 해당하는 명사형으로 '행위, 짓, 성질, 증서, 조항'이라는 여러 뜻이 있다. - 옮긴이

문서나 양식을 채우려면 악트 드 네상스가 존재해야 합니다. 프랑스인들은 그 표현이 그처럼 의미가 풍부한 말인지 모르고 사용합니다. 우리에게는 그저 한 장의 종이, '악트 드 네상스'일 뿐이니까요. 주네는 스물한 살에 '악트 드 네상스'를 얻으려 하는데, 그 말은 곧 그가 태어난 지 스물한 해 만에 자신의 출생 행위를 찾아본다는 의미입니다.

> 어머니의 이름은 가브리엘 주네였다. 아버지는 미상이다. 나는 루 다사스 거리 22번지에서 출생했다.[136]

우리는 이 말을 글자 그대로 받아들여야 합니다.

> …루 다사스 거리 22번지.
>
> "내 기원에 관해 뭔가를 좀 찾아봐야겠어." 나는 혼잣말을 했다. … 그들은 아무 정보도 줄 수 없다고 했다. 나는 모르방에서 농부들 손에 자랐다. 황야에 만발한 골담초[137]를 만날 때마다, 특히 황혼 녘에… 만날 때마다 나는 깊은 친연親緣을 느낀다.[138]

136 Jean Genet, *The Thief's Journal*.

137 프랑스어로 genêt라 하고 작가의 성인 주네와 발음이 같다. - 옮긴이

138 위의 책.

그러니까 이런 식입니다. 이런 식으로 우리는 미처 깨닫지 도 못한 채 보이지 않는 경계들을 계속해서 건넙니다. 우리는 루다사스에 있고, 거기 사람들은 아무 정보도 줄 수 없다고 하지만, 다음 문장에서 "나는 모르방에서 농부들 손에" 컸습니다. 가능한 모든 수단을 이용하여, 문장에서 문장으로 건너뛸 때마다 경계 건너기가 일어납니다. 수단 중에는 시제의 변화로 표현되는 시간의 작용도 있습니다. 어머니는 과거이고 아버지는 미상으로서 현재에 있는 식입니다. 처음에 주네는 스물한 살이고, 그러다가는 다섯 살이 됩니다.

클라리시 리스펙토르의 글에서와 마찬가지로, 주네의 글에서도 이런 순간의 원동력은 경계 건너기에 작용하는 축어적 효과입니다. 익숙하고도 섬뜩한(운하임리히unheimlich[139]) 경계 건너기는 한 나라에서 다른 나라로 가는 것 같은, 우리 모두가 때때로 겪는 일이겠지만, 여기서는 모든 경계의 모든 건너기로 변형됩니다.

클라리시의 《삶의 숨결》에서 건너기는 바로 생존의 정의입니다.

> 나는 아주 열에 들떠 있다 … 나는 과연 생존을 멈출 수 있을 것인가? 가여운 나, 나는 너무 많이 죽는다. 나는 구불구불 흙을 뚫고 지나는 뿌리의 길을 따르고, 수난은 나

139 '소름 끼치는, 섬뜩한'이라는 뜻의 독일어 형용사. - 옮긴이

의 재능이니, 마른 나무가 불탈 때 나는 화염 속에서 몸을 뒤튼다.[140]

적어둡시다. '클라리시는 뿌리를 따르고 있다.' 이건 나중에 다시 살펴보겠습니다.

우리의 원시적 또는 시적 경험들은 모두 분리이거나 아니면 비분리입니다. 성性 간, 종種 간, 또 높은 것과 낮은 것 간 경계를 정의해야 하는 곤경이지요.

다시 주네의 나라로 건너가 보도록 합시다.

"나는 … 파리에서 태어났다." 이야말로 처음이고, 이야말로 자서전이 시작되는 방식이지요. 하지만 《도둑 일기》는 이렇게 시작합니다. "죄수복에는 분홍색 줄무늬가 있다." 내가 태어나는Je nais 것은 나중이죠. '나는 태어난다Je nais'와 '주네Genet' 사이에는 음성학적 말장난이 있습니다.[141] 건너기에 관련된, 국경과 출생과 변이와 혈통과 가문에 관련된 모든 것을 위한 연극적인 무대 설정이지요. 그는 존재하고, 그는 세상으로 들어갑니다. "스물한 살 때, 나는 출생증명서를 얻었다." 출생증명서는 출생 이후에 오고, 우리는 언제 경계를 건너는지, 어느 쪽으로 들어가고 있는지 절대 알 수 없습니다. 들어가고 있는지 아니면 나오고

140 Clarice Lispector, *The Stream of Life*, pp. 14~15.

141 '나는 태어난다'는 뜻의 프랑스어 'Je nais'는 '주 네'로 발음된다. - 옮긴이

있는지, 아니면 들어가기와 나오기가 다른 것인지 등등도 마찬가지입니다. "어머니의 이름은 가브리엘 주네였다." 기원은 '있습니다'. 하지만 이것이 기원이든 아니든, 문제는 이것이 기원인지 아닌지를 '아는' 것입니다. 화자는 여기에 관해서는 확신이 없습니다. "아버지는 미상이다." 시제들을 통과하며 미끄러집니다. 이 단락에는 숫자가 아주 많아서, 주소도 있고, 날짜도 있습니다. 우리는 거기에도 기원도 있다고 혼잣말을 해보지만, 결국 거기에는 아무것도 없습니다.

> 22번지에는 산부인과 병원이 자리하고 있었다. 그들은 아무 정보도 줄 수 없다고 했다. 나는 모르방에서 농부들 손에 자랐다. 황야에 무성한 골담초genêt를 만날 때마다...142

나는 루 다사스 거리에 있었고, 여기 나는 모르방에 있고, 그러고는 황야에 있습니다. 극도로 빠른 경계 건너기입니다. 이런 기술, 이처럼 남달리 응축된 글을 보면 꿈의 응축성과 급속한 전개가 연상됩니다. 시간은 보조를 맞추지 못한 채 건너뛰기를 암시합니다. 우리의 일상적인 논리를 보존해 주지 않는 시간입니다.

142 Jean Genet, *The Thief's Journal*, p. 44.

황야에 만발한 골담초genêt를 만날 때마다, 특히 황혼녘에 질 드 레[143]가 살았던 티포주 성의 폐허를 방문하고 돌아오는 길에, 만날 때마다 나는 깊은 친연을 느낀다. 나는 다정한 마음을 품고 그 꽃들을 진지하게 살핀다. 내 감정은 자연에 의해 규정되는 듯하다. 나는 세상에 혼자이고, 그리고 나는 내가 이 꽃들의 왕, 아마도 이 꽃들의 요정이 아니라고는 확신할 수 없는 느낌이다. 꽃들은 내가 지나갈 때 경의를 표하고, 절하지 않고서 절하지만, 나를 인정한다. 꽃들은 내가 자신들의 살아 있는, 움직이는, 기민한 대표자, 바람의 정복자라는 걸 안다. 꽃들은 나의 자연적 상징이지만, 그들을 통해 나는 질 드 레가 유린하고 학살하고 불태운 아이들과 젊은이들의 뼛가루를 머금은 그 프랑스 땅에 뿌리를 갖는다.[144]

보통은 사람을 만나지 꽃을 만나지는 않지요. 우리는 이 장르에서 저 장르로, 이 왕국에서 저 왕국으로, 이 종에서 저 종으로 미끄러집니다.

143 질 드 몽모랑시-라발 드 레 남작(Gilles de Montmorency-Laval, baron de Rais, 1404~1440)은 브르타뉴와 앙주, 푸아투 등을 다스린 영주이자 기사로, 백년전쟁 당시 샤를 7세 측에 가담해 잉글랜드군과 맞서 싸웠다. 오를레앙 공성전에서 공을 세워 1429년에 샤를 7세가 왕위에 오를 때 프랑스군의 원수로 임명되었다. 1440년에 이단, 동성애와 140명 이상의 아동을 살해한 혐의로 고발되었고, 죄를 자백한 후 처형되었다. 그와 그의 성 티포주가 샤를 페로의 동화 〈푸른 수염〉의 모델이라고 전해진다. - 옮긴이

144 Jean Genet, *The Thief's Journal*, pp. 44~45.

주네가 과도한 클리셰인 "그들과의 깊은 친연"이라는 표현을 쓰는 이유는 그가 우리를 저 깊은 곳으로 끌어당기고 있기 때문입니다. 우리는 내려가기 시작합니다.

> 나는 다정한 마음을 품고 그 꽃들을 진지하게 살핀다. 내 감정mon trouble은 자연에 의해 규정되는 듯하다.[145]

'trouble'이라는 단어(영어본에서는 'emotion'이라 번역되었다)는 라신의 영토에 속합니다. '자연'은 루소의 세계에서 옵니다.

> 나는 세상에 혼자다...[146]

이것 역시 루소의 것입니다. 주네는 서로 다른 시대적 양식들을 가지고 놀면서 우리가 인지하지 못하는 사이에 같은 단락 안에서 양식적 경계를 넘나들게 합니다.

> 그리고 나는 내가 이 꽃들의 왕, 아마도 이 꽃들의 요

145 위의 책.

146 위의 책.

147 위의 책.

정이 아니라고는 확신할 수 없는 느낌이다.[147]

그는 자신의 패를 모두 꺼내놓지만, 이중 부정을 통해 우리는 수사법의 세계로 들어갑니다. 우리는 장갑을 끼고 하이힐을 신고 우아하게 말할 겁니다. 왕입니까, 아니면 요정입니까? 그입니까, 아니면 그녀입니까? 우리는 경계에 남아 있으니 모를 일이지만, 아마도 왕보다는 요정이겠지요.

> 꽃들은 내가 지나갈 때 경의를 표하고[오마주hommage라는 단어에서는 통과passage와 사람homme이라는 소리가 나지요], 절하지 않고서 절하지만(물리적으로는 절을 하지만 자신을 낮추지는 않습니다), 나를 인정한다.[148]

이것은 꽃들의 승인에 관련된 동화입니다. 게다가 '-지만'은 '경의'와 '인정' 간의 배치背馳를 가리키지 않습니다.

> 꽃들은 내가 자신들의 살아 있는, 움직이는, 기민한 대표자, 바람의 정복자라는 걸 안다.[149]

148 위의 책.

149 위의 책.

이 글은 동화이고 그(주네)는 '자연스럽게' 꽃들의 거처에 있습니다.

> 꽃들은 나의 자연적 상징이지만, 그들을 통해 나는 … 뿌리를 갖는다.[150]

이 '-지만'에는 어린애 같은 뭔가가 있습니다.

> 세벤[151]의 저 가시투성이 식물을 통해 나는 바셰[152]의 범죄 사건들에 참여한다. 그러므로 내게 이름을 나눠준 그녀를 통해 나는 식물 왕국과 친척이 된다. 나는 모든 꽃을 불쌍히 여기지 않고 볼 수 있다. 꽃들은 내 일족이다. 내가 그들을 통해 낮은 영역들에 다시 합류한다면, 비록 고사리 덤불과 그 습지에, 조류藻類에 합류하는 것이라도, 그건 내가 기꺼이 내려가고자 하기 때문이다. 나는 사람들에게서

150 위의 책.

151 프랑스 중부와 남부에 걸쳐 있는 마시프상프랄산맥의 남동쪽 사면을 이루는 고원 지역을 이른다. - 옮긴이

152 조세프 바셰(Joseph Vacher, 1869~1898)는 프랑스의 연쇄 살인범이다. 주로 프랑스 남동부에서 외진 곳에서 가축을 돌보는 아동청소년들을 대상으로 범죄를 저질렀으며, 잔혹하게 시체를 난도질하고 유린했다. 비슷한 시기에 연쇄 살인을 저지른 영국 런던의 잭 더 리퍼에 빗대 '프랑스 리퍼'라 불리기도 했다. 1897년에 체포되어 기요틴에서 처형됐다. - 옮긴이

더 멀리 물러난다.[153]

이제 저는 세상 밑의 세상에 있습니다. 다음 단락은 천왕성으로 시작해서 별들을 통과하다가 별세계도 적힐 것입니다. 이 남근을 상징하는 세벤의 가시투성이 식물과 함께 저는 내려가고, 내려가는 동시에 접근합니다. "내게 이름을 나눠준 그녀"는 어머니인 가브리엘 주네이니, '가시투성이 식물'과 가브리엘 주네 사이에는 공통된 연결고리가 있습니다. 성적인 속임수로 보자면, 어머니에게는 '가시'가 없지 않습니다. 식물계는 저의 일족입니다. 이 단락에는 그 이름이 나오지 않지만, 본문에 아로새겨져 있습니다. '가브리엘'은 그곳에 산재하고, 이름의 철자 전부가 '마레카주marécage, 늪지', '아르브arb, 사기꾼', '엘르elle, 그녀'에 있습니다. 그녀는 거기에 있습니다. 조각난 채로요.

> 나는 모든 꽃을 불쌍히 여기지 않고 볼 수 있다. 꽃들은 내 일족이다. 내가 그들을 통해 낮은 영역들에 다시 합류한다면, 비록 고사리 덤불과 그 습지에, 조류에 합류하는 것이라도, 그건 내가 기꺼이 내려가고자 하기 때문이다. 나는 사람들에게서 더 멀리 물러난다.[154]

153 Jean Genet, *The Thief's Journal*, pp. 44~45.

154 위의 책, p. 45.

제가 '낮은 영역들'로 내려가면 '사람들에게서 더 멀리 물러나게' 되는 건 사실이고, 저는 뿌리, 또는 조류, 또는 늪지 편에 서지만 동시에 제 욕망의 낮은 영역들, 예를 들자면, '사람들'에 닿습니다. 저는 내려가고 싶지만 올라가고 싶기도 합니다. 인간은 이 이중성二重星이 특징이고, 그 이중성을 통해 글은 다시 하늘을 향해 오를 것입니다.

> 천왕성은 대기가 너무 무거워서 거기 있는 양치류는 덩굴 식물로 자라는 듯하다. 동물들도 가스의 무게에 짓눌려 질질 끌듯이 돌아다닌다.[155]

주네는 이렇게 우리를 붙잡습니다. 우리는 순진하고, 클라리시 리스펙토르의 뿌리를 향한 경로를 따르는 중이라고 믿고 있었는데, 정신을 차려보니 행성 우르/항문[156]에 철퍼덕 떨어져 있는 거지요. 굉장한 익살이지만, 여기에는 극도로 진지한 측면이 있습니다. 이 이야기는 주네의 운명, 평범과는 거리가 먼 그의 운명을 세세하게 들려줍니다. 그러나 한편으로는 사다리의 밑바닥에서 글의 기원을 발견한 이 여자-남자는 글을 가지고 놀고, 글을 비틀고, 글을 놀리고, 글을 마구 뒤섞고, 글을 희화화하

155 위의 책.

156 천왕성 Uranus를 Ur/anus로 나눈 말장난. - 옮긴이

고, 글을 끊임없이 방랑하게 만들면서, 한 문장의 파편에서 다음 문장의 파편으로 나아갑니다.[157] 그는 지적 환희와 복수를 동시에 감행하면서 언어를 성적 대상 되기의 경계에 둡니다.

다시 클라리시 리스펙토르 쪽으로 건너가 봅시다. 도착해 보니 우리는 납작 엎드린 채입니다.

> 알아차리지 못하는 사이에 슬쩍 다른 쪽으로 넘어갔을 수도 있을까? 다른 쪽은 고동치는 지옥의 삶이다. 하지만 그곳에도 내 공포의 변형이 있다. 그래서 잘 익은 과일처럼 무거운 상징들의 무거운 삶에 나를 넘겨준다. 나는 잘못된 직유들을 선택하지만, 그것들이 나를 그들의 거미줄로 끌고 간다. 과거에 지녔던 멀쩡한 지각에 대한 최소한의 기억 덕분에 나는 아직 이쪽과 연락할 수 있다. 살려줘, 뭔가가 다가오는데 그게 나를 비웃고 있어. 어서, 사람 살려!
>
> 하지만 탈출할 수 있도록 손을 내밀어 주는 사람은 아무도 없다. 나는 엄청나게 힘을 써야 한다. 그리고 마침내 악몽 속에서 갑작스럽게 경련을 일으키며 이쪽으로 다시 엎어진다. 나는 지칠 대로 지쳐 거친 땅바닥에 널브러져 있다. 심장이 아직도 격하게 뛴다. 나는 숨을 크게 들이쉰

157 여자-남자(cette homme)에 관한 프랑스어-영어 번역자의 메모: 프랑스어 원문에서는 여성형 지시형용사인 cette가 남성형 명사인 homme와 짝지어져 여성형과 남성형 사이의 경계선에서 작용한다.

> 다. 이제 안전한가? 나는 이마에 맺힌 땀을 닦는다. 그러고는 천천히 일어나 비틀거리는 회복의 첫걸음을 떼려고 애쓴다. 나는 스스로를 진정시키기 시작한다.
>
> 아니다, 이건 전부 진짜 사실이라기보다는 뭔가, 그러니까… 예술의 영역에서 일어나는 일? 그래, 내 안에 존재하게 되는 아주 미묘한 현실이 일어나는 기술의 영역에서. 내게 그 변신이 일어났다.
>
> 하지만 다른 쪽, 내가 간신히 도망쳐 나온 그곳은 신성해졌고, 아무에게도 내 비밀을 발설하지 않을 것이다.[158]

나) 두 자연

자연이라는 단어

《도둑 일기》에서 다시 경계를 건널 때, 어느 쪽에서 어느 쪽으로 건너는지는 모르겠습니다. 바로 그 입구에 반짝거리는 '자연'이라는 단어가 보이고, 저는 당연히 그 단어를 쪼아 뜯어내지요. 주네의 작품에서는 자연스러운 단어입니다.

> 죄수복에는 분홍색 줄무늬가 있다. … '꽃과 죄수 사이에는 밀접한 관계가 있다.' 꽃의 연약함과 우아함은 죄수의 거친 무감각과 같은 성질을 지닌다.

158 Clarice Lispector, *The Stream of Life*, p. 13.

> 그 물질은 색으로 보나 거친 질감으로 보나 꽃잎이 약간 부숭부숭한 어떤 꽃들을 생각나게 하는데, 내가 봤을 때 그 세세한 모습은 힘과 치욕이라는 개념을 가장 '자연스럽게' 소중하고 연약한 것과 결부시키기에 충분하다.[159]

그 자연스러운 단어, '자연'이라는 단어에는 슬픈 운명이 있습니다. 이 단어는 특히 성의 현장에서 일하면서 일군의 미개한 사람들로부터 비난을 받아온 저 같은 사람들을 겨냥한 엄청난 논쟁에 휘말렸습니다. 비난자들은 마치 '자연'이 '문화'의 반대쪽에 있기라도 하듯이, 아니면 순수한 자연 같은 것이 있기라도 하듯이, 저로서는 생각도 못 할 일이지만, 여성적 또는 남성적 성질을 의미하기 위해 이 단어를 사용했지요. 이런 논쟁들은 최근에 암흑 속으로 뛰어든 대륙들에서 나옵니다. 한동안 이런 불모의 논쟁 장에서 도망치기 위해, 저는 '자연'이란 단어를 아주 좋아하면서도 더는 쓰지 않았습니다. 그러다 다시 그 단어를 취했지요. 제가 글쓰기 영역에서 그것을 사용하자마자 그것은 움직이며 약간 뒤틀리기 시작하는데, '글쓰기'에서는 이것이 그것의 본질이기 때문입니다. 글쓰기가 있는 순간, 그것은 '통과'의 문제, 온갖 종류의 통과와 경계와 범람의 문제가 됩니다.

오비디우스의 《변신 이야기》를 잊어서는 안 됩니다. 거기에는 온갖 종류와 성별의 변신이 있습니다. 글쓰기는 그것들을

159 Jean Genet, *The Thief's Journal*, pp. 9~10.

굴려 다른 세계, 글쓰기의 세계를 지나게 합니다. 우리 이전, 우리 어머니들 이전의 원시 문명들은 신들림을, 변형을, 변신을, 전이를 믿었습니다. 인간에서 광물로, 광물에서 식물로, 보편적이고 무한하고 장엄하고 가없는 방식으로 한 종이 다른 종에 섞여 들고, 이 영역이 저 영역이 되었습니다. 제가 '자연'이라는 단어를 꼭 그 개념으로 쓰는 것은 아닙니다. 여기서 철학적 사고로 돌아가 자연과 문화의 교차와 단절에서의 건너기라는 주제에 다시 매달리고 싶지는 않으니까요. 저는 그보다는 시적 공간에 머무르는 편이 더 좋고, 그 시적 공간은 자연스럽게 철학적이기도 합니다. '자연'이라는 단어를 '다시 취한다'라고 말할 때, 저는 운문을 포함한 글 속에서 그 단어에 일어난 온갖 사건들adven'tures'을 의식하면서, 언어의 클리셰 또는 역으로 언어의 위대한 성취와 감동을 의식하면서 '자연'이라는 단어의 명예를 복원하고 새로이 향유합니다. 언어의 클리셰에 관해서라면, 저는 글에서 끊임없이 '나튀를리히natürlich(자연스럽게)'를 말하는 베른하르트를 생각합니다. 여러분이 모든 독일어 문장의 구석구석에서 만나게 되는 것이 클리셰입니다.

다시 돌아가서, 클라리시의 작품에서 우리는 자연을 부각하는 장엄한 중심 사상을 만납니다. 여기 모든 종류의 자연이 있습니다. 그녀는 자연을 '초자연'으로, '초자연적인 것'으로 명시합니다. 그녀는 자연보다 더 초자연적인 것은 없다고 강조합니다. 우리는 이 말을 이렇게 바꿀 수 있습니다. '일상보다 더 놀라운 것은 없지만 이런 생각을 하기는 이미 더 어려워졌다.' 클라리시 리스펙토르의 쓰기는 '있는' 것을 복권하는 문제입니다. 클라리시를 읽기 시작하던 무렵, 저는 《삶의 숨결》에 나오는 아주 짧은 의문문 하나에 매혹되었죠. "그러면 거북이들은?"[160] 이것이 그녀의 기치旗幟입니다. 잊힌 것의 잊힌 것 말입니다.

클라리시에게 두 자연은 어떤 것일까요? 첫 번째는 제가 정말로 사랑하는 것인데, 우리를 눌러서 짜낸 우리의 구성 성분, 즉, '물질'입니다. 우리가 가끔 민물 거북도 보는 것으로 봐서, 클라리시 리스펙토르는 우리의 가물가물한 기억에 거북이 말고 다른 것도 돌려주나 봅니다. 그녀는 우리 생의 조건이면서 우리 자신인, 그렇지만 우리가 주목하지 않는 '물질'을 잊지 않는 능력을 돌려줍니다. 클라리시는 사다리를 타고 내려가 물질을 사유하기 위해 되돌아오는 지점에 이릅니다. 우리는 물질이 보이지 않는다고 여기기 때문에 물질을 사유하지 못합니다. 자신의 진실을, 자신의 원자적 측면을 드러내지 않는 조합들로 우리는 구성됩니다. 우리는 물질, 즉, 우리 자신을 싫어합니다. 우리가 물질의 운명을 타고났기 때문이고, 익명의 물질이 '죽음'이라 불리기 때문입니다. 어쩌면 우리가 싫어하는 것은 물질이 아니라 물질의 '익명성'이겠지요. 우리에게 운명 지어진 익명성, 이름의 상실, 우리가 갖은 방법으로 억누르는 것이 바로 그것입니다.

우리가 더는 우리가 아닌 존재, 즉, 어린애들이라면, 클라리시가 잃어버리지 않은 것을 우리도 다시 찾겠지요. 발생genetic

160 Clarice Lispector, *The Stream of Life*, p. 44.

과정 이전의 놀라움을요. 제가 '주네genêt'라는 단어로 말장난을 하고 있나요? 모르겠습니다. 아마 그럴 겁니다. 제가 아니라면, 언어적 원자들을 즐기는 데에 주저하지 않는ne se gêne pas 제 언어적 무의식이겠지요.

나의 경계들

우리는 경계를 넘는 줄도 모르고 경계들을 오가듯이 경계들을 넘을 겁니다. '우리' 경계는 어디에 있습니까? 제가 경계를 건널 때, 어느 경계를 건너는지, 또는 어느 쪽으로 건너는지 몰라도, 제가 건너는 것은 저의 경계입니다. 이것이 경계 건너기의 매력이자, 비참한 부분이 될 수도 있는 요소입니다.

경계는 조국을 형성합니다. 경계는 통과를 금하는 동시에 허합니다.

이 주제는 《도둑 일기》에서 노골적으로, 그것도 여러 번 되풀이해서 드러납니다. 경계가 표시되는 곳마다 나라도 표시됩니다. 또 한 번, 우리는 만 년 전으로, '나라'의 시대 이전으로 돌아가 경계의 탄생을 상상할 수 있겠지요. 그러나 상상할 수 없습니다. 누가 경계를 발명했나요? 경계는 존재하지 않습니다. 경계는 전쟁을 불러일으키는 보이지 않는 선입니다. 유니콘만큼이나 믿기지 않지요. 그렇게 우리는 '역사'에 들어섰고, 역사는 언제나 경계의 역사였습니다. 오늘날 우리는 민족주의가 부활하는 시대에 살고 있습니다. 사람들은 '홈-나이드home-neid, 집-선망'에 부풀어 있지요. 이 홈-나이드는 땅과 지붕에 대한 요구만

이 아닙니다. 첫째로는 정당성, 정당한 나라, 정당한 이름에 대한 요구이고, 분리에 대한 요구이고, 그와 동시에 타자에 대한 거부입니다. 다름에 대한 요구라기보다는 다름에 대한 염증이고, 추방하고자 하는 욕망과 결합된 떠나고자 하는 욕망입니다. '너'가 되지 않으려는 가혹하고도 통렬한 욕망이지요.

저는 '데페이dépays, 부不국가'라는 단어가 필요합니다. 하지만 아쉽게도 우리에겐 그런 단어가 없습니다. '부국가'가 존재해서는 안 되니까요. 오직 '페이pays, 나라'와 '데페이즈망dépaysement, 추방'만 존재하지요. 저는 추방dépaysement에 속하는 존재들을 좋아합니다. 주네나 클라리시 같은 사람들은 부국가의, 비국가의, 국가 안에 숨겨진 국가, 또는 국가 안에서 실종된 국가의, 다른 국가의, 아래에 있는 국가의, 낮은 국가의 주민입니다.

우리는 어떻게 경계를 건넙니까? 완전히 무심하고 무감한 방식으로 이뤄질 수도 있습니다. 무심한 방식으로 경계를 건너는 사람은 절대 경계를 건너지 않지만요. 경계를 건너며 떨지 않는 사람은 경계가 있다는 것을 모르고, 자신이 아는 정의定義에 의문을 던지지도 않습니다. 경계를 건너며 떠는 사람은 자신이 아는 정의에 의문을 던집니다. 여권에만이 아니라, 운전면허증에만이 아니라, 그 정의의 모든 측면과 형식에 대해서요. 우리가 거의 얘기하지 않는 나이의 정의에서부터 내내 우리와 관련되면서도 동시에 대답할 수 없거나 하지 않는 성별의 정의까지지요. 우리는 어떤 '자연'입니까? 우리는 어떤 '종'입니까?

우리는 어떤 종인가? 우리는 어떤 성인가?

우리는 개들과 잘 지냅니다. 우리는 개입니까? 예, 카프카에 따르면 그렇습니다. 그의 철학과 고통의 전달자들인 카프카의 작은 동물들을 아는지 모르겠습니다. 예를 들어, 〈여가수 요제피네, 또는 쥐의 종족〉에서 요제피네의 노래는 어찌나 절절하고 탁월한지 그 노래를 들은 쥐 사람들은 모두 쓰러지고 맙니다.[161] 하지만 요제피네의 노래를 들은 사람은 아무도 없는데, 바로 요제피네가 목소리를 내지 못하기 때문이죠. 이 훌륭한 단편에서는 모든 것이 이 목소리의 수수께끼에 얽혀 있습니다. 때로 어떤 목소리는 비非목소리입니다. 이 놀라운 생쥐는 무섭기도 한데, 카프카의 마지막 성과이자 죽어가는 카프카, 사실상 목소리를 잃은 카프카의 프시케[162]이기 때문입니다.

라퐁텐의 《우화집》에서 여자로 변한 쥐와 쥐로 변한 여자 이야기를 읽은 기억이 납니다.[163] 우리가 상상계에서 쥐를 원하거나 쥐와 동질감을 느끼는지 명백하지 않기 때문에 저는 소름이 끼쳤습니다. 어쩌면 우리가 고양이에게 잡아먹히는 걸 두려워하기 때문일지도 모르죠. 어느 쪽이냐면, 우리는 개입니다.

161 Franz Kafka, "Josephine the Singer; or, the Mouse Folk," in *The Penal Colony*, tr. Willa and Edwin Muir(New York: Schocken, 1948), pp. 256~277.

162 그리스 신화에 나오는 에로스의 사랑을 받는 인물이자 육체에 대비한 마음, 정신, 정신활동 전체를 뜻한다. - 옮긴이

163 Jean de La Fontaine, *The Complete Fables*, tr. Norman B. Spector(Evanston: Northwestern University Press, 1988).

때때로 개가 옵니다. 예를 들어, 카프카의 〈어느 개의 연구〉에서는 개들이 어느 특별한 세계상의 전달자로서 등장합니다.[164] 그들은 우리, 개로서의 우리입니다. '하지만 우리는 어떤 개, 어떤 종류의 개인가?' 우리가 〈어느 개의 연구〉에서 던지는 질문은 이것입니다. 또 한 번, 분리가 있습니다. 저는 어떤 종의 개입니까? 루프트훈트Lufthund[165]? 하늘-개? 땅-개? 우리는 동물성에 의해 변신합니다. 이런 글들은 우리의 동물적 측면을 드러냅니다. 우리가 개일 때보다 더 인간다워질 때가 없다는 것이 아이러니겠죠.

아마도 우리 내부에 졸았다 깼다 하는 동물적 본성이나 잠재성이 있을 겁니다. 우리는 사랑하는 사람에게 동물 이름을 붙이는 경향이 있습니다. 하지만 식물 이름으로 부르는 경우는 흔치 않지요. 우리의 식물적 측면과 식물과의 동일성을 검토하기는 더 어렵습니다. 제가 이런 근접과 유출의 사례들을 끌고 온 이유는, 이 모든 것이 몸 없이는 가능하지 않다는 점을 강조하기 위해서입니다.

우리의 몸이 이 질문의 장소입니다.

그러면 우리 몸의 꽃 부분은 어떨까요? 저는 여기에 이 질문을 심어 자라게 할 작정입니다.

164 Franz Kafka, "A Dog's Searching," in *Kafka: Shorter Works*, tr. M. Pasley (London: Oxford University Press, 1973), pp. 148~184.

165 '하늘을 나는 개'라는 뜻의 독일어. - 옮긴이

다) 저자의 성性 (클라리시 리스펙토르)

이렇게 경계를 달리는 글들이 우리에게 던지는 질문 중에는 성별 정의에 관한 문제가 있습니다. '저자의 성별은 무엇인가?' 이상한 질문입니다. 저자는 글을 쓰는 인간이지만, 글쓰기는 이미 대체로 가로막히고 억눌리는, 변화의 요인입니다. 작가 대부분은 이 질문을 목도하고 싶어 하지 않지만, 가장 중요한 작가들에 속하는 몇몇은 이 이상한 질문이 자신을 따라다니고 짓밟고 특징짓도록 허용합니다. 어쨌든, 작가에겐 두 세계가 있습니다. 카프카는 자신의 초상을 두 갈래로 그리면서 이를 표현했습니다. 한쪽에는 보통의 갈래를 두고 다른 쪽에는 길들지 않은 갈래, 글쓰기의 갈래를 두었습니다. 한쪽 갈래에 그는 번듯한 집, 성기, 자녀들 같은, 남자를 구성하는 모든 것을 포함하는, '정당한' 남자가 되기 위한 모든 근거를 나열했고, 다른 쪽에는 그가 '정당한' 남자가 되는 것을 막는 모든 것을 나열했습니다. 그는 아무리 해도 그의 아버지가 생각하는 '정당한' 남자가 되지 못하는 고통을 껴안고 살았기에, 습관적인 비통한 반어법과 함께 거의 이 문제를 희화화하는 지점까지 갑니다. 전혀 괴로워하지 않았다는 점을 빼면, 이 질문은 클라리시에게도 해당됩니다. 그녀는 자신의 삶을 서로 극명하게 대립하는 두 갈래로 나누지 않은 대신, 끊임없이 둘 사이를 오가는 걸 즐겼습니다. '자연스럽게요.'

글의 성性

저는 《삶의 숨결》에서 일부를 발췌하려 할 때마다 실패하는데, 도무지 글을 자를 수가 없는 것이, 자르려고 보면 늘 그 뒷장이 아니라 앞장이 보고 싶었거든요. 그건 《삶의 숨결》이 하나의 흐름, 하나의 물결이기 때문이지요. 저는 매번 칼을 들고 물을 베는 바보 같은 시도를 합니다. 이것이 이 글의 힘입니다. 작품 세계를 구별할 때 주목할 눈에 띄는 특징 하나는 클라리시의 문체에서 '읽을 수 있는' '여성성'의 특징과 주네의 문체에서 '읽을 수 있는' '남성성'의 특징입니다. 주네의 글에는 계속해서 단절이 끼어듭니다. 단절된 조각들 안에는 단절이 없는데, 그가 이중 문체를 구사하기 때문입니다. 글은 선명하게 단절되지만, 내부에는 '여성적' 연속성의 질서가 순환합니다. 클라리시의 글은 단절을 만들기가 불가능합니다. 글 전체가 너무나 필연적인 데다, 클라리시가 어찌나 정확하게 글쓰기의 장소에 내려앉았는지, 우리는 어디에 있든 늘 글의 한가운데에 있게 됩니다.

우리는 《삶의 숨결》에서 주네 글의 모든 원자와 요소를 찾아볼 수 있습니다. 물론 다른 방식으로 다시 만들어졌지요. 통로가 다릅니다. 거기엔 변신들이 있고, 우리는 무아경에 빠져 끊임없이 이 영역에서 저 영역으로, 이 종에서 저 종으로 동시다발적으로 건너가지만, 클라리시가 심술궂게 말하듯이, 모든 것이 자연화되는 그런 방식으로지요.

> 이 즉흥적인 재즈는 무엇을 나타내나? 이것은 뒤얽힌 다리와 팔과 치솟는 불꽃과 맹목적인 비행을 멈춘 독수리의 갈고리 같은 날카로운 부리로 게걸스럽게 파먹히는 한

점의 살덩이처럼 수동적인 나를 나타낸다. 나는 나와 너에게 가장 비밀스러운 욕망들을 표현하고 그 말들로 혼란스러운, 흥청망청하는 아름다움을 획득한다. 나는 빽빽한 덤불을 형성하는 언어를 사용하는 혁신의 한가운데에서 기쁨으로 몸을 떤다! 나는 어떠한 실용적인 의미 없이 내 감각과 사고의 자유를 더욱 자유롭게 정복하려고 발버둥질한다. 나는 혼자다. 나와 나의 자유뿐이다. 나의 자유는 너무나 거대해서 야만인은 분개하겠지만, 나는 내가 획득한, 지각할 수 있는 어떤 경계도 없는 충만감에 네가 분개하지 않음을 안다. 충분하고 충만한(넉넉한) 것을 살아내는 나의 이 능력 — 나는 하나같이 신화적 성의 거칠고 어색한 빛에 흠뻑 젖은 육식 식물들과 전설의 생물들(동물들)로 나를 둘러싼다. 나는 직관적으로 앞서가고, 어떤 사상도 찾지 않는다. 나는 유기체다. 그리고 나는 내 동기動機들을 의심하지 않는다. 나는 고통에 가까운 극심한 행복(기쁨)에 나를 담그고, 내 머리카락에서는 잎과 가지들이 태어나 나를 아름답게 꾸민다.[166]

《삶의 숨결》이라는 거대한 우주의 아주 작은 일부에 불과한 이 짧은 단락에 벌써 이런 것들이 있습니다. 팔, 다리, 불꽃, 이 모든 것이 '나', "독수리의 갈고리 같은 날카로운 부리로 파먹

166 Clarice Lispector, *The Stream of Life*, pp. 45~46.

히는 살점"이고 "빽빽한 덤불"입니다. 그래서 저는 제 신체의 일부로 새들을, 덤불을, 충분하고 충만함을, 일종의 기하학을, 육식 식물들을, 동물들을, 빛을, 성을, 기타 등등을 갖습니다. 이것은 끝없는 주네풍 창세기입니다.

이 단락의 뒤얽힌 자연, 팔과 다리, 팔과 다리뿐만이 아니라 팔과 다리와 불꽃, 시력만이 아니라 잃어버린 시력, 눈먼 시력, 예컨대, 느낌 말고는 아무것도 남지 않았다는 점을 제외하면 프로메테우스적이었을 수도 있는 장면에 의해 생생해지는 잃어버린 눈먼 시력 때문입니다. 카프카의 〈프로메테우스〉를 생각해 보세요. 열 쪽이나 되는, 완전히 미친, 훌륭한 글이지요.[167] 클라리시의 글에서는 "독수리의 갈고리 같은 날카로운 부리로 파먹히는 살점"인데, 이 독수리는 하찮은 것이 아닙니다. 독수리는 내면화되었지요. 이미지를, 외연을, 또는 클리셰를 생산했을 모든 것이 존재하지 않는 세계입니다. 느낌만이 남았습니다.

서로 다른 팔과 다리와 종류와 종의 뒤얽힘, 그뿐만 아니라 서로 다른 범위와 관점과 경험의 뒤얽힘. 완전히 '유기적인' 육체인 하나, 클라리시가 또 다른 전설적인, 신화적인 영역 또는 장면을 자기 방식대로 만들어낸 듯한 다른 하나. 예를 들어, "내 머리카락에서는 잎과 가지들이 태어나 나를 아름답게 꾸민다"라는 말은 사실인 동시에 사실이 아닙니다. 느낌과 환상 간의 연

167 Franz Kafka, "Prometheus," in *Paraboles and Paradoxes*(New York: Schocken, 1961), p. 83

속성과 근접성은 너무나 완벽해서 끊임없이 서로 전환되어, 하나는 다른 하나이고, 하나는 마치 다른 하나인 듯이 경험됩니다.

저는 '저자의 성'에 관해 얘기하고 싶었습니다. '신화적'이 무슨 뜻인지는 모르겠지만, 클라리시가 '신화적인 성'이라고 한 말은 옳습니다. "하나같이 신화적 성의 거칠고 어색한 빛에 흠뻑 젖었다." 여기에 수수께끼가 있습니다. 저는 왜 이 구절이 이렇게 매혹적일까요, 논리적으로 설명도 못 하면서 말이죠. 저는 '신화적 성'이 무엇인지 모르겠고, '신화적 성의 빛'이 무엇인지 모르겠고, 설상가상으로 '신화적 성'이 왜 '거칠고 어색한 빛'을 쏘는지도 모르겠습니다. 그런데 저는 이 모든 것이 매혹적입니다. 완전히 시큰둥하게 이 구절이 아무 의미도 없다고 말할 수도 있겠지요. 그렇지만 저는 이 수수께끼가 우리 안으로 살그머니 들어오고 있다고 생각합니다. 클라리시가 말하듯이, 우리에겐 우리가 보통 정의하는 대로 정의되지 않는 삶의 능력들이 있습니다. 예컨대, "충분하고 넉넉한 것을 살아내는 나의 이 능력"은 관용적인 구절이 아닙니다. 마침내 우리는 극도로 공들인 방식으로 우리가 무언가를 살아낼 능력이 있다고 말하는 지점에 이르게 됩니다. 제가 좋아하는 프랑스식 표현이 있습니다. 'avoir les doigts verts(녹색 손가락을 가지다).' 이것은 이미 이런 유형의 구체화입니다. 녹색 손가락을 가졌다는 건 식물에게 생명을 주는 능력이 있다는 것이고, 그러므로 그 말 안에서 손가락과 식물 간의 연속성이 원시적으로 지시됩니다. 여기서도 어느 정도는 똑같습니다. 우리는 녹색 아니면 무지개색 손가락을 가지는

데, 저는 어느 쪽인지 모르겠습니다. 클라리시는 자신에게 '충분하고 넉넉한 것'을 위한 능력이 있음에 주목하는 데 성공합니다. 여기서 그녀는 가장 원시적인 형태와 크기의 상태에 있기도 합니다. 클라리시는 마치 몸의 신호를 읽을 줄 아는 것 같습니다. 하나의 언어이기 때문에 늘 말을 하고 있는 무의식의 신호가 아니라, 무의식과 동일한 질서를 가졌으나 언어 이전의 것인 몸의 신호를 말입니다.

몸의 신호들. 신호를 내보내는 누군가와 마주치면 우리는 그 몸이 드러내는 여러 선택과 관점과 대상과 태도의 신호들을 읽을 수 있습니다. 클라리시가 주목한 것이 이것입니다. 그녀는 사고나 형상, 규정의 이면에 있으며, 자기 자신에 대한 독해를 포함하여 그녀가 읽어내는 것, 그녀가 풀어내는 것이 이것입니다. 예를 들어봅시다. "충분하고 넉넉한 것을 살아내는 나의 이 능력 - 나는 육식 식물들과 전설의 동물들로 나를 둘러싼다." 여기에 '흠뻑 젖은' 그녀의 자화상이 있는데, 이는 요리사의 조리법이기도 합니다. "이것과 저것을 넣은 다음 '신화적 성'의 기름을 뿌려라."

"신화적 성"은 비신화적 성의 성질을 넘어서는 다른 어떤 것, 그녀가 말하는 거칠고 더듬거리는 어떤 것과 소통합니다.

저는 '전설의'라는 단어에 주목하고, '신화적 성'이라는 단어에 주목하고, 또 한 번 이 질문을 던지게 된 저자의 성을 묻습니다. 몰두하는 저자는 반드시 자신의 한계를, 자신의 경계를, 자신의 월경越境을, 자신의 변화를 질문하는 지점에 이르게 됩니다. 어떤 성性인지만이 아니라 어느 성으로인지, 다른 하나와 어떤 관계에서인지, 어떤 다른 하나인지, 다른 하나의 성은 무엇인지도 궁금해하게 됩니다. 다른 하나의 성은 무엇일까요? 분명하지 않습니다. 저자는 신호를 보내는 사람일 뿐만 아니라, '전설의'라는 단어는 넣어두더라도, 신화적이고, 복잡하고, 변화무쌍한 혈족관계로 뒤섞인 전혀 알 수 없는 사람이니까요.

라) 주네의 국경

주네의 국경은 정오, 신화입니다. 언어의 기이함, 경계의 미끄러짐과 왜곡과 횡단이 바로 그의 특징입니다.

La tapisserie intitulée "La Dame à la Licorne" m'a bouleversé pour des raisons que je n'entreprendrai pas ici d'énumérer. Mais, quand je passai, de Tchécoslovaquie en Plogne, la frontière, c'était un midi, l'été. La ligne idéale traversait un champs de seigle mûr, dont la blondeur était celle de la chevelure des jeunes Polonais; il avait la douceur un peu beurrée de la Pologne dont je savais qu'au cours de l'histoire elle fut toujours blessée et plainte. J'étais avec un autre garçon expulsé comme moi par la police tchèque, mais je me perdis très vite, peut-être s'égara-t-il derrière un bosquet ou voulut-il m'abandonner: il disparut. Ce champ de seigle était bordé du côté polonais par un bois dont l'orée n'était que de bouleaux immobiles. Du côté tchèque d'un autre bois, mais de sapins. Longtemps je restai accroupi au bord, attentif à me demander ce que recélait ce champ, si je traversais quels douaniers invisibles les seigles dissimulaient. Des lièvres invisibles devaient le parcourir. J'étais inquiet. A midi, sous un ciel pur, la nature entière me proposait une énigme, et me la proposait avec suavité.

—S'il se produit quelque chose, me disais-je, c'est l'apparition d'une licorne. Un tel instant et un tel endroit ne peuvent accoucher qved'une licorne.

La peur, et la sorte d'émotion que j'éprouve toujours quand je passe une frontière, suscitaient à midi, sous un soleil de plomb la première féerie. Je me hasardai dans cette mer dorée comme on enter dans l'eau. Debout je traversai les seigles. Je m'avançai lentement, sûrement, avec la certitude d'être le personnage héraldique pour qui s'est formé le blason naturel: azur, champ d'or, soleil, forêts. Cette imagerie où je tenais ma place se compliquait de l'imagerie polonaise.

—"Dans ce ciel de midi doit planer, invisible, l'aigle blanc!"

En arrivant aux bouleaux, j'étais en Pologne. Un enchantement d'un autre ordre m'allait être proposé. La "Dame à la Licorne" m'est l'expression hautaine de ce passage de la ligne à midi. Je viens de connaître, grâce à la peur, un trouble en face du mystère de la nature diurne.[168]

〈일각수를 데리고 있는 부인〉으로 알려진 태피스트리를 보면 나는 여기서는 감히 밝히지 않을 이유들로 흥분했다. 하지만 내가 국경을 통과해 체코슬로바키아에서 폴란드로 간 때는 여름 오후였다(정오였고, 여름이었다).[169] 국경은 잘 익은 호밀밭을 가로질러 나 있었고, 그 호밀밭은 젊은 폴란드인의 금발만큼이나 황금색이었다. 거기엔 폴란드의 그 약간은 버터 같은 부드러움이 있었고, 그와 관련하여 역사의 과정에서 폴란드가 지은 죄보다 폴란드에 지어진 죄가 더 많다는 것을 나는 알고 있었다. 나와 마찬가지로 체코 경찰에 의해 추방된 또 다른 녀석이 있었는데, 금방 시

168 Jean Genet, *Journal du voleur*, *Oeuvres complètes de Jean Genet*(Paris: Gallimard, 1949), pp. 52~53.

169 영어 번역문에서 바뀐 것을 괄호 안에 표시했다.

야에서 놓치고 말았으니, 아마 잘못해서 덤불 속으로 들어갔거나 아니면 나를 떼어버리고 싶었을 것이다. 그는 사라졌다. 호밀밭의 폴란드 쪽 경계는 가장자리를 따라 미동도 없이 늘어선 자작나무 말고는 아무것도 없는 숲이었다. 체코 쪽 경계 역시도 숲이었는데, 이쪽은 전나무들이었다. 밭이 무엇을 숨겼는지 골똘히 생각하면서, 오랫동안 나는 밭 가장자리에 쭈그리고 앉아 있었다. 내가 저걸 건너면 호밀밭은 어떤 보이지 않는 세관원들을 숨겼을까. 분명 보이지 않는 토끼들이 밭을 뛰어다니고 있었다. 나는 불안했다. 정오에, 순결한 하늘 아래서 온 자연이 내게 수수께끼를, 그것도 다정하게 내밀고 있었다.

"무슨 일이 생긴다면," 나는 혼잣말을 했다. "그건 일각수의 출현이지. 이런 시간 이런 장소에서는 일각수가 튀어나오는 수밖에 없으니까."

공포, 그리고 경계를 건널 때마다 느끼는 그 종류의 감정이 정오에 납빛 태양 아래서, 최초의 요정들을 불러내었다. 나는 물에 들어가는 사람처럼 그 황금빛 바다의 위험에 몸을 내맡겼다. 나는 일어나 호밀밭을 통과했다. 푸른 하늘, 황금빛 벌판, 태양, 숲, 나는 천천히, 확고하게, 자연이 나를 위해 그려준 문장紋章을 든 전령 같은 인물이 된 확신을 품고 나아갔다. 내가 부분이었던 이 상상계가 폴란드의 표상으로 인해 복잡해졌다.

"이 정오의 하늘로 흰 독수리가 보이지 않게 비상하리

라!"

자작나무들에 다다랐을 때, 나는 폴란드에 있었다. 또 다른 질서의 매혹이 내게 주어질 참이었다. 〈일각수를 데리고 있는 부인〉은 내게 이 정오에 선을 넘은 사건의 고상한 표현이다. 나는 공포 탓에, 낮의 자연이라는 수수께끼 앞에서 불안을 느꼈다.[170]

"Mais, quand je passai, de Tchécoslovaquie en Pologne, la frontière, c'était un midi, l'été."

"'하지만' 내가 국경을 통과해 체코슬로바키아에서 폴란드로 간 때는 여름 정오였다."[171]

우리는 이미 건넜는데 여기서 경계가 나오다니! 이렇게 읽을 수도 있습니다. '국경은 정오였다.' 통로를 구축하는 일에 관해서라면 우리는 언제나 이르거나 늦지요. 이 '하지만'은 반대의 뜻을 나타내는 접속사로 묶인 문장에 대한 일종의 시뮬라크럼입니다. '하지만'은 구두 대화에서 그러듯이 어조의 변화를 신호합니다. 언어에는 두 가지 영역이 있습니다. 한 영역은 문어적인 것들을 의미하면서 프랑스어의 온갖 우아한 부속품들을 사용합니다. 이 영역은 구어 영역과 교환되고 섞입니다. 하지만 둘은

170 Jean Genet, *The Thief's Journal*, pp. 47~49.

171 작은따옴표 강조는 저자.

절대 분리되지 않습니다. 똑같은 방식으로, 글에서는 갑자기 역사적 과거가 예기치 않게 등장합니다. 또 문장들의 질서에는 역위가 있고, 경계는 거부됩니다. 그 결과로 경계는 다른 쪽에 있게 되고, 순환합니다. 정오는 순환하는 정오(한낮)일 뿐만 아니라 이상적인 선, 낮의 경계입니다. 경계 건너기를 저해하는 이상한 구두점이 문장의 고전적인 양식을 깨뜨립니다. 이것이 번역문에서는 사라졌습니다.

운율은 이렇게 노래합니다.

"La ligne idéale traversait un champ de seigle mûr, / dont la bondeur était celle de la Pologne / dont je savais qu'au cours de l'histoire / elle fut toujours blessée et plainte."

국경은 잘 익은 호밀밭을 가로질러 나 있었고, / 그 호밀밭은 젊은 폴란드인의 금발만큼이나 황금색이었고 / 거기엔 폴란드의 그 약간은 버터 같은 부드러움이 있었고 / 그와 관련하여 역사의 과정에서 폴란드가 지은 죄보다 / 폴란드에 지어진 죄가 더 많다는 것을 나는 알고 있었다.

이 문장들은 알렉산더 격 시 또는 고전적 운문에 가까운 경향을 보이며 점점 강화되는 운율적 밀도를 지닙니다. 여기엔 성취되지 않은 시적 낭독의 시뮬레이션이 있습니다. 고르지 못한 앞선 문장과 달리 이 문장에는 구두점이 없습니다.

il avait la douceur un peu beurrée de la Pologne

거기엔 폴란드의 그 약간은 버터 같은 부드러움이 있

었고

가능한 한 정확한 발음을 고수하다 보면 우리는 뭔가 기묘한 느낌을 받게 됩니다. 하지만 버터의 도움을 받아—"il avait la douceur un peu beurrée de la Pologne" / "거기엔 폴란드의 그 약간은 버터 같은 부드러움이 있었고"—슬쩍 들어오는 것은 성적인 장면이고, 우리는 그 장면에 밴 불평(la plainte라 플랑트)과 상처(la blessure라 블레슈어)를 듣습니다. 우리의 관심을 잡아끄는 건 프랑스어 원문에서 모든 것이 여성형이라는 점인데, 그게 정상인 것이, 유린되는 이가 여성형이기 때문이지요.

음성학적 수준에서 작동하는 다른 인지적 오류들이 있습니다. 글 전체에 르 버레le beurrée, 버터 같은 것가 발립니다. 그것이 음성학적으로 버터와 금 사이를 오가며 로레l'orée, 가장자리로, 도레dorée, 금색의로 돌아옵니다.

> La ligne idéale traversait un champs de seigle mûr, dont la blondeur était celle de la chevelure des jeunnes Polonais; il avait la douceur un peu beurrée de la Pologne dont je savais qu'au cours de l'histoire elle fut toujours blessée et plainte. J'étais avec un autre garçon
>
> 국경은 잘 익은 호밀밭을 가로질러 나 있었고, 그 호밀밭은 젊은 폴란드인의 금발만큼이나 황금색이었다. 거기엔

폴란드의 그 약간은 버터 같은 부드러움이 있었고, 그와 관련하여 역사의 과정에서 폴란드가 지은 죄보다 폴란드에 지어진 죄가 더 많다는 것을[더 정확하게 말하자면 '폴란드가 늘 상처 입고 비참했다는 걸'] 나는 알고 있었다. 나와 마찬가지로 체코 경찰에 의해 추방된 또 다른 녀석이 있었는데

글이 호밀밭에서 동료로 전환됩니다. 치환이 작용하고, 우리는 전의식前意識적으로 민감하게 반응합니다. 우리는 일종의 인간화된 자연 쪽으로 떠밀립니다.

J'étais avec un autre garçon expulsé comme moir par la police tchèque, mais je me perdis très vite, peut-être s'égara-t-il derrière un bosquet ou voulut-il m'abandonner: il disparut.

나와 마찬가지로 체코 경찰에 의해 추방된 또 다른 녀석이 있었는데, 금방 시야에서 놓치고 말았으니, 아마 잘못해서 덤불 속으로 들어갔거나 아니면 나를 떼어버리고 싶었을 것이다. 그는 사라졌다.

이 동료는 등장했다가 퇴장합니다. 《도둑 일기》에 나오는 더 긴 삽화들에 비하면 아주 급한 삽화입니다. 이것은 의태擬態적입니다. 우리는 이 글에 사로잡혔기 때문에 동료의 행방을 놓치게 되고, 그것이 실종의 효과를 냅니다. 우리는 이 동료의 사

례 같은 이상한 사건들 때문에, 그리고 다양하게 해석될 수 있는 대명사들의 흥미로운 기능 때문에도 글 속에서 길을 잃습니다. 대명사 중 어느 것도 하나의 대상을 지칭하지 않고, 매번 이중의 작용, 두 배의 타격을 가합니다.

> Ce champ de seigle était bordé du côté polonais par un bois dont l'orée n'était que de bouleaux immobiles.
>
> 호밀밭의 폴란드 쪽 경계는 가장자리를 따라 미동도 없이 늘어선 자작나무들 말고는 아무것도 없는 숲이었다.

여기서 얘기하고 있던 이런 식의 비틀기가 다시 나타납니다. '도레(가장자리)'가 '르 버레'를 다시 불러내고, 우리는 계속 성적 환상을 이어갑니다. '드 불로 임모빌르(미동도 없는 자작나무)'는 부동과 걱정을 자아내겠지만, '드 부(서 있는)'라는 소리를 내기도 합니다. "Debout je traversai les seigles" / "나는 일어나 호밀 사이를 지났다." 그리고 우리는 '오[eau, 물]'로 분해된 '불로(자작나무)'를 다시 보게 될 겁니다. 그는 '쭈그리고 앉은' 동안 '서 있습니다'. "Longtemps je restai accroupi au bord" / "오랫동안 나는 밭 가장자리에 쭈그리고 앉아 있었다." '롱탕[longtemps, 오랫동안]'으로 문장을 시작하라고 우리를 가르친 사람은 프로스트입니다. "Longtemps je me suis couché de bonne heure" / "오랫동안 나는 일찍 잠자리에 들곤 했다."[172]

이제 글은 프로스트식으로 말을 합니다.

attentif à me demander ce que recélait ce champ, si je traversais quels douaniers invisibles les seigles dissimulaient

시제가 일치하지 않습니다. 문장이 장면 또는 시간을 위장하는 장난을 칩니다. 관리들의 존재 또는 부재를 지시하는 듯한 "내가 저걸 건너면?"이라는 구절이 없다면, 이것이 우리를 걱정시키지는 않을 겁니다. 마치 그 여부가 건너겠다는 '결심', 관리들까지 헤치고 건너겠다는 결심에 달렸다는 듯이 말입니다.

Longtemps je restai accroupi au bord, attentif à me demander ce que recélait ce champ, si je traversais quels douaniers invisibles les seigles dissimulaient.

밭이 무엇을 숨겼는지 골똘히 생각하면서, 오랫동안 나는 밭 가장자리에 쭈그리고 앉아 있었다. 내가 저걸 건너면 호밀밭은 어떤 보이지 않는 세관원들을 숨겼을까.

172 Marcel Proust, *Remembrances of Things Past*, tr. C. K. Scott Moncrieff (London: Chatto and Windus, 1966), p. 1.

모든 것이 비틀어졌습니다. 환상을 전개하는 것에 의해서 말입니다. “Des lièvres invisibles devaient le parcourir” / “분명 보이지 않는 토끼들이 밭을 뛰어다니고 있었다.” — 우리는 세관원들이 그 토끼들이라고 생각할 수밖에 없습니다. 앞에서 ‘어떤 세관원들?(quels douaniers?)’이라고 물었으니까요. 우리가 여전히 일각수와 부인 옆에 토끼들도 있는 그 유명한 태피스트리 안에 있음을 잊지 않도록 합시다.

“나는 불안했다”라는 문장은 이 언어적 공간에서 비상한 중요성을 지니는데, 갑자기 아주 단순한 문장이 됩니다. 이 문장은 기치와 같습니다. 《도둑 일기》에서는 불안이라는 주요 동기가 계속해서 깜박거립니다. 주네의 교활함을 모른다면 완전히 반대로 상상하겠지만, 우리가 두려워하는 불안은 그가 가장 욕망하는 것이고, 불안은 욕망의 거대한 형상입니다. “나는 불안했다”는 거의 ‘나는 살아 있었다’에 상응합니다. 거의 발기에 상응하지요.

여기서 태피스트리의 역할이 등장합니다.

> A midi, sous un ciel pur, la nature entière me proposait une ènigme, et me la proposait avec suavité.
>
> 정오에, 순결한 하늘 아래서 온 자연이 내게 수수께끼를, 그것도 다정하게 내밀고 있었다.

"순결한"은 〈일각수를 데리고 있는 부인〉으로부터 영향을 받은 것입니다. 우리는 '온 자연'이라는 소리를 듣고, 자연은 앙-티에르en-tière, 제삼자[173]입니다. 클리셰 밖으로 한 발 더 나가자면, 자연은 온전한 동시에 제삼자로서 존재합니다.

S'il se produit quelque chose…
무슨 일이 생긴다면…

그것은 일각수의 출현일 수밖에 없습니다.

c'est l'apparition d'une licorne
그건 일각수의 출현이지

다시 시간에 왜곡이 일어나 우리가 미래 시제를 기대하고 있던 곳에 현재 시제가 나옵니다. 모든 출현이 일각수입니다.

Un tel instant et un tel endroit ne peuvent accoucher qved'une licorne.
이런 시간 이런 장소에서는 일각수가 튀어나오는 수밖에 없으니까.

173 저자는 '온'에 해당하는 프랑스어 단어 entière를 관사 un(영어의 a에 해당)과 발음이 유사한 en과 tière(영어의 third에 해당)로 나눠 en-tière로 표기하고 이를 영어 a third party로 해석했다. - 옮긴이

우리는 주네의 환상 중 주요한 영역인 출산의 영역으로 들어갑니다. 이것은 두 가지 의미로, 평범한 말과 클리셰로 작동합니다.

> La peur, et la sorte d'émotion … suscitaient à midi, sous un soleil de plomb la première féerie.
>
> 공포, 그리고 그 종류의 감정이 … 정오에, 납빛 태양 아래에서, 최초의 요정들을 불러내었다.

이것이 요정의 교사敎唆입니다. '요정'은 공포에 의해 '자연스럽게' 생기니까요.

> Je me hasardai dans cette mer dorée comme on enter dans l'eau. Debout je traersai les seigles.
>
> 나는 물에 들어가는 사람처럼 그 황금빛 바다의 위험에 몸을 맡겼다. 나는 일어나 호밀밭을 통과했다.

우리는 듣습니다. '나는 수 세기를(siècles. 프랑스에서는 '호밀'을 뜻하는 'siegles'와 발음이 아주 유사합니다) 통과했다.' 바다(라 메르 la mer)가 어머니(라 메르 la mère)와 물(로 l'eau)로 분리되고, 불로(bouleau, 자작나무)의 말장난이 다시 등장합니다. 우리는 동료가 아니라 바다 la mer를 가로지르고 있습니다. 우리가 주네의 교묘함을 따른다면, 이것이 아버지-아들 또는 아들-아버지에 의한 어머니 통과이며, 주네가 아들이자 아버지인 출산의 현장이고, 그 현장에서 '전령 같은 인물'이 갑자기 생겨나리라는 걸 우리는 압니다.

> Je m'avançai lentement, sûrement, avec la cetritude d'être le personnage héraldique…
>
> 나는 천천히, 확고하게 … 전령 같은 인물이 된 확신을 품고 나아갔다…

앞서 그는 자신이 누구인지 모른다고 주장했습니다. 여기서는 반대로 그는 확신하고도 확고합니다. 그가 사실은 일각수입니다. 태어난 것은 사내애가 아니라, 암컷 일각수이지요(une licorne, '일각수'는 프랑스어에서 여성형입니다).

> Cette imagerie où je tenais ma place…
>
> 내가 부분이었던[내 자리가 있던] 이 상상계…[174]

일각수로서 나는 마침내 내 자리를 갖는 데 반하여 다른 어디에서도 내겐 내 자리가 없습니다. 이것이 동성애적인 폴란드의 표상과 혼동되게 됩니다. 나는 자연적이고 문장紋章적인 과

174 Franz Kafka, "Conversation Slips," in *Letters to Friends, Family, and Editors*, tr. Richard and Clare Winston(New York: Schocken, 1978).

정을 따라, 폴란드의 표상에서 파생된 추가적인 작용을 더해 태어났습니다.

이 단락의 시작 부분으로 돌아갑시다.

> La tapisserie intitulée “La Dame à la Licorne” m’a bouleversé pour des raisons que je n’entrepredrai pas ici d’énumérer.
>
> 〈일각수를 데리고 있는 부인〉으로 알려진 태피스트리를 보면 나는 여기서는 감히 밝히지 않을 이유들로 흥분했다.

이 문장에서 모호하게 남아 있던 것이 이 장려한 이미지가 전개돼 나갈수록 선명해집니다. 우리는 왜 이 태피스트리가 그를 흥분시키는지 알게 됩니다. 루 다사스 거리 22번지에 갔을 때 자기 출생의 흔적을 찾을 수 없었던 그가 〈일각수를 데리고 있는 부인〉이라는 태피스트리에서 그것을 찾습니다. 동시에 여기에는 해학의 기미가 있지요. '하지만 너한테는 말 안 해줄 거야.' 그리고 이 '하지만'이 독자를 놀립니다.

'흰 독수리'의 등장은 이중으로 작용합니다. 흰 독수리는 폴란드의 문장紋章과 신화에 있고, 신화의 인물로서 많은 젊은이를 떠올리게 합니다.

> Un enchantement d’un autre ordre m’allait être

proposé.

또 다른 질서의 매혹이 내게 주어질 참이었다.

"allait m'être" 대신에 "m'allait être"로 썼는데, 프랑스어에서 '나'를 도치시키는 것은 문법적으로 틀리지 않습니다. 그저 불쾌하게 들릴 뿐이죠. 우리는 '말레떼'm'allaitait, 내게 젖을 먹이는와 '말레트르'mal-être, 불쾌함를 듣고 '말'mal, 나쁜도 듣습니다. 또 다른 질서의 매혹입니다.

La "Dame à la Licorne" m'est l'expression hautaine…

〈일각수를 데리고 있는 부인〉은 내게 … 고상한 표현이다.

우리는 "라 '담 알라 리콘 멜 렉스프레시옹 오텐느…La 'Dame à la Licorne' mêle l'expression hautaine…"(프랑스어에서 '멜레Mêler'는 '섞다' 또는 '넣다'입니다. 'mêler son mot'는 "말을 넣다(간섭하다)"라는 뜻이 되지요.) "〈일각수를 데리고 있는 부인〉은 고상한 표현으로 끼어들다"라고 듣습니다.

출산과 출생의 문제는, '자연스러운' 관계라는 이 극히 중요한 문제는, 주네가 말하듯이, 종종 해학적인 방식으로 우리를 식물적 자연으로 데려갑니다. 이들 변형과 거짓 시늉들에 무엇이 작동하고 있는지 알려면 이 경계-자연의 자취들을, 듣고 남을 따를 수밖에 없습니다.

3. '라신Racine'이라는 말—고유 명사 이야기

'라신racine'(뿌리)이라는 단어가 요즘 인종차별적 이데올로기들에 스쳐 다소 상스러운 색깔을 띠게 되었습니다. 우리는 이 단어를 재로 되돌린 다음에 재탄생을 기다려야 합니다. 그러면 아주 아름다운 단어가 들리겠지요. 저는 장 라신에게 감사하고, 라신과 함께 제 '라신racines'으로 돌아갑니다. 위대한 작가들의 기표記標가 작용합니다. 일반적인 고유 명사, 고유한 일반 명사들이 독자로서의 우리에게 영향을 미치는데, 특히 그런 명사를 이름으로 가진 작가가 그렇습니다. 우리는 다들 고유 명사가 주는 무의식적인 영향에 대처해야 합니다. 언어의 이런 측면이 우리 상상력의 살덩이를 먹어 치우며 운명에 개입합니다. 우리는 텍스트적 효과를 발휘하는 이름을 가진 작가들에 매진합니다. 제가 언어 안에서 작용하는 이름을 가진 저자들에 끌린다는 의미가 아니라 그저 그런 효과를 내지 않는 이름은 없다는 뜻이지요. 여기에는 보기에는 의미 없는 말 같은, 예컨대 제 이름같이, 믿기 어려운 이름이지만 늘 기표의 효과를 내는 이름들이 포함됩니다. 주네는 끊임없이 자신의 이름을 프랑스어 안에서 작용하도록 던져 넣습니다. 작품들 전체가 그의 이름에서 태어났지요. 코르네유[175]의 글에는 '코르네유corneille'(까마귀)가 있습니다.

새, 그리고 고도, 비행, 특정 유형의 새와의 관계가 있습니다. 레위기를 다시 집어 들면, 온갖 종류의 까마귀들이 나옵니다. 라신은 자신의 모든 글에서 뿌리(라신racine)의 효과들을, 특히 심장의 뿌리들(라신racines)의 효과들을 번역해야 합니다. 다른 말로 하자면, 저는 그저 뿌리(라신racines)를 지시하고 있을 뿐입니다. 고유명사는 뿌리의 질서에 속하고, 그것이 우리가 가진 가장 가볍고 가장 불분명한 뿌리이기 때문입니다. 이것이 우리에, 언어에, 우리로서는 정확하게 어딘지도 모르는 언어 그 너머에 뿌리를 내립니다. 기표 효과가 없지 않은 이름을 가진 저자 중 하나가, 또 그 사실을 완벽하게 잘 알고 있는 저자 중 하나가 카프카입니다. 독일어로 '카프카Kafka'는 '슈카chouca=코르네유corneille'(까마귀)를 의미합니다. 그도 새입니다. 그는 이 사실을 알고, 이 사실로 장난을 치고, 이 사실을 씁니다. 《시골의 결혼 준비》와 《일기》에는 까마귀에 작용하는 이런 유형의 소소한 경구들이 여러 번 나옵니다.[176] 멋집니다. 까마귀들은 하늘을 파괴할 수 있다고 주장하니까요.

175 피에르 코르네유(Pierre Corneille, 1606~1684)는 프랑스의 비극작가로 몰리에르, 라신과 함께 17세기 프랑스의 3대 극작가 중 한 사람으로 불린다. 1636년에 〈르 시드〉를 발표하여 대성공을 거두는 한편 논란의 대상이 되었으나, 이 작품으로 프랑스 고전극의 기초를 확립했다는 평가를 받는다. - 옮긴이

176 Franz Kafka, *Wedding Preparations in the Country and Other Posthumous Prose Writings*, tr. C. Kaiser and G. Wilkins(New York: Schocken); Diaries 1919-1923, tr. Martin Greenberg(London: Mandarin, 1992).

> 까마귀들은 까마귀 한 마리로도 숱한 천국을 파괴할 수 있다고 주장한다. 그 주장에 의심의 여지는 없지만, 그것이 천국의 아무것도 반증해 주지 않는데, 천국이 다만 까마귀들의 불가능성을 의미하기 때문이다.[177]

가능할 수도 있고 불가능할 수도 있지만, 아무도 가서 증명할 수가 없습니다. 아마도 뿌리에 대해서도, 증명할 수 없는 것에 대해서도 그런 것이겠지요. 클라리시 리스펙토르의 이름을 보자면, 그보다 더 빛이나 환상을 장담하는 이름을 누가 지을 수 있겠습니까?

다음은 주네가 살바도르를 향한 사랑을 말하는 순간입니다. 살바도르는 끔찍합니다.

> J'avais réussi à aimer le corps malingre, le visage gris, la barbe rare et ridiculement plantée. Salvador prenait soin de moi, mais la nuit, à la bougie, je recherchais dans les coutures de son pantalon les poux, nos familiers. les poux nous habitaient.[178]
>
> 나는 어떻게 해서든 그 병약한 몸을, 회색 얼굴을, 듬

177 Franz Kafka, *Wedding Preparations in the Country*, p. 51.

178 Jean Genet, *Journal du voleur*, pp. 27~28.

성듬성한 우스꽝스러운 수염을 사랑했다. 살바도르가 나를 보살폈지만, 밤에는 촛불 빛에 의지하여 내가 그의 바지 솔기에서 이를, 우리의 애완동물을 사냥했다. 우리에게 깃든 이를.[179]

이, 우리의 애완동물. 배우자가 우리에 깃들어 살았습니다. 이는 주네의 배우자입니다. (프랑스어 원문은 '레 푸les poux'(이들)와 '레푸l'époux'(배우자)가 발음이 같다는 점을 가지고 장난을 칩니다.)

A nos vêtements ils donnaitent une animation, une présence qui, disparues, font qu'ils sont morts.

Il était bien que je fusse l'amant du plus pauvre et du plus laid au fond de tant de misères. Pour cela je connus un état privilégié. J'eus du mal, mais chaque victoire obtenue-mes mains crasseuses orgueilleusement exposées m'aidaient à exposer orgueilleusement ma barbe et mes cheveux longs-me donnaient de la force—ou de la faiblesse, et c'est ici la même chose—pour la victoire suivante qui dans votre langage prendrait naturellement le nom de déchéance.[180]

179 Jean Genet, *The Thief's Journal*, pp. 25~26.

> 그것들이 우리 옷가지들에 생기를, 존재를 나누어주었고, 그래서 그것들이 사라지고 나면 우리 옷가지들은 죽은 채 남겨졌다.
>
> 그렇게 지독하게 비참한 곳에서, 그중에서도 제일 못생기고 가난한 이의 애인으로 지내는 건 좋은 일이었다. 그 점에 대해서는 내가 드문 은전을 받은 것이리라. 고생은 했지만 내가 성취한 모든 승리가, 자랑스럽게 드러난 채 내 수염과 긴 머리카락을 자랑스럽게 드러내는 걸 돕는 내 더러운 손이 내게 강점을, 또는 약점을 주었고, 여기서는 그게 결국 같은 것인데, 다음에 이어지는 승리가 당신의 언어로는 자연스럽게 몰락이라고 불릴 터이기 때문이다.[181]

추락, 몰락. 거지들의 방식으로 우리는 방금 상처 배양의 일부가 됐습니다. 주네에게 추락은 높아지고자 하는 욕망, 다시 올라가고자 하는 욕망, 가장 낮은 것들을 더 높은 수준으로 높이고자 하는 욕망의 지시를 받는 움직임입니다.

> Ce m'aura été une très utile discipline, et qui me permet de tendrement sourire encore au plus

180 Jean Genet, *Journal du voleur*, pp. 28~29.

181 Jean Genet, *The Thief's Journal*, p. 26.

humble parmi les détritus, qu'ils soient humains ou matériels, et jusqu'aux vomissures jusqu'à vos excréments. je conserverai en moi-même l'idée de moi-même mediant.

Je me voulais semblable à cette femme qui, à l'abri des gens, chez elle conserva sa fille, une sorte de mostre hideux, difforme, grognant et marcharnt a quatre pattes stupide et blanc. En accouchant son désespoir fut tel sans doute qu'il devint l'essence même de sa vie. Elle décida d'aimer ce monstre, d'aimer la laideur sortie de son ventre où elle s'était élaborée et de l'ériger dévorieusement. C'est en elle-même qu'elle ordonna un reposor où elle conservait l'idée du monstre. Avec des soins dévôts, des mains douces malgré le cal des besongnes quotidiennes, avec l'acharnement volontaire des désespérés elle s'opposa au monde, au monde elle opposa le monstre qui prit les proportions du monde et sa puissance. C'est à partir de lui que s'ordonnèrent de nouveaux principes, sans cesse combatuus par les forces du monde qui venaient se heurter à elle mais s'arrêtaient au mur de sa demeure où sa fille était enfermée.

(1) Par les journaux j'appris qu'après quarante ans de dévouement cette mère arrosa d'essence-ou de pètrole-sa fille endormie et mit le feu. le monstre (la fille)succomba, des flammes on retira la vieille (75 ans), et elle fut sauvée, c'est-à-dire qu'elle comparut en cours d'assises.[182]

이것이 내게 아주 유용한 훈련이었음은 입증되었다. 나는 그 덕분에 여전히 구토물을 포함하여, 내가 어머니의 얼굴에 질질 흘렸던 침을 포함하여, 당신의 배설물을 포함하여, 인간이든 물체든, 하찮은 것 중에서도 가장 초라한 것들에 다정하게 미소 지을 수 있다. 나는 거지였던 나를 속에 간직할 것이다.

나는 그 여자처럼 되고 싶었다. 집에, 사람들의 눈에 띄지 않게, 멍청하고 흰, 꿀꿀거리며 네발로 기어 다니는, 일종의 끔찍하고 보기 흉한 괴물, 자신의 딸을 가둔 여자. 그 어머니가 출산할 때, 그녀의 절망이 삶의 본질 자체가 될 정도였던 것이리라. 그녀는 그 괴물을 사랑하자고, 자신이 배 속에서 정성스럽게 키워 낳은 그 흉한 것을 사랑하자고, 그리고 그것을 헌신적으로 일으켜 세우자고 결심했다. 그녀는 자기 안에 제단을 봉헌하고 거기에 그 괴물이라는 생각을 보존했다. 헌신적인 돌봄으로, 매일의 노동으로 못이 박인

182 Jean Genet, *Journal du voleur*, p. 30.

다정한 손으로, 희망 없는 이의 고집스러운 노력으로, 그녀는 세상에 대항했고, 그 세상에 대항해 그 괴물을 세웠다. 괴물이 세상과 세상 권력의 일부를 떠맡았다. 새로운 원리들이 정해지고, 그녀에게 달려들다가도 그 딸이 갇힌 곳의 벽에 이르러 멈추는 세상의 힘이 끊임없이 원리들과 투쟁을 벌이는 곳도 그 괴물이라는 기초 위에서였다.

(1) 나는 신문을 읽다가 그 어머니가 사십 년에 걸친 헌신 끝에 잠든 딸과 집 안 전체에 휘발유인지 석유인지를 뿌리고 불을 질렀다는 걸 알게 되었다. 괴물(딸)은 죽었다. 늙은 여인(75세)은 화염 속에서 구출되어 목숨을 부지했고, 재판에 넘겨졌다.[183]

여기에 몰락인 동시에 절정, 최저와 최고의 정점인 몰락의 궁극적인 무대가 있습니다.

Je me voulus semblable à cette femme qui à l'abri des gens chez elle conserva sa fille une sorte de onstre.

나는 그 여자처럼 되고 싶었다. 집에, 사람들의 눈에 띄지 않게, 일종의 끔찍하고 보기 흉한 괴물, 자신의 딸을 가둔 여자.

183 Jean Genet, *The Thief's Journal*, pp. 27~28.

그의 욕망은 사람들의 눈에 띄지 않도록 자신의 딸, 일종의 괴물을 자기 안에 숨긴 '여자'가 되는 것입니다. 이것은 그의 자화상입니다. 세상보다 더 거대하고 더 강력한 내면화된 괴물을 지키는 여성. 어머니는 끝에 가서야, 비난받을 때에야, 주석에 나옵니다. 신문 기사 같은 양식의 주석에는 괴물/딸이 있습니다. 하지만 그건 어머니일 수도 있고, 나아가 마지막 변신에서는 '늙은 여인(75세)'일 수도 있습니다.

괴물은 누구입니까? 괴물은 무엇입니까?

클라리시에게도 삶에로의 추락은 똑같이 지독하고 흉포합니다. 《삶의 숨결》에서는 이 추락이 클라리시를 이끌어 사뭇 폭력적인 것으로 변하게 합니다. 그녀는 호랑이로 변신합니다.

> 우리… 죽음이라는 추문에 직면한 우리.
>
> 내가 말하는 것을 그냥 피상적으로만 들으라 그러면 내게서 가벼운, 공기 같은 삶이 불가해하게 태어나듯이 의미의 결핍에서 의미가 탄생할 것이다. 빽빽한 말의 정글이 내가 느끼고 살아내는 것 주위를 둘러 두텁게 자기 자신을 감싸고, 나인 모든 것을 나를 넘어서 존재하는 나의 어떤 것으로 변화시킨다. 자연은 모두 둘러싸는 것이다. 자연은 나를 칭칭 감고 성적으로 살아 있고, 그저 그뿐 그 이상은 없다. 그저 살아 있을 뿐. 나도 치열하게 살아 있고, 게걸스럽게 사슴을 파먹은 호랑이처럼 주둥이를 핥는다.[184]

닮은 점이 있고, 차이점이 있습니다.

클라리시와 주네-리비도의 위치

주네는 끊임없이 반전의 과정을 실행합니다. 그는 이 주제에 관해서는 절대적으로 명쾌합니다. 그는 사회의 멸시를 받는 것들을, 열등하다고 여겨지는 것들을 높입니다. 하찮은 것들을 가장 존중하고 가장 좋아합니다. 그의 과정은 도발적인 대조의 과정입니다. 그는 가장 더러운 존재를 치켜세울 테고, 목덜미에 이가 없는 사내는 사랑하지 않을 겁니다. 그가 늘 주장하듯이, 이 역逆구원의 과정은 그대로 감동적이고, 훌륭하고, 또 웅장합니다. 그런 동시에 불온하기도 한데, 리비도와 상상에 기반한 또 다른 위계로 대체하기 위해서이긴 하지만, 이것이 사회적 위계를 허물고 침해하고 그 힘을 빼앗기 때문입니다.

클라리시에게는 높은 것과 낮은 것의 강렬한 대치가 작동하지 않습니다. 그녀가 내려가는 건 《삶의 숨결》뿐만 아니라 수백 편의 다른 글에서 묘사한 그곳에 몹시 가고 싶기 때문입니다. 클라리시는 시작과 끝 쪽으로, 변주를 거치며 자신의 작업 전체를 통해 '물질'로 발달시킨 것 쪽으로 스며 나옵니다. 그녀에게 물질은 추상적인 것이 아니라 지적이고 살아 있고 강력한 것입니다. 물질에 닿으려면 경로를 따라야 하는데, 여기에는 여러 영과 종의 자연적 수준이기도 한 단계들이 있습니다. 클라리시

184 Clarice Lispector, *The Stream of Life*, p. 17.

는 내적인 회귀 여행의 효과를 내는데, 원래 있던 곳에서 멀어지기 전에 우리가 물질로 시작했기 때문입니다. 비록 영적인 여행이긴 하지만, 그녀는 우리의 공고한 기원으로 돌아갑니다. '이 여행이 영적인 이유'는 땅으로 돌아오기 위해서는 발을 바닥에 대는 것만으로는 충분하지 않기 때문입니다. 이것은 세속적인 것과 지구와 지구의 성분을 몸 안에서, 상상 속에서, 사고 속에서 다시 통합하는 극도로 어려운 영적 훈련입니다. 클라리시는 이것을 간단하게 하지 않습니다. 그녀는 자신의 길을 느낌으로써, 욕망함으로써 나아갑니다. 그녀는 체계적인 방법으로 실수를 표시하는 그 영역의 탐험가이기 때문에 맹목적으로 움직입니다. 때로는 엉뚱한 문을 열고, 엉뚱한 작전을 펼칩니다. 때로 그녀는 물질에, 땅에 아주 가까이 다가가고, 때로는 거의 닿기도 하고, 그러고는 수없이 많은 걸음을 걸어 땅을 통과하고, 통과하여 다른 쪽으로 가고, 그러고는 자신이 끊임없이 비평하는 추상과 이상화의 사고思考 쪽으로 돌아옵니다. 이 점을 깨닫고 그녀는 한 번 더 돌아갑니다. 주네와 달리 이 과정에 도발은 없지만 말입니다. 주네에겐 모든 것이 도전입니다. 클라리시에게는 자신 말고는 저항이 없습니다. 그녀는 단 하나의 적, 다른 모든 인간과 마찬가지로 자기 안에도 있는 왜곡과 고립감을 공격할 뿐입니다. 그녀에겐 주네처럼 상처 입은 듯이 행동할 필요도, 저열한 것을 높이고 추구할 필요도 없습니다. 그녀는 저열한 것을 추구하는 것이 저열하다는 걸 알게 됩니다. 하지만 그녀는 주네가 아닙니다. 그녀는 주네 같은 그런 인물이 아닙니다. 변이와 변화와 변형에 관한 경향이 어떠하든, 그는 남성입니다. 클라리시는 여성으로서 기록되고, 스스로를 여성으로 기록하고, 여성으로 느낍니다. 여기에 윤리적 효과를 내는 일종의 성적 정체성 확언의 두 사례가 있습니다. 그래서 클라리시가 겉으로 보기에 노력이나 폭력을 수반하는, 과하다고 느껴질 수도 있는 무언가를 할 때, 사실은 과도하지 않게, 그리고 '높이지 않고' 합니다.

4. 모든 것은 꽃과 함께 끝난다

지옥이 우리에게, 우리는 전혀 모르지만 우리 안 깊숙한 곳에 있는 신비롭고 매혹적인 무언가에게 돌아옵니다. 우리의 기원起源이지요.

기원을 향한 여행에는, 뿌리로, 우리가 세상의 구성에 관해 자연 과학에서 배운 것으로 복귀하는 길에는 유사한 단계들이 있습니다. 동물의 상태를 지나는 통로가 있고, 그러고는 식물의 상태를 지나는 통로가 있고, 그렇게 우리는 인류에게서 멀어집니다. 식물적인 것들로부터 우리는 땅속으로 내려갑니다. 줄기를 지나, 뿌리를 지나, 그러다 우리는 스스로 존재하고 스스로를 새기지만 우리에 관계하지 않는 것에, 우리가 해체를, 분해를 겨냥하고 있으니 결합하지는 않지만 광물적 질서를 지닌 것에 닿습니다. 아마도 꽃이 우리의 마지막 인간적 단계일 것입니다. 카프카와 주네, 클라리시 리스펙토르의 숱한 글과 전기에서 모든 것은 꽃과 함께 끝납니다. 제가 볼 때, 이건 우연이 아닙니다.

카프카의 마지막 생각들은 꽃들의 것이었습니다. 그의 글에 꽃이 그다지 많이 나오지 않으니 더욱 주목할 만한 일이지요. 그는 죽어가던 때에 말을 할 수 없게 되었습니다. 결핵이 후두를 침범해서 물을 마실 수도 없었지요. 이 소멸의 순간에 그는 말해야 할 것들을 작은 종이쪽지에 적었습니다. 그것들은 보존되었고, 아름답습니다. 〈필담 쪽지〉라는 제목으로 출판된 카프카의 이 자투리 작품들을 읽어보셨겠지요.[185] 저는 이 종이쪽지들 때문에 카프카를 사랑하게 됐습니다. 그것들은 죽음을 맞는 이들의 문체에 속하지만, 그 문체와 빠르기와 간결성에는 뭔가 비상하게 다정하고 정확한 것이 있습니다. 기력이 쇠해서 간결하다고 생각할 수도 있지만, 인칭 대명사가 좀 부족하긴 해도 거기엔 시와 우아함이 있습니다.

> 오늘 자 신문 어딘가에 절화 관리법에 관한 훌륭한 기사가 났는데, 꽃들이 지독한 갈증에 시달린다니, 그런 신문이 하나 더 있어야.

> 그건 그렇고, 그건 꽃이 물을 더 마실 수 있도록 한 내 아이디어와 흡사했다. 잎을 펼쳐라.

185 Franz Kafka, "Conversation Slips," in *Letters to Friends, Family, and Editors*, tr. Richard and Clare Winston(New York: Schocken, 1978).

작약들은 너무 연약해서 돌봐주고 싶다.

라일락들은 햇볕 드는 데로 옮겨라.

잠깐 시간 좀 있으신가요? [아시나요, 그는 그 종이쪽지 들에서조차 공손했습니다.] 그러면 작약에 물 좀 주세요.[186]

이것은 세상에서 가장 아름다운 것입니다. 담화 자체도 훌륭하지만, 무엇보다 그의 관심이 그렇습니다. 살아낼 것이 아무것도 남지 않은 사람이 보여주는 예외적인 정중함입니다. 다른 것도 있습니다.

지금 내 상황에서는, 회복할 가능성이 있다 해도 수주는 걸릴 것입니다. 저 작약들이 꽃병 바닥에 닿지 않는지 잘 봐주십시오. 저 꽃들을 대접에 두어야 하는 이유가 그래서지요.[187]

하루 뒤.

186 위의 책, p. 417.

187 위의 책.

라일락 보여요? 아침처럼 신선하지요.[188]

그 옆.

통증은 가끔이라도 멈춰줄 수 없나, 그러니까, 특정한 때에 말이지?[189]

아니면 카프카의 반어적 에너지, 그의 익숙한 유대인적 측면이 되돌아온 이 문장, 볼 때마다 웃게 되는 이 문장이 있다.

나쁜 것은 나쁘도록 두자. 아니면 더 나빠질 것이다.

하지만 당장은 꽃이 충분하다.

글라디올러스를 보여주세요, 그건 다른 꽃과 같이 두기엔 너무 가늘군요.

그 붉은 가시나무가 너무 숨었어요. 너무 그늘이 졌네요.

188 위의 책, p. 420.

189 위의 책.

물을 더. 과일.

지난밤에도 다른 벌이 하얀 라일락에서 꿀을 빨았어요.

최대한 비스듬히 잘라요, 그런 식이면 바닥에 닿을 수 있어요.

골담초는 하나도 못 구하나요?[190]

그리고 최후의 문장 중 하나.

정말로 놀랍지요, 그렇지 않아요? 죽어가는 라일락 말이에요. 그게 물을 마셔요, 꿀꺽꿀꺽요. 죽어가는 사람은 그렇게 물을 마실 수 없지요.[191]

그리고 마지막 문장.

그렇게 도움은 다시 멀어진다, 아무 도움 없이.[192]

190 위의 책, pp. 419~421.

191 위의 책, p. 422.

192 위의 책, p. 423.

이상한 일이지만, 클라리시가 꽃과 함께 죽었다는 사실을 알고 소스라치게 놀란 기억이 납니다. 같은 상황이었습니다. 그녀도 종이쪽지에 글을 썼습니다. 한 친구가 그 쪽지들을 모았습니다. 거기엔 뭔가 경제적이면서 극도로 치밀하고 간결하고 긴급한, 그러면서도 동시에 아주 다정한 무언가가 깃든 죽음의 '양식'이 있습니다.

더는 말을 할 수 없어서 클라리시는 이걸 종이에 썼습니다. 1977년 12월 9일이었습니다. 저는 그녀가 9일 아니면 10일에 사망한 것으로 알고 있습니다.[193]

> 갑작스러운 호흡 곤란. 내 병든 존재가 변신하기 한참 전에, 나는 집에 걸린 그림 하나에서 이미 시작을 알아챘다. 나, 나, 기억이 틀리지 않다면, 나는 죽으리라.[194]

우리는 그녀가 교묘하게 무엇을 의미하는지 이해합니다. 기억이 틀리지 않다면, 그녀는 죽을 때 살아 있을 것입니다. 그녀는 기억할 것이고, 그녀는 알 것입니다.

> 나는 신의 소중한 물건. 그리고 그것이 내 가슴 안에

193 클라리시 리스펙토르는 1977년 12월 9일에 사망했다. - 옮긴이

194 Olga Borelli, *Clarice Lispector—Esboço para um possivel retrato*(Rio de Janeiro: Editora Nova Fronteira, 1981), p. 61.

서 꽃을 낳는다. 신은 내가 지금 쓰고 있는 문장, "나는 신의 소중한 물건"처럼 나를 창조했다. 그리고 내가 문장을 창조하는 것을 좋아했듯이 신은 나를 창조한 것을 좋아했다. 그리고 인간의 모습을 한 물건이 정신을 가지면 가질수록 신은 더욱더 만족했다.

내 벌거벗은 가슴을 누르는 하얀 백합들. 나는 내게 상처를 주는 당신 안의 것에게 하얀 백합들을 건넨다. 우리는 부족한 존재들이니까. 건네주지 않으면, 어떤 것들은 시들기 때문이다. 예컨대, 백합 꽃잎들은 내 체온에 델 것이다. 나는 앞으로 올 죽음을 위해 가벼운 산들바람을 부른다. 나는 죽어야 할 것이다. 아니면 내 꽃잎들이 델 테니까. 내가 매일 죽음에 굴복한 이유가 그래서이다. 나는 죽고 또 나는 다시 태어난다.

게다가, 나는 이미 다른 이들의 죽음으로 죽었다. 하지만 지금 나는 생에 만취해 죽어간다. 그리고 나는 하얀 백합들을 시들게 하는 산 육체의 온기를 축복한다.[195]

이 글은 어색하게 들립니다. 제가 즉석에서 번역해서가 아니라 그녀가 그런 식으로 썼기 때문입니다. 그녀는 상관하지 않았습니다. 그녀는 닥치는 대로, 꽃들이 불러주는 대로 받아적고 있었습니다.

195 위의 책.

이런 글쓰기의 영웅들이 죽음의 순간에 꽃의 단계로 가야 했다는 사실이 놀랍습니다. 이 꽃들은 죽음의 신호가 아닙니다. 꽃들은 살아 있습니다. 우리는 이런 극단의 순간에 더없이 강렬하고, 더없이 구체적이고, 더없이 실체적인 식물적인 것들과의 관계를 인정하게 되는 것이겠지요. 이렇게 얘기하면 안 되겠습니다. 저는 죽어가고 있지 않으니까요. 이건 그저 짐작일 뿐입니다. 어쩌면 우리가 그 시점에서, 주네가 농담처럼 말했지만 어떤 진실과 마주쳤던 방식으로, 꽃들이 뿌리로 땅을 통과하여 물질의 정수까지 닿는 그들의 방식으로 우리를 인도한다는 걸 알아차리기 때문일지도 모릅니다. 꽃들이 우리가 갈 곳으로 인도합니다. 우리는 안내자로서 꽃들이 필요합니다. 주네와 클라리시가 입을 모으듯이, 꽃들은 너무나 덧없습니다. 그 꽃들이 우리를 기원으로, 우리가 명백하게 하나의 일족이 되는 그곳으로 우리를 다시 인도합니다.

이 글은 특별히 아름답습니다. 출판된 글에서는 절대 이렇게 쓰지 않았습니다. 그런 글에서 클라리시는 끊임없이 합리화하고 심화하고 또 다른 수수께끼를 펼치려 애를 씁니다. 하지만 지금 그녀는 읽기를 고려하지 않기에 양보나 타협이 없는 글쓰기 장소에 있습니다. 우리는 그녀가 '변신'이라고 부르는 것뿐만 아니라 '시작'이라고 부르는 것의 질서에 관해서도 그 특징과 사고방식과 암시를 알아챘습니다. 죽는 것이 시작하는 것이고, 그것은 시작하는 다른 어떤 것, 이전에 있었던, 그리고 다시 시작하는 어떤 것이니까요.

> 신은 내가 지금 쓰고 있는 문장, "나는 신의 소중한 물건"처럼 나를 창조했다. 그리고 내가 문장을 창조하는 것을 좋아했듯이 신은 나를 창조한 것을 좋아했다.

'나는 신의 문장이다.' 이것은 전치轉置입니다. 그녀는 전치됩니다. 여러분은 전치할 수 없습니다. 그녀가 늘 문법에 세심하게 주의를 기울여서 자신이 선정한 곳에 머무른다지만, 그녀는 남성적인 것들에 머뭅니다. "신은 나를 창조한 것을 좋아했다"(ele gostou de me ter **criado**), 그녀는 신의 물건으로 남습니다. 그녀는 정말로 변신하고 있습니다. 그녀는 합의를 하고 'me ter **criada**'라고 말할 수도 있었지만, 그녀는 이미 물건입니다.[196] 그녀는 남성도 여성도 아닌 어떤 것으로 변하고 있습니다.

여기에 꽃들이, 안이고 안이 아닌 꽃들이 있습니다. 안이거나 어쩌면 오직 안입니다. 먼저 우리는 이런 얘기를 듣습니다. "내 가슴 안에서 꽃을 낳은 그것" 다음에는, "내 벌거벗은 가슴을 누르는 하얀 백합들". 벌거벗은 안쪽 얘기입니다. 우리는 보편화된 '안'의 공간에 있습니다. 꽃들과의 전체적인 관계는 자연스럽고 단순하다가 이내 상상하기가 훨씬 복잡해집니다. 우리가 죽음이라 부르는 것을 향한 이 움직임에서 이미 그녀를 도와 여성에서 남성으로, 주체에서 객체로 건너기를 완수한 것은 현

196 criado는 창조하다라는 뜻의 포르투갈어 동사 criar의 분사형인 동시에 '하인'이라는 뜻의 명사로도 쓰인다. 명사 criado의 여성형이 criada이다. - 옮긴이

실적이지는 않지만 복잡한 연속성입니다. 프랑스어에 '죽다'라는 동사의 정과거형[197]이 없는 것이 저는 유감입니다. 다른 언어에서는 능동적으로 죽을 자유가 주어지는 데 반해, 프랑스어에서는 능동적으로 죽음을 맞을 수 없습니다.

5. 저자 없는 책을 향하여

'뿌리의 학교'에 가려면 죽어가는 중이어야 할까요? 예라 해야 할지, 아니오라 해야 할지, 모르겠네요. 그 말을 글자 그대로 당장 내일 우리가 이 세상에 속하지 않게 된다는 의미로 받아들인다면, '아니오'입니다. 비록 그게 우리가 응당 바라야 할 바라고 해도 말입니다. 그 말을 우리가 임종이라 부르는 그 민감하고 정중한 삶의 형태를 연습하는 것이라 이해한다면, '예'입니다. 어려운 견습 훈련이지만 시도해 봐야 합니다. 가령, 글쓰기를 기뻐하고 사랑한다면, 우리는 '이문드imund 책'을 쓰려고 애써야 합니다. 이문드 책은 사물을, 새를, '그들의 그'가 금지한 말을 다룹니다.

이문드 책들은 저자 없는 책입니다. 우리가 방향타를 잡지는 않더라도, 적어도 같은 배를 타고 함께 쓰는 책입니다. 일종

197 정과거형(past historic tense)은 프랑스어와 이탈리아어 등에서 사용하는 시제로 과거에 완료된 행위를 이야기할 때 쓰인다. 의미상으로 영어의 단순 과거 시제에 상당한다. - 옮긴이

의 죽음을, 자신을, 의심하는 자신을, 의심하는 똑똑한 '나'를 내려놓는 경험을 하게 만드는 책입니다.

그건 글쓰기라는 행위에 관한 책입니다. 뿌리로 생명과 언어를 취하는 책입니다. 그런 책은 미친 책, 또는 도색적인 책과는 아무 관계가 없습니다. 그런 책은 저자보다 강한 책입니다. 그 광휘로 필경사들을 당황하게 하는 묵시록적 글입니다. 그런 책이 어떻게 쓰일 수 있을까요? 달리는 손으로요. 화가가 그림을 그리듯이 써나가는 손을 따르는 겁니다. 전광석화처럼요. 손은 꽃들로 이끕니다. 열정이 일어나는 심장에서부터 생각하는 몸의 이야기를 듣는 손가락 끝까지. 거기서 '살아내는 책le livre Vivre'은 솟아오르고요…

이제 이 경주를 끝내야 할 시간이라는 느낌이 드네요. 저는 '학교'에 관해, '목표'나 '학위'가 아니라 배우고 성숙해지는 장소에 관해 말씀드렸습니다. 글을 쓰는 사람 안에 '요정의 소질', 전설과의 관계, 창조의 상태가 있다 하더라도, 그것으로는 충분하지 않기 때문입니다.

우리는 일해야 합니다. 글쓰기의 대지에서. 대지가 되는 시점까지 말입니다. 비천한 일입니다. 보상도 없지요. 기쁨 말고는요.

학교는 끝이 없습니다.

이제 강의를 끝내고자 합니다. 자료가 거의 막장에 이르고, 세 번째 수업이 끝나가는 시점에, 저는 갑자기 제 여정에 '결말'이 있다는 걸 깨달았습니다. 제가 제 손과 같이 건너고 있는 이 종잇장들이 '강의'이기 때문입니다. 하지만 글쓰기에서는 어떤 '결말'도 찾을 수 없고…

옮긴이의 말

이 책은 그냥 글쓰기에 관한 책이 아니라 '위대한' 글쓰기에 관한 책이다.

"좀 특이한 책인데요…"

편집자가 이렇게 운을 떼며 원서 검토를 요청해 왔다. 웬만한 책은 특이하다 하지 않을 직업이니, 얼마나 특이한지 궁금해졌다. 번역하기 어렵기로 소문난 엘렌 식수의 책, 하지만 엘렌 식수라면 프랑스어 원본이 있지 않을까? 그런데 없었다. 1993년에 미국에서 출간된 이 책은 엘렌 식수가 1990년에 미국 캘리포니아대학교 어바인 캠퍼스의 비판이론연구소가 주최하는 웰렉 도서관 비판이론 강연에서 한 강의를 영어로 옮긴 책으로, 원본 없는 번역본이자 그 자체가 원본인 번역본이다.

게다가 이 책은 글쓰기에 관한 책이면서 글쓰기는 배우거나 가르칠 수 없는 것이라고, 글쓰기의 주체는 작가가 아니라고, 글쓰기에는 결말이 없다고 말하다가는 급기야 마침표를 찍지도 않고 끝났다. 또 '실용서'에 적절한 제목을 가지고서도 몹시 시적이고 암시적인 데다 중의적인 이야기들을 풀어놓으면서도 처음부터 끝까지 우리가 어렴풋이 눈치만 채고 있던 어떤 심중한 진실의 실체와 방향을 묵묵히 가리키고 있었다. 과연 특이했다.

하지만 배우거나 가르칠 수 없는 글쓰기를 어떻게 강의할 수 있을까? 엘렌 식수는 자신이 특별히 사랑하는 작가들을 불러와 위대한 글에 공통되는 특징들을 보여주는 방식을 취한다. 브라질 소설가 클라리시 리스펙토르, 러시아 시인 마리나 츠베타예바, 체코 소설가 카프카, 오스트리아 소설가 잉에보르크 바흐만과 토마스 베른하르트, 프랑스 소설가 장 주네. 식수는 그 글들의 공통되는 특징들을 세 부분으로 나누어 설명하는데, 죽음, 꿈, 뿌리로 대표되는 각 부분은 심리적이고 예술적인 심화의 단계를 나타내며, 그 과정에서 존재하나 존재하지 않는 존재들을 살리는 위대한 글쓰기의 성질을 풍부한 예시로써 드러낸다.

글쓰기 사다리를 타고 아래로 내려가는 행위는 언어를 포함한 표상주의 개념 체계가 제대로 인식하지 못하는 진짜 세계를 포착하려는 노력이라 할 수 있다. 엘렌 식수의 작가들은 우리 인식과 개념과 언어의 틈새에 존재하는 진실을 찾기 위해 근원을 찾아 경계를 건너는 개척자들이고, 기존 인식과 개념과 언어의 기반 위에 선 자신을 죽임으로써 온전한 생의 근원에 닿은 꽃의 작가들이다. 이들은 모두 죽음의 현장에서 글쓰기를 시작해 저마다의 집을 박차고 나와 가장 낮고 깊은 진실의 나라로 파고든 낮은 영역의 거주자들이며, 무엇보다 상실되고 추방된 자들이었다. 그 상실과 추방은 지리적이고 정치적이고 물질적인 동시에 개념적이고 언어적이고 정신적이었다.

상실과 추방은 엘렌 식수의 화두다. 누구나 가지고 태어나는 듯이 여기는 국적과 언어, 인종, 성별 같은 것들이 엘렌 식수에게는 하나같이 간단치 않은 문제였다. 프랑스령 알제리의 유대인 가정에서 태어난 엘렌 식수에게는 아랍인들과 달리 프랑스 시민권이 주어졌지만, 2차 세계대전 중에 프랑스 비시 정권이 알제리 유대인들의 시민권을 박탈하자마자 속했던 세계에서 추방되어 프랑스 공립학교 입학을 거부당하는 충격을 경험했고, 알제리 독립을 지지했지만, 독립한 알제리에서 가족들이 삶의 터전을 빼앗기고 맨몸으로 추방당하는 불행을 겪어야 했다. 게다가 나치를 피해 독일을 탈출한 어머니와 스페인과 모로코를 거쳐 알제리에 정착한 체코슬로바키아-헝가리 출신 아버지 집안의 영향으로 프랑스어와 독일어, 영어, 스페인어를 쓰며 자란 엘렌 식수는 자신에게 모국어가 있는지 확신하지 못했고, 프랑스에서 최연소로 문학박사 학위를 받고 30대 초반의 젊은 나이에 파리 제8대학과 유럽에서의 첫 여성학연구소 설립을 주도하는 등 왕성한 지적·사회적 활동을 벌이면서도 어느 집단에서나 유대인으로서, 여성으로서 이중·삼중의 차별을 감수해야 했다. 엘렌 식수는 인종적·문화적·성적 차이에 기반한 배제와 금지의 역학에 매우 익숙하다.

엘렌 식수는 이런 배제와 금지의 역학에 전방위적으로 저항했다. 그 공고한 토대인 서구의 형이상학적 전통과 언어체계를 고발하고 비판하며 대안적 담론으로써 '여성적 글쓰기'를 제안했고, 조어造語와 언어유희를 통해 정치적·문학적 가능성을 끊임없이 실험하고 탐구하며 시와 소설, 희곡 등 분야를 망라한 90권에 가까운 저서를 출간했으며, 유럽에서 처음으로 여성학연구소를 설치하고 박사 과정을 개설하여 몇 번씩이나 거듭된

폐쇄 시도에 굳건히 맞서며 운영하는 한편, '모든 해방운동에 참여했다'라고 얘기될 만큼 적극적인 현실참여 활동을 벌였다.

엘렌 식수는 책의 앞머리에서 H라는 기호를 통해 글쓰기를 설명했다. I는 한 언어, I는 다른 언어, 사이에는 둘을 이어 공명하게 하는 통로가 있다. I는 글자 그대로 특정한 하나의 언어일 수도 있고, 체계를 갖춘 언어 일반일 수도 있고, 작가일 수도 있다. I는 또 다른 특정한 하나의 언어일 수도 있고, 언어로 포착되지 못한 존재일 수도 있고, 독자일 수도 있다. 그 사이에 작가가 있다. H는 엘렌 식수가 모국어라고 결정한 언어에서 아시라고 발음되고, 그 언어에서 아시는 도끼를 뜻한다. 엘렌 식수의 글쓰기 사다리를 딛고 내려가다 보면 우리는 글쓰기가 왜 도끼인지, 글쓰기라는 수고가 왜 그 자체로 시이고 철학인지를 이해할 수 있다. 그리고 H는 엘렌 식수의 발음되지 않는 첫 글자이다.

독일어와 러시아어, 포르투갈어로 쓰인 글을 프랑스어로 분해하고 해석하여 영어로 옮긴 텍스트를 또 다른 언어로 옮기는 일이란 불가피한 누락과 굴절을 인정하고 감수하는 일이었다. 부디 그 과정에서 우아하고 날카로운 이 도끼의 날이 형편없이 무뎌지지만 않았기를 바랄 뿐이다.

글쓰기 사다리의 세 칸

초판 1쇄 펴냄 2022년 1월 28일
초판 2쇄 펴냄 2023년 1월 28일

지은이 엘렌 식수
옮긴이 신해경

펴낸곳 풍월당
출판등록 2017년 2월 28일 제2017-000089호
주소 [06018] 서울시 강남구 도산대로53길 39, 4,5층
전화 02-512-1466
팩스 02-540-2208
홈페이지 www.pungwoldang.kr

만든사람들
편집 장미향
디자인 정승현

ISBN 979-11-89346-31-7 03040

밤의책

밤의책은 내밀하고 깊은 읽기를 위한
풍월당의 작은 브랜드입니다.